# SELVFØLELSENS
# PSYKOLOGI

# SELVFØLELSENS PSYKOLOGI

## Bedre selvfølelse ved å bruke hodet litt annerledes

SONDRE RISHOLM LIVERØD

Design av Kiryl Lysenka.
Illustrasjoner er kjøpt med lisens på Istockphoto.com og Canstockphoto.com
Bilde av Jona og valen er malt av Pieter Lastman (1621) og hentet fra Wikimedia Commons
Forfatterportrett av Niclas Halvorsen
Denne boken ble første gang utgitt i 2016 av WebPsykologen.no og Psykolog.com
ISBN 978-82-690290-0-0
Copyright © Sondre Risholm Liverød & WebPsykologen.no

*Med kjærlighet og takknemlighet til Janne som er en klippe i mitt liv*

*Med stor beundring og kjærlighet til Ameli og Matheo
som farger livet i utrolige nyanser*

**Introduksjon** .................................................. **13**
   Å lese seg til bedre selvfølelse ...................................... 15
   Hva er selvfølelse? ................................................ 16
   Kunnskap fra alle verdens hjørner ................................... 17
   Et mentalt treningsstudio .......................................... 19
   La boken bli din psykoterapeut ..................................... 20
   Hvordan trene mentale muskler? .................................... 21

**Kapittel 1 – Destruktive følelser** ............................... **25**
   En psykolog med angst ............................................ 27
   Overveldet av følelser ............................................. 30
   **Øvelse 1 – Spontan liste over egne følelser** ...................... 33
   Destruktive følelser ............................................... 34
   Vurderingen du gjør av din egen verdi .............................. 36
   Ikke lytt til følelsene dine ......................................... 37
   Selvdisiplin ...................................................... 39
   Skam ........................................................... 41
   Oversikt og følelser .............................................. 42

**Kapittel 2 – Psykiske forsvarsmekanismer** ..................... **47**
   En lege med kreft ................................................ 49
   Fortrengning av følelser ........................................... 50
   Psykisk selvbedrag ............................................... 53
   Passiv aggresjon ................................................. 56
   Å lyve for seg selv ............................................... 58
   Lær deg introspeksjon ............................................ 59
   Ute av syne, er ikke ute av sinn! ................................... 61
   **Øvelse 2 – Affektbevissthet** .................................... 64
   Å leve med «åpne øyne» .......................................... 66

**Kapittel 3 – Frykt** ............................................... **69**
   Frykt er vanlig .................................................. 71
   Hva gjør frykt med oss? ........................................... 72

Hvorfor «feiger vi ut»? .................................................. 73
**Øvelse 3 – Ut av komfortsonen** ................................. 75
Du må våge å miste fotfestet ...................................... 76
**Øvelse 4 – Gjør noe annerledes** ................................. 77
Fryktens mange ansikter ............................................ 78
Tross din egen frykt, eller så vil frykten overta deg .................. 79
**Øvelse 5 – Frykt er en del av livet, hvordan håndterer vi den?** ........ 81

## Kapittel 4 – Sosial angst ............................................. 83
Slik bør du ikke takle sosial angst ................................. 85
En bedre strategi for å takle sosial angst .......................... 86
**Øvelse 6 – Følelsesmessig rettssak** ............................. 89
Hvordan hjelpe en person med angst? ............................. 90
Hjernen er plastisk ................................................. 91

## Kapittel 5 – Positive følelser og medfølelse ......................... 95
Et positivt sinn ..................................................... 97
**Øvelse 7 – De positive følelsene** ............................... 98
Verdien av affektbevissthetsøvelsen ................................ 100
Positive og negative følelser som motpoler ......................... 101
Medfølelse er medisin for sjelen .................................... 102
**Øvelse 8 – Medfølelse** ............................................ 106

## Kapittel 6 – Selvaksept ............................................. 111
Sjokk i gruppeterapi ................................................ 113
Mennesket som en «psykologisk robot» ............................. 114
Å leve bevisst ....................................................... 116
**Øvelse 9 – Stå naken foran speilet** .............................. 117

## Kapittel 7 – Meditasjon og oppmerksomhetstrening ..................... 121
I møte med kritikk ................................................... 123
Mindfulness meditasjon ............................................. 124
Meditasjon mot tungsinn ............................................ 128
Å være til stede i nuet ............................................. 129
Du har alltid nok tid ............................................... 131
**Øvelse 10 – Bevisst til stede her og nå** ........................ 133

## Kapittel 8 – Livets ubehag som mulighet ............................. 137
I det psykologiske dypet ............................................ 139
Den indre smerten ................................................... 142
Jesper møter veggen ................................................. 144
Hva er galt med jesper? ............................................. 144
Lidelsens funksjon .................................................. 146

Å stirre lidelsen i hvitøyet ........................................ 146
Avhengighet ................................................... 149
Den fysiske smerten ............................................ 152
Opprør mot smerten gjør den verre ............................... 157
Kroppsbevissthet ............................................... 158
Å møte smerten ansikt til ansikt .................................. 160
Å danse med døden ............................................ 163
Et dypere menneske ............................................ 165
Den modige hjelperen .......................................... 167
**Øvelse 11 – Åndsarbeid** ........................................ 168

## Kapittel 9 — Vi påvirkes av fortiden ................................ 173
En kritisk og selvopptatt mor .................................... 175
Våre indre konflikter ............................................ 180
Den avhengige personligheten ................................... 181
Den mistenksomme personligheten .............................. 184
Den unnvikende og reserverte personligheten ..................... 186
Gamle mønster kan ødelegge selvfølelsen ......................... 187
Bryt ut av negative mønster ..................................... 189
**Øvelse 12 – Ut av fortidens klør** ................................. 191
Livserfaringer .................................................. 192
Ikke la fortiden styre deg ........................................ 198

## Kapittel 10 — Selvdefinisjoner ...................................... 201
Dette er meg ................................................... 203
**Øvelse 13 – Hvordan beskriver du deg selv?** ...................... 206
De vestlige perspektivene ....................................... 208
Å føle seg mislykket ............................................ 210
**Øvelse 14 – Hvordan ble du den du er?** .......................... 216
De Østlige perspektivene ........................................ 218
**Øvelse 15 – Gi selvdefinisjoner mindre makt** ..................... 221

## Kapittel 11 — Vår psykologiske programvare ........................ 223
Sånn har jeg alltid vært ......................................... 225
Språket er tanken .............................................. 226
Mennesker er tidsbindere ....................................... 227
Psykologisk grammatikk ........................................ 230
Holdninger som hindrer positiv vekst ............................ 232
**Øvelse 16 – Du er...** .......................................... 234

## Kapittel 12 — Tenk positivt ......................................... 237
Tanker og følelser .............................................. 239
Fortolkningsstil ................................................ 239

    Holdningsendringer .................................................. 241
    Depresjon og pessimisme ........................................... 243
    Depresjon og kjønnsforskjeller ..................................... 245
    Depresjonsepidemien i moderne tid ............................. 245
    **Øvelse 17 – Tankens kraft** ........................................ 246

## Kapittel 13 – Valgets kvaler ........................................ 249
    Postmoderne tvil ...................................................... 251
    Valg og hverdagsliv .................................................. 252
    Når bare det beste er godt nok .................................... 254
    **Øvelse 18 – Mer er ikke bedre** ................................. 256
    Valg og lav selvfølelse ............................................... 258
    Når vi sammenligner oss med andre ........................... 258
    **Øvelse 19 – Takknemlighet** .................................... 260

## Kapittel 14 – Å leve med god selvfølelse ......................... 265
    Selvutvikling kan være vanskelig ................................ 267
    Psykologisk moden ................................................... 269
    God selvfølelse ......................................................... 270
    Å leve bevisst i hverdagen ......................................... 274
    **Øvelse 20 – Lev mer bevisst** ................................... 276
    God selvfølelse gjør et godt menneske ....................... 277
    **Siste øvelse – Tilbakeblikk** ..................................... 280

Litteraturliste ................................................................ 283
Appendiks — Følelsenes funksjon ................................... 287
Takk til… ..................................................................... 291
Sondre Risholm Liverød ............................................... 293
På nett ......................................................................... 295

# Introduksjon

I denne boken skal vi utforske selvfølelse. Hva vi føler for oss selv påvirker alle våre opplevelser. Det påvirker oss i relasjon til andre, i familieliv, i kjærlighet og på jobb. Selvfølelsen påvirker hvordan vi fungerer som foreldre, og hvilke mål vi setter oss i livet. Selvfølelsen påvirker vår livskvalitet, og det spiller en rolle i forholdet mellom suksess og fiasko på en rekke områder. Hvordan vi vurderer oss selv og vår egen verdi, påvirker hvordan vi tenker, føler og handler i møte med livets utfordringer.

# Å lese seg til bedre selvfølelse

Dette er en bok om selvfølelse for fagfolk og «folk flest». Det er den første boken i en triologi om selvfølelse. Den er skrevet både for behandlere, som ønsker å hjelpe sine klienter med problemer knyttet til selvfølelse, men den er også skrevet for alle mennesker som er interessert i psykologi, filosofi og selvutvikling. Hvorvidt man har god eller dårlig selvfølelse før man begynner å lese denne boken, spiller ingen rolle, men det hjelper å starte ut med en idé om at selvfølelse er noe man alltid kan forbedre. Jeg har aldri møtt noen med total mangel på positiv selvfølelse, men jeg har heller aldri møtt noen som har så god selvfølelse at de ikke har potensial for utvikling. Denne boken henvender seg til de som er interessert i de psykiske mekanismene som spiller inn på vår selvfølelse. Den er skrevet for de som interesserer seg for menneskets muligheter for vekst og utvikling.

Hvordan vi vurderer oss selv og vår egen verdi, kommer til å påvirke alle aspekter ved livet. God selvfølelse gjør deg ikke til en «supermann» som vinner over alle andre. God selvfølelse gjør deg til en person som beholder ro og balanse i møte med livets utfordringer, og det gjør deg til en person som har mye å gi til andre, fordi du er trygg på seg selv.

Noen av kapitlene i denne boken vil være lett forståelige, mens andre vil kreve litt mer ettertanke. Jeg vil hele tiden forsøke å skape en bevegelse mellom konkrete eksempler fra hverdagslivet og den psykologiske teorien. Du vil bli kjent med mange personer som på en eller annen måte sliter med utfordringer som involverer selvfølelse. Deretter vil du bli kjent med de psykiske mekanismene som genererer både god og dårlig selvfølelse. Med jevne mellomrom vil jeg utfordre deg i konkrete øvelser. Målet er at øvelsene kan skape sammenheng mellom liv og lære. Det er ikke nødvendig å gjøre alle øvelsene for å få utbytte av boken, men jeg håper at øvelsene kan fungere som en slags inspirasjon til å ta med seg noen av de viktigste ideene ut i hverdagslivet. Boken er også rikt illustrert, og under mange av bildene finner du en oppsummering av de viktigste poengene.

Jeg håper at hvert kapittel kan gi deg noe nytt å tenke på. Jeg håper at bildene kan gi den noen viktige assosiasjoner, og jeg håper at hver øvelse kan gjøre deg litt sterkere i de viktigste musklene vi har i hele kroppen – Hjernen og hjertet.

# Hva er selvfølelse?

Som psykolog og psykoterapeut gjennom flere år, er jeg overbevist om at nesten alle «sjelelige plager» handler om lav selvfølelse i større eller mindre grad. Det finnes selvsagt noen problemer som først og fremst er fysiske, men langt de fleste psykologiske vanskeligheter handler til en viss grad om selvfølelse. Nathaniel Branden (1987, 1988) er en autoritet på selvfølelse, og han påstår at alt fra angst, depresjon, frykt for intimitet, frykt for å mislykkes eller frykt for suksess involverer vår selvfølelse. Rusmisbruk, avhengighet, mangel på ambisjoner, misunnelse, arbeidskonflikter, fysisk og psykisk mishandling, seksuelle problemer, følelsesmessig ustabilitet, raseri, selvmord, kriminalitet og vold kan som regel spores tilbake til lav selvfølelse som en avgjørende faktor. Branden hevder at den viktigste vurderingen du gjør, er den vurderingen du gjør av din egen verdi. En positiv selvfølelse er med andre ord hjørnesteinen i et optimalt liv.

I følge mye av litteraturen på området, har selvfølelse to komponenter. Det handler om å føle seg både kompetent og verdifull. Førstnevnte assosierer vi gjerne med selvtillit, mens sistnevnte handler om selvrespekt. Selvfølelse handler om vår tro på at vi er kapable til å håndtere livets utfordringer, og hvorvidt vi har rett til å være lykkelige. I en tilstand med god selvfølelse kjenner vi oss skikket til å håndtere livets utfordringer, mens i perioder med lavere selvfølelse kan vi oppleve at vi ikke strekker til. I verste fall vil lav selvfølelse gi oss en fornemmelse av å være utilstrekkelig som menneske.

Selvfølelse handler om en opplevelse av å være verdt noe. Dette er en opplevelse vi utvikler gjennom livet, og det er mye som tyder på at mange av våre grunnleggende antakelser om oss selv etableres i oppveksten. Som mennesker dannes vi i møte med andre. Det er gjennom andre barnet forstår seg selv. I forlengelse av dette kan man påstå at det er avgjørende å bli likt av viktige personer i oppveksten for å lære å like seg selv og derigjennom etablere en god selvfølelse. Dessverre opplever ikke alle den omsorgen og anerkjennelsen man fortjener, hvorpå dette går utover selvfølelsen. Har man skader på selvfølelsen, er skam noe man ofte bærer med seg som tung bør gjennom livet. Følgende punkter oppsummerer en del av de mest sentrale aspektene ved selvfølelse.

- God selvfølelse er fornemmelsen av å være verdt noe i vårt personlige, sosiale og profesjonelle liv. Det stammer som regel fra en følelse av at vi har blitt elsket og respektert som barn av familie, venner og på skole.

- En oppvekst preget av respekt, aksept og suksess fostrer en god selvfølelse. Motsatt vil en oppvekst preget av kritikk og avvisning fostre en følelse av utilstrekkelighet. Man vil lett føle at det man foretar seg ikke er akseptabelt eller godt nok. Man får en fornemmelse av at man ikke er verdt å like eller fortjener anerkjennelse for den man er.

- Som voksen kan det hende man føler seg usikker på en eller flere av områdene; intime forhold, sosiale situasjoner eller arbeid som følge av negative og sviktende tilbakemeldinger i oppveksten.

- Dersom selvfølelsen er skadet, kan man lett føle seg mislykket. Å være mislykket involverer en følelse av utilstrekkelighet overfor resultater og arbeid. Det er en følelse av at man er mindre suksessrik, begavet eller intelligent enn de man omgås og måler seg opp mot.

- Følelsen av skam er ofte dominerende ved lav selvfølelse, og det handler dypest sett om en fornemmelse av noe grunnleggende galt. Ofte opplever man at jo nærmere folk kommer innpå, desto større sjanse er det for at de ikke vil komme til å like en. I bunn av seg selv har man en stilltiende idé eller stemme som forteller at man ikke er verdt å elske. Ved tilfeller av mye skam, lever man et liv hvor man skjemmes over den man er.

På mange måter er vi summen av vår egen historie, men selvfølelsen vår er ikke bare et resultat av tidligere erfaringer. Man kan ha gode oppvekstvilkår og likevel føle at man har en vaklende selvfølelse. I denne boken skal vi se at god eller dårlig selvfølelse avhenger av mange faktorer. Hvordan vi møter smerte og motgang, måten vi tenker på og hvordan vi håndterer følelser spiller en rolle for selvfølelsen. Det er også avgjørende hvordan vi forholder oss til andre mennesker og hvordan vår «psykologiske programvare» er fininnstilt for å fortolke våre opplevelser av oss selv og verden. Måten vi bruker hodet på er avgjørende for selvfølelsen, og selvfølelsen er avgjørende for livskvalitet og hvordan vi lever. Det er en rekke psykiske mekanismer som påvirker selvfølelsen hele tiden. Mange av disse mekanismene opererer utenfor vår bevisste oppmerksomhet, og dermed risikerer vi at de langsomt tærer på vår selvfølelse uten at vi oppfatter det. Dersom vi forstår mekanismene som ligger bak vår selvfølelse, kan vi være med å påvirke.

## Kunnskap fra alle verdens hjørner

Vi lever i en utrolig tid. For første gang i historien har vi tilgang til alle verdens fortellinger. Vi er ikke lenger bundet til den kunnskapen som foredles i vår egen kultur, men har tilgang til alle verdens visdomstradisjoner. Ved hjelp av noen tastetrykk er den totale summen av menneskelig kunnskap tilgjengelig for oss. I denne boken er spørsmålet hva de ulike tradisjonene kan fortelle oss om menneskets potensial. Hva sier de om det å være menneske, utvikle seg, takle motgang og leve et godt liv? Min hypotese er at selvfølelse ligger som en forutsetning for alle disse spørsmålene. Hva vi føler for oss selv farger alle andre opplevelser, noe som gjør at selvfølelse er noe av det viktigste vi har.

Gjennom de siste årene har jeg vært opptatt av å sette meg inn i ulike tanketradisjoner. Ideene som presenteres i denne boken, og de to neste bøkene i denne triologien, er forankret i forskjellige og veldokumenterte teorier. Jeg tror at de fleste «psykologiske skoler», filosofier og visdomstradisjoner har noe viktig å fortelle oss om det å være menneske, og mitt prosjekt gjennom flere år har vært å utforske så mange ideer som mulig. Jeg har hele tiden vært opptatt av hva de «klokeste hodene» kan fortelle oss om menneskets muligheter for vekst og utvikling, og i min hverdag som psykolog og psykoterapeut forsøker jeg å sette teoriene på prøve. Fungerer de? Hvem fungerer de for? Kan de supplere hverandre? Dernest handler det om å finne ut hvordan ideene kan omsettes i praksis. Det hjelper ikke å ha mange teorier dersom vi ikke klarer å bruke dem.

Hver dag møter jeg mine pasienter i gruppeterapi, og hver tirsdag møtes vi til det jeg kaller biblioterapi. I biblioterapi diskuterer vi ideer og tanketradisjoner. Hver uke drøfter vi en ny teori, og hver uke forplikter vi oss til å teste ut teoriene i eget liv. Uken etter møtes vi på nytt for å dele erfaringer og evaluere den «terapeutiske effekten». Denne boken reflekterer denne prosessen, og den er en ansamling av de ideene jeg betrakter som mest verdifulle med tanke på selvutvikling og selvfølelse. Jeg baserer meg først og fremst på egne erfaringer, pasienters tilbakemeldinger og anerkjente teoretikere. Jeg vil påstå at teoriene har lært meg mye, men samarbeidet med mennesker i endringsprosesser har lært meg atskillig mer.

## Et mentalt treningsstudio

*Dine tanker, følelser og handlinger definerer deg som person. Hvis du endrer måten å tenke, føle eller handle på, vil du endre deg som menneske. Mental trening handler om å engasjere seg i de mentale prosessene som farger våre opplevelser.*

Kanskje er det litt pretensiøst, men denne boken ønsker å være et «mentalt treningsstudio» med hovedfokus på selvfølelse. I et mentalt treningsstudio har vi byttet ut vekter og tredemøller med viktige ideer som kan brukes til selvransakelse. Øvelsene underveis kan hjelpe deg å omsette teori til praksis, og jeg tenker på noen av øvelsene som «mental vektløfting». Samtidig tror jeg at man kan få mye ut av boken uten å gjøre øvelsene. Det viktigste er at man begynner å tenke litt på hvordan sinnet egentlig fungerer.

Hvert kapittel tar for seg ulike aspekter ved selvfølelse. Hva er det? Hvordan oppstår det? Hvorfor trenger vi det? Og hva skjer når vi mangler god selvfølelse? Det er mange spørsmål, og jeg håper at svarene vil få deg til å bruke hodet litt annerledes. Selvfølelse ligger altså som et gjennomgående tema i hele boken, men selvfølelse adresseres likevel ikke direkte i hvert kapittel. Noen kapitler tar for seg andre temaer, men etter hvert som du jobber deg gjennom de ulike ideene, håper jeg at sammenhengene blir tydelige til slutt.

## La boken bli din psykoterapeut

Vi har ofte noen fastlåste oppfatninger av oss selv som får lov til å diktere vår verdi som menneske. En av pionerene innenfor vitenskapelig psykologi, William James, har poengtert at: *«Mennesket kan forandre livet sitt ved å forandre måten det tenker på.»* Psykologi handler om hvordan vi sanser, tenker, føler og handler. Og psykoterapi handler om å lodde dybden i potensielle tankefeller og destruktive følelser som forhindrer personlig vekst og utvikling. Den terapeutiske psykologien forsøker å trenge inn i strukturene i vår opplevelsesverden, og målet er at nye oppdagelser kan anspore til nye måter «å bruke hodet på».

Denne boken går på mange måter psykoterapeutisk til verks. Vi ser på hvordan erfaringer påvirker måten vi tenker, føler og handler på. Vi må inn i oss selv for å analysere, avsløre og erstatte negative oppfattelser av oss selv. Den terapeutiske prosessen kan være en spennende reise i vårt psykologiske liv, og i denne boken skal vi undersøke forskjellige strategier for selvinnsikt, og ikke minst hvordan man kan dra veksel på disse i hverdagen.

*Man kan drive terapi med seg selv, men man er ikke nødt til å ligge på en divan. Selvutvikling handler blant annet om å bli mer oppmerksom på det som foregår i våre indre og ubevisste prosesser, og dermed avsløre uheldige monster som hemmer oss eller ødelegger selvfølelsen.*

Gjennom de siste årene har det også dukket opp et viktig bidrag fra de Østlige visdomstradisjonene i «mainstream» psykologi. Forskning og akademiske anstrengelser har gjort at oppmerksomhetstrening, også kalt mindfulness meditasjon, har blitt et viktig redskap i terapeutisk praksis. Selv opplever jeg mindfulness som faglig og personlig berikende, og dermed vil innspill fra de Østlige tradisjonene få god plass i denne boken. Kanskje viser det seg at oppmerksomhetstrening kan bli en av de mest effektive mentale treningsformen for å styrke selvfølelsen.

## Hvordan trene mentale muskler?

Alle vet at vi kan oppnå en helsegevinst ved å trene kroppen, enten det er på et helsestudio eller på joggetur i skog og mark. Vektløftning gir oss større muskler og løping gir bedre kondisjon. Måten vi bruker kroppen på kan altså forandre den. På tilsvarende vis kan hjernen forandre seg, avhengig av hvordan vi bruker den.

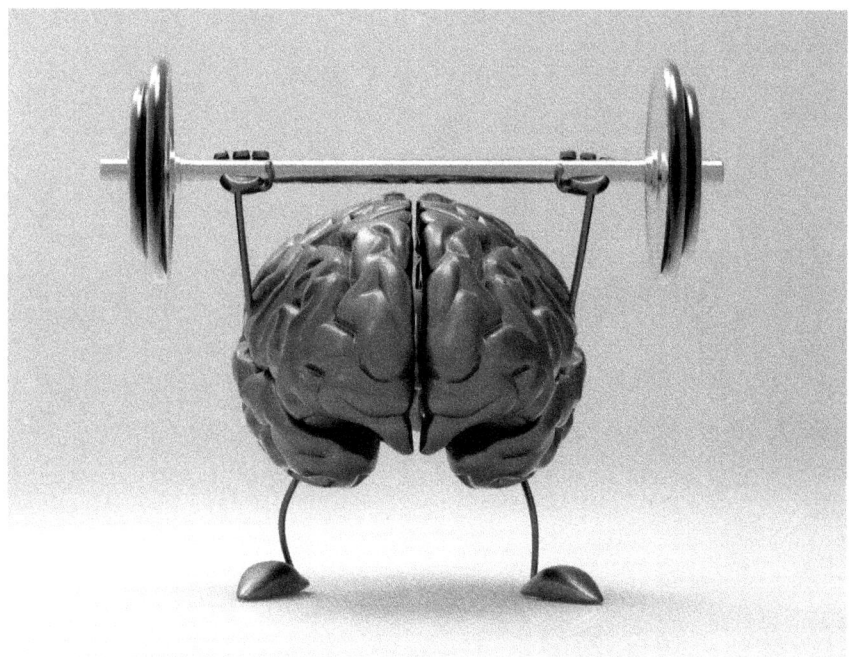

*Alle vet at vi kan trene for å styrke og utvikle kroppen, men det er ikke fullt så kjent at det er på samme måte med hjernen. Forskning viser at hjernen også kan trenes opp: Vi får den hjernen vi skaper selv.*

I denne boken skal vi jobbe med å styrke oppmerksomhet på våre egne mentale prosesser. Hvordan konstrueres våre opplevelser i hjernen? Hvilke tanker og følelser er innbakt i en selvfølelse som tar deg gjennom livet med pågangsmot og engasjement, og hva er ingrediensene i en selvfølelse som gjør livet middelmådig og rutinepreget? Hvordan konstrueres en selvfølelse som sørger for at livet leves som en lang og stressende krampetrekning, og hva inneholder en selvfølelse som ikke engang får oss opp om morgenen? Hvordan tenker du, hvordan føler du og hvordan påvirker det deg? Jeg mener at dette er noen av de viktigste spørsmålene et menneske kan stille seg selv. Og jeg mener at det allerede finnes en del fornuftige svar på mange av de livsviktige spørsmålene, men noen av dem må du besvare selv.

Hensikten med det jeg her kaller et mentalt treningsstudio er å utvide bevisstheten, og denne boken er et forslag til ulike mentale treningsformer og en beskrivelse av hvordan de fungerer. Å løfte vekter med hjernen er anstrengende på en litt annen måte enn man er vant til fra de tradisjonelle helsestudioene. I et mentalt helsestudio «løfter man tanker», jobber mot mer innsikt og trener oppmerksomhet for å få mer ut av livet med mindre stress. Det handler om å utvide grensene for selverkjennelse, trenge dypere inn i menneskets eksistensielle grunnvilkår, akseptere seg selv og virkeligheten og være fokusert til stede i livet her og nå. Alle disse aspektene er tett knyttet til selvfølelse.

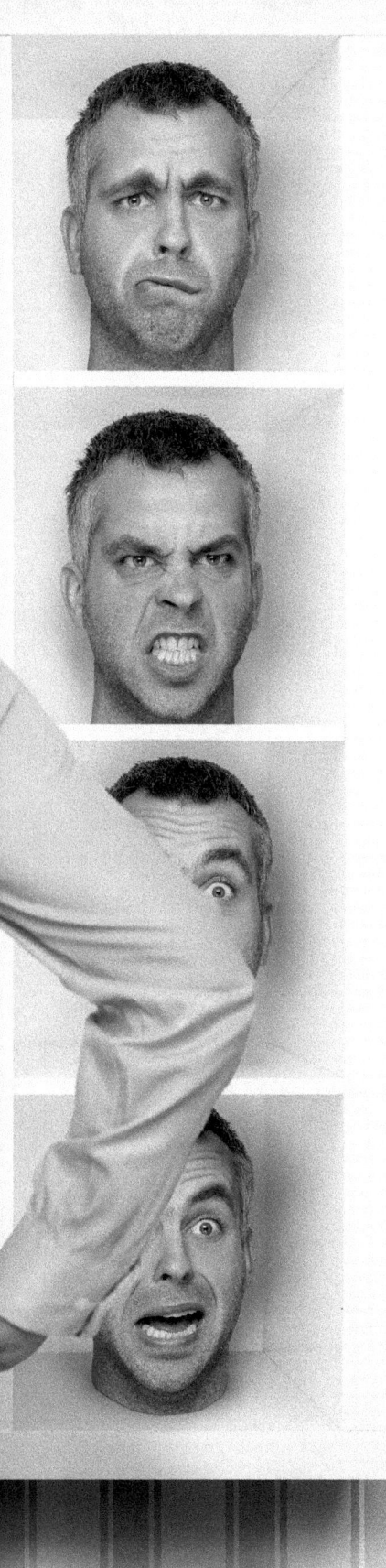

# KAPITTEL 1
# Destruktive følelser

Kontroll på destruktive følelser og impulser er grunnlaget for karakterstyrke. Evnen til å sette negative følelser i kontekst er avgjørende for å beholde motivasjon og positiv drivkraft. Når destruktive følelser overstyrer oss, mister vi en del av kontrollen. Uten kontroll kan vi ikke stole på oss selv, og denne typen kontrolltap er skadelig for selvfølelsen.

## En psykolog med angst

Den første personen du skal bli kjent med i denne boken er meg. Jeg vil fortelle en kort historie fra mitt eget liv hvor manglende innsikt i mine egne følelsesmessige reaksjoner levnet meg i en vanskelig situasjon.

Jeg var hjemme i pappapermisjon med min datter på 10 måneder. Min kone gav meg en innføring i permisjonslivets utfordringer, og hun presiserte at vår datter var veldig begeistret for babysang. Hun vektla babysang på en måte som fikk meg til å forstå at jeg var forpliktet til å følge opp denne aktiviteten hver tirsdag formiddag. Jeg vil beskrive meg selv som en ganske pliktoppfyllende pappa, og jeg gjorde som jeg fikk beskjed om. På den tiden var jeg uerfaren som pappa, og jeg var heller ingen ekspert på sang. Det viste seg at babysang foregikk i en kirke i utkanten av byen, og det viste seg at jeg var den eneste mannen som deltok på arrangementet.

Med min datter på den ene armen og en veske med våtservietter og bleier i den andre, kom jeg inn i lokalet hvor det befant seg omtrent 15 kvinner med hver sin baby. Alle satte seg i en ring på gulvet, en sprudlende dame fungerte som forsanger, mens vi andre nynnet med på refrenget og vugget barna frem og tilbake i takt med melodien.

Dette er objektivt sett en helt ufarlig situasjon, men kroppen min reagerte som om jeg befant meg i en krigssone. Jeg ble grepet av et stort ubehag, en nærmest panikkartet reaksjon, noe som altså var merkelig i og med at situasjonen var ganske harmløs. Jeg begynte å svette, hjertet slo raskt og helt i utakt med musikken, det svimlet for meg, og jeg følte en form for kribling i armene. Jeg skalv i hele overkroppen og klarte nesten ikke å holde en eneste tone. Jeg var på full alarmberedskap i en situasjon som ikke var farlig. Til slutt måtte jeg evakuere kirken og komme meg hjem.

I denne perioden leste jeg seksbindsverket, «Min Kamp», av den norske forfatteren, Karl Ove Knausgård. Jeg var tilfeldigvis kommet til den boken hvor Knausgård beskriver den samme episoden som jeg opplevde tidligere på dagen, altså et uventet ubehag på babysang. Jeg synes Knausgård er en utmerket forfatter med et rikt språk på alt som foregår inni ham. I boken setter han ord på sine opplevelser med babysang, og hans innsikt hjelper meg til å forstå meg selv.

Knausgård forteller hvordan han som mann fikk en sterk følelse av å miste sin maskulinitet på babysang, simpelthen fordi de feminine kreftene i en slik setting kan virke overveldende. Han mente at han nærmest stod i fare for å bli impotent i denne kvinnelige sfæren. Knausgård har en enestående evne til å beskrive de subtile og følelsesmessige lagene i tilværelsen. Han setter ord på det som vanligvis ikke tematiseres. I dette tilfellet gav Knausgårds beskrivelser gjenklang i meg, og han hjalp meg til å forstå min egen panikk på babysang. Det er ikke sikkert at det er «sant» at menn blir impotente på babysang (sannsynligvis ikke), men Knausgård gav meg likevel et språk på det som hadde skjedd. Hans betraktinger hjalp meg til å løfte min egen opplevelse opp fra smerte og hjertebank til innsikt. I selve situasjonen klarte jeg det ikke, og jeg ble nødt til å rømme med en stotrende unnskyldning, men neste gang var jeg bedre forberedt med innsikt fra Knausgård.

I det jeg kunne forstå litt mer av min voldsomme reaksjon, var jeg også bedre rustet til å kontrollere den. Min evne til å regulere meg selv ble bedre fordi jeg hadde et språk og en viss innsikt i det som overveldet meg. Neste gang jeg stilte opp på babysang, ble derfor en bedre opplevelse. Jeg klarte å beholde roen, noe som gjorde like mye for min selvfølelse på en positiv måte, som den første opplevelsen gjorde for min selvfølelse på en negativ måte. I det jeg overreagerer uten å gjenvinne kontroll, vil jeg på sett og vis miste tiltro til meg selv. Det skader min selvfølelse. Motsatt vil vanskelige situasjoner jeg klarer å håndtere uten å overveldes, styrke min selvfølelse.

Denne episoden gav meg en viktig erfaring til all den teorien jeg hadde lest om følelser. I etterkant er det følgende lærdom som sitter igjen:

- *Gjennom mer forståelse og bevissthet rundt mine egne følelser, kan jeg forbedre mitt liv betraktelig.*

Psykisk sunnhet kan handle om evnen til å tåle, forstå og sette ord på følelser. De følelsene vi ikke forstår eller kan beskrive med ord, kommer ofte til uttrykk som ubehagelige symptomer. Noen kritikere har avskrevet Knausgårds seksbindsverk fordi det er uinteressant å lese tusenvis av sider om en manns opplevelser av hverdagsliv. Selv tror jeg ikke at jeg leser Knausgård av nysgjerrighet på hans intime privatliv, men snarere av nysgjerrighet på meg selv og det fellesmenneskelige han beskriver på en fortreffelig måte. Hans beskrivelser av den «menneskelige underteksten» åpner for gjenkjennelse, selvransakelse og selvinnsikt. Det er en reise i et psykologisk landskap som ikke er meg, men som stadig ligner meg likevel.

Et av mine viktigste «selvhjelpstips» er å lese bøker. Det kan være alt fra biografier, faglitteratur, men også romaner. God skjønnlitteratur gir oss muligheten til å forstå menneskers liv som komplekse og uregjerlige. Aristoteles oppfattet bøker som medisin for sjelen, og det er ingen tvil om at litteraturen kan spille en viktig rolle som del av den menneskelige dannelses-

prosess og selvutvikling. Å lese bøker som selvutvikling kalles av og til for
biblioterapi. Det handler om å trenge inn i en tekst og lete etter gjenkjennelse,
medfølelse eller det man kanskje kan kalle en «aha-opplevelse». Man finner en
slags forløsning eller katarsis i det man kommer i kontakt med følelser som
tidligere var skjulte. Det vil si at teksten åpenbarer følelser og stemninger som
gir gjenklang i oss selv. Teksten fungerer på den måten som en portåpner til
vårt eget indre liv. Katarsis refererer her til et plutselig følelsesmessig klimaks
eller sammenbrudd som følges av en overveldende fornemmelse av fornyelse
og nytt liv. Her fungerer lesing som en form for dannelsesprosess hvor man
blir kjent med nye sider av seg selv gjennom andres språklige beskrivelser.

*Skjønnlitteratur gir oss muligheten til å forstå menneskers liv som komplekse og uregjerlige. Gjennom andres beskrivelser kan vi få tilgang til vårt eget indre liv på nye måter.*

Psykoanalysens far, Sigmund Freud, snakket om at målet i psykoterapi var å
gjøre det ubevisste bevisst, og sånn sett kan man si at biblioterapi og psyko-
terapi fungerer på noenlunde samme premisser. Biblioterapi kan bidra til å
styrke vår evne til (selv)innsikt slik at vi klarer å innta flere perspektiver og
opprettholde refleksjonsevne i pressende eller vanskelige situasjoner. Innen-
for psykisk helse definerer man ofte sunnhet som evnen til å plassere språk
og forståelse mellom impuls og handling. Bøker kan styrke vår kognitive kap-
asitet og utvikle vårt «språklige verktøy» slik at vi i større grad kan håndtere
våre følelser og innskytelser på en adekvat måte. Jeg håper at denne boken gir
deg fortellinger som ansporer til denne typen innsikt.

## Overveldet av følelser

Nevropsykologien viser oss at menneskehjernen på sett og vis er utradert og dårlig tilpasset et sivilisert samfunn. Selv om vi lever i moderne tider, går vi rundt med en hjerne som er tilpasset en oldtid hvor det handlet om å overleve. Derfor er hjernen programmert til å handle før man tenker, noe som er gunstig dersom man er angrepet av en huleboer med klubbe eller sloss med en mammut. Det er derimot ikke fullt så gunstig å handle før man tenker i et sivilisert samfunn, snarere tvert imot. Det finnes selvfølgelig også reelle farer i moderne tid, men våre hovedutfordringer dreier seg ikke om å angripe en fiende eller komme oss unna i tide. Våre utfordringer er knyttet til å samhandle med mennesker, forvalte store mengder informasjon og håndtere en stadig mer komplisert verden som krever at vi gjør valg. I møte med slike utfordringer, trenger vi ikke impulsive reaksjoner, men ettertenksomhet, refleksjonsevne og impulskontroll.

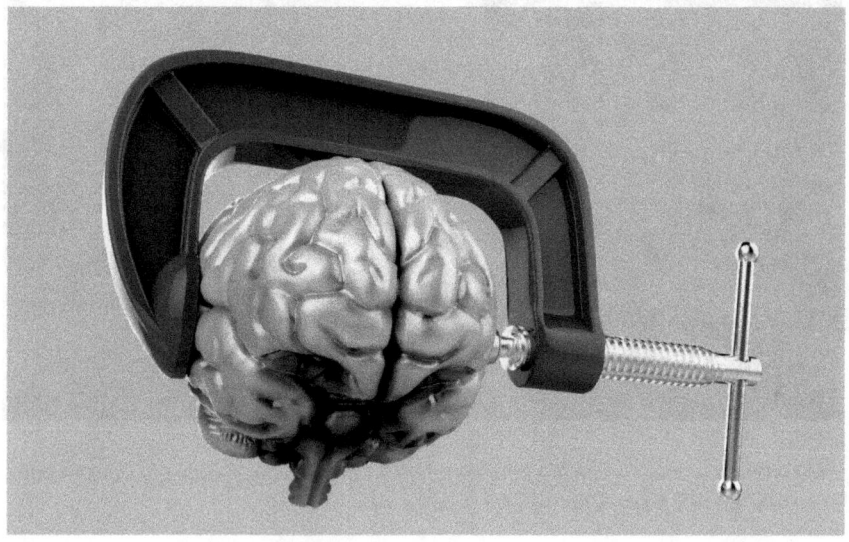

*Istedenfor å handle impulsivt på alle innskytelser, har vi evnen til å hemme disse impulsene og vurdere dem opp mot situasjonen. Kanskje er det nettopp evnen til å plassere innsikt mellom impuls og handling som gjør oss til mennesker.*

I boken, *«Emosjonell intelligens»*, skriver Daniel Goleman (2002) om *«emotional hijackings»*. Det er en beskrivelse av hvordan hjernen overveldes av følelser og kobler ut rasjonell tankegang til fordel for umiddelbare og uoverveide reaksjoner. Det var dette som skjedde med meg på babysang. De fleste av oss har opplevd å reagere uhensiktsmessig i pressede situasjoner. Kanskje har vi sagt eller gjort ting i en krangel vi ikke kan stå inne for, eller reagert med angst i ufarlige situasjoner. Emosjonell intelligens handler om evnen til å opprettholde kontroll i pressede situasjoner, noe som altså innvirker direkte på vår selvfølelse. Dersom vi ikke klarer å kontrollere våre impulser, eller til stadighet er overmannet av følelsesmessige svingninger, vil det på sikt skade vår selvfølelse.

Mange religiøse tradisjoner har tatt innover seg at mennesket lett reagerer uoverveid. Derfor er ulike former for mental disiplin ofte en del av den religiøse praksisen. Ved hjelp av meditasjon, diverse ritualer, bønn og stadige påminnelser om å være raus og omsorgsfull ovenfor våre medmennesker, virker det som om trossamfunnene innser at mennesket trenger å jobbe med sitt indre liv for å beholde en god balanse. I et sekulært samfunn er det mange som ikke har noen tilknytning til et religiøst fellesskap, og kanskje mangler man gode arenaer for å vedlikeholde sitt psykologiske (eller «åndelige») liv i vår del av verden.

*Dersom vi som voksenpersoner klarer å regulere våre følelser på en god måte, er dette en egenskap vi kommer til å overføre på våre barn. Det vil si at barna blir utstyrt med evnen til å tåle, forstå og uttrykke sine egne følelser uten å bli overveldet. I forhold til psykisk helse, er dette noe av det viktigste man kan gi et barn.*

Aristoteles sier at det er lett å bli sint, men det er vanskelig å bli sint på den rette personen, på et tilpasset nivå, i rett tid for de riktige årsakene og på den riktige måten. Selv kan jeg skrive under på det Aristoteles sier. Spesielt overfor barn forekommer det meg uhyre viktig å ikke agere direkte på sine følelser i utfordrende situasjoner, men beholde roen, anerkjenne og forstå sine reksjoner og deretter reagere på en mest mulig balansert måte. Å sette grenser overfor barn, uten å være fanget av irritasjon, er blant annet en tematikk jeg opplever at mange foreldre strever med.

Emosjonell intelligens (EIQ) er evnen til å oppfatte og forstå egne og andres følelser og emosjoner, å skille mellom dem og bruke denne informasjonen i tenkning og handlinger. De fleste har potensial til å utvikle sin emosjonelle intelligens, og de fleste vil oppleve at høyere EIQ vil gi en bedre selvfølelse. For å bli bedre kjent med egne følelser, må vi vende blikket innover i oss selv. I den første øvelsen vil jeg ganske enkelt be deg om å lage en liten oversikt over ditt eget følelsesregister.

Man kan være flink i matte eller naturfag, og det spiller en rolle i forhold til karakterer og utdannelse. Noen har naturlige skoleferdigheter, mens andre må trene litt mer. De fleste kan imidlertid skåre rimelig godt med en viss innsats. Følelser er et annet område hvor man kan ha mer eller mindre gode evner. Kompetanse på følelser er også noe man kan utvikle og trene opp. Emosjonelle ferdigheter avgjør hvorvidt en person trives i livet, mens en annen person med tilsvarende bakgrunn og intellektuelle evner møter veggen. Daniel Goleman definerer emosjonell intelligens som en slags «meta-evne». Det vil si at kompetanse på eget følelsesliv er en slags overordnet ferdighet som avgjør hvordan vi klarer å bruke alle andre ferdigheter vi har til rådighet. Med høy emosjonell intelligens blomstrer våre øvrige egenskaper, mens uten forståelse for egne følelser, kan et skarpt intellekt eller et naturtalent forsvinne i følelsesmessig kaos.

## Øvelse 1 — Spontan liste over egne følelser

Tenk gjennom ulike situasjoner og forsøk å identifisere hvilke følelser som var på spill. Hvilke følelser opptrer hyppig, og hvilke følelser kommer bare av og til? Er det noen følelser du nesten aldri kjenner på? Ikke bruk altfor lang tid på dette, maks 15 minutter. Noter ned situasjonen og de tilhørende følelsene på skrivebrettet. Bruk stikkord. Gjør denne øvelsen ferdig før du leser videre. Dersom du ikke er vant til å reflektere over følelser, kan denne øvelsen være litt vanskelig. Bakerst i boken finner du en liste over våre følelser og deres funksjon. Denne listen kan fungere som et godt hjelpemiddel i starten.

| Situasjon | Følelse |
|---|---|
| | |

## Destruktive følelser

Noen følelser er ekte og genuint tilpasset den situasjonen vi er i. Denne typen følelser binder oss til livet med mening, og de farger våre opplevelser med betydning. Dessverre finnes det også en rekke følelser som gjør det motsatte. Destruktive følelser kan hindre oss i å leve fullt og helt, og de kan ta kvelertak på vår selvfølelse.

Hva er egentlig en destruktiv følelse?

Nathaniel Branden er en kjent amerikansk psykolog som har skrevet mye om selvfølelse. I boken, *«The psychology of self-esteem»*, drøfter han de destruktive følelsenes natur. Branden svarer langt i fra fullstendig på dette spørsmålet, men innspillene hans er interessante. La oss se om vi kan følge hans resonnementer for å få litt mer innsikt i hvordan følelser påvirker oss, ofte uten at vi selv er klar over det.

Kort oppsummert sier Branden at menneskets følelser i bunn og grunn er automatiserte verdivurderinger. Denne påstanden oppklarer han ved å komme med noen sammenligninger; Da vi var barn og skulle lære oss å gå, måtte vi bruke mye bevisst kapasitet på balanse og forflytning av det ene benet fremfor det andre og så videre. Etter hvert som vi mestret bevegelse på to ben, ble det å gå plassert på «lavere nivåer» i hjernen og omgjort til automatikk. Vi trengte ikke lenger konsentrere oss om å gå, men kunne gjøre det uten å tenke. Ettersom nye egenskaper blir automatisert, frigjør dette bevisst kapasitet, som vi eventuelt kan bruke på andre ting. Dette er helt nødvendig for at vi skal fungere som mennesker.

Branden mener at store deler av vårt følelsesliv kan forstås på samme måte. Vi vurderer noe som godt eller vondt, stygt eller pent, skremmende, sjarmerende, irriterende, ubehagelig, utfordrende, håpløst eller spennende. Når en situasjon er vurdert, legges vurderingen i et «mentalt skjema» vi kan bruke på et senere tidspunkt. Neste gang vi møter en lignende situasjon, vil det mentale «verdivurderingsskjemaet» dukke opp og gi oss det vi kaller en «følelse». Følelsen er altså basert på en tidligere vurdering som nå dukker opp på automatikk for at vi skal slippe å vurdere alt på nytt hele tiden. Slik «psykisk automatikk» er nødvendig fordi livet er så fullt av situasjoner vi er nødt til å vurdere. Dersom vi måtte reflektere over hver eneste situasjon og hvert eneste valg hele tiden, hadde vi blitt så «mentalt opptatte» at vi hadde endt opp som paralyserte tenkere uten handlekraft.

Våre automatiske vurderinger, som vi altså kaller følelser, er helt nødvendige for å leve et effektivt liv. Noen ganger er vurderingene relevante og treffende, mens andre ganger er de misvisende og destruktive. Det er når våre mentale skjemaer stadig peiler oss inn på «livets blindveier», at vi er nødt til å koble inn mer bevissthet for å gjenvinne kontrollen og overstyre den psykiske automatikken. Eksempelvis er det slik at det vi fryktet som barn, ikke nødvendigvis er farlig når vi er voksne. Likevel kan gamle skjemaer henge igjen og kobles inn hos den vokse personligheten uten at vedkommende er klar over den psykologiske automatikken. Istedenfor å stoppe opp, revurdere situasjonen, bruke fornuft og rasjonell analyse, handler man på skjemaer som er ferdigkodet og fungerer som et ekko fra tidligere tider. Slik risikerer vi å bli «slaver av fortiden».

Vi kan se for oss at en liten gutt leker med låsen på toalettet. Han klarer å låse døren, men han klarer ikke å låse den opp igjen. Panikken vokser i det han innser at han er innesteng. Når den emosjonelle kvaliteten i slike episoder blir kraftige, risikerer man at gutten utvikler et «mentalt skjema» som sier at lukkede rom er farlige. I verste fall blir ikke dette skjemaet revurdert på et senere tidspunkt, og han tar det med seg inn i voksenlivet. Som voksen er hans opplevelse av lukkede rom basert på en liten gutts frykt og hjelpeløshet. Nå kaller han det for klaustrofobi, og han har problemer med å forklare hvorfor han ikke går på kino, tar heis eller er avhengig av en plass nær utgangen i fremmede lokaler. Så lenge han ikke klarer å modifisere sin vurdering av lukkede rom ved hjelp av rasjonell tankekraft, vil han fortsette å være et offer for fortidens erfaringer.

Et lignende eksempel er barnet som ble utsatt for en rabiat hund, og siden har unngått hunder. Det er irrasjonelt å la én rabiat hund fra barneårene få bestemme vårt forhold til «menneskets beste venn» i voksen alder. Likevel er det svært vanlig. Det illustrerer nok en gang hvordan våre følelser legger seg som «mentale vurderingsskjemaer» på ubevisste nivåer i vårt psykologiske liv. I møte med nye situasjoner baserer vi oss på utdaterte skjemaer og risikerer å reagere med frykt i situasjoner som ikke er farlige, og vi kaller det for angst eller fobi.

Mange av våre «mentale skjemaer» opererer altså i skyggen av vår bevissthet, og derfor legger vi ikke alltid merke til at de påvirker oss. Ofte er følelsene sendebud fra erfaringer og vurderinger vi har foretatt på et tidligere tidspunkt i livet. Når de dukker opp som følelser, er det ikke lenger sikkert at vi vet hvilke verdivurderinger som ligger til grunn for akkurat den følelsen i akkurat den situasjonen, men likevel lar vi de få ganske mye bestemmelsesrett over livet. På mange måter er det et sjansespill med våre egne opplevelser som innsats, men vi lar det skje, blant annet fordi det er krevende å være bevisst bakgrunnen for alt vi føler og foretar oss i en hverdag som kanskje allerede er forholdsvis utfordrende. Likevel er det mer oppmerksomhet på vårt indre liv som kreves for å bli mentalt sterkere, få mer kontroll på egen livsførsel og dermed oppleve større grad av mestring og bedre selvfølelse.

Branden forsøker altså å fortelle oss at følelser er vaner, og som alle andre vaner kan de underminere våre beste intensjoner. I den kognitive psykologien, som er opptatt av hvordan mennesker tenker, snakker man om et fenomen som kalles for følelsesmessig resonnering. Det betyr altså at man tar avgjørelser og vurderinger basert på hvordan man føler seg, fremfor objektive faktorer. De som først begynner å la tilfeldige følelser guide sine avgjørelser og vurderinger, blir gradvis desorienterte og ute av stand til å se forskjell på følelser og fakta. Denne formen for mental desorientering gjør oss til dårlige livspiloter, og man kan ikke lenger stole på sine vurderingsevner. Det eneste man kan være sikker på med følelsesladede resonnementer, er at det svært ofte vil skade selvfølelsen.

## Vurderingen du gjør av din egen verdi

Når vi merker at vi er fanget av følelser, frykt og destruktive tankerekker, som vi ikke klarer å overstyre med egen fornuft, mangler vi dypest sett kontroll på livet, og det er kjernen i lav selvfølelse. I motsetning til dette finner vi det vi kan kalle mental styrke og god selvfølelse. Det betyr at vi i langt større grad velger våre handlinger basert på fornuftige vurderinger. Vi lar oss ikke overstyre av tilfeldige følelser eller negative tanker, men utøver en bevisst kontroll over viktige valg. Vi har kontroll og frihet i forhold til egne handlingsmuligheter. Vi er «herre i eget hus».

Noen ganger kan man gi seg hen til følelser og leve umiddelbart uten videre ettertanke. Det kan være vitalt, lekent og nærværende. Men når vi lar følelser styre oss vekk fra situasjoner som kunne ført til vekst og utvikling, er vi som regel fanget av noen gamle mønster. I slike tilfeller kan vi forstå følelser som verdivurderinger vi har gjort av oss selv og livet på et tidligere tidspunkt. Den viktigste vurderingen vi gjør, er ikke nødvendigvis farlighetsvurderingen av en hund eller en dør i vranglås, men snarere den vurderingen vi gjør av vår egen verdi. Dersom vi vokser opp rundt mennesker som kritiserer oss, ignorerer oss eller hevder seg selv på bekostning av andre, risikerer vi at slike opplevelser blir toneangivende for hvordan vi kommer til å anslå vår egen verdi. Kanskje kommer vi gradvis til å anta at vi er mindre verdt enn andre, siden de menneskene vi møter signaliserer nettopp dette, og i verste fall blir denne vurderingen installert i et slags grunnleggende mentalt skjema hvor vår egen verdi kodes inn og etableres som basis i vår selvfølelse. Dette mønsteret, som her er relatert til vår egenverdi (les selvfølelse), blir altså til et ubevisst skript som dukker opp i møte med livets utfordringer. Uten at vi trenger å tenke oss om eller vurdere en situasjon objektivt, kommer det vi kaller en følelse til å styre oss i situasjonen. Lav selvfølelse er i så henseende en stilltiende stemme som forteller oss at vi eksempelvis ikke bør si vår mening fordi den sikkert er feil, eller at vi bør stille oss bakerst i køen og la andre gå først, eller at vi generelt sett bør holde en lav profil fordi det vi har å bidra med ikke er godt nok. Det kan også tenkes at vi stadig kompenserer for en underliggende lav selvfølelse ved å fremstå som overdrevent selvsikre, tar mye plass, viser oss frem og flagger ulike statussymboler som skal bekrefte vår verdi. Selvfølelsen har ikke alltid en tydelig stemme, men kommer til uttrykk gjennom underbevisste mønster som styrer oss i møte med livet. Selvfølelsen er involvert i nesten alle opplevelser vi har, og da bør vi ikke ukritisk la tidligere vurderinger av egen verdi få monopol på hva vi føler for oss selv i dag.

Branden sin konklusjon er ganske tydelig: Vi må ikke la tilfeldige følelser, psykiske unnvikelsesmanøvrer eller gamle mønstre få bestemmelsesrett over livet. Vi må bruke vår fornuft og rasjonelle vurderingsevner som motvekt til den «psykiske automatikken» som vi kaller følelser eller fornemmelser. Når vi lar oss styre av følelser, eller behovet for å unnvike følelser, har vi gitt fra oss kontrollen. Når vi har gitt fra oss kontrollen, og blitt en slags «psykologisk robot», styrt av gamle mønstre, har vi samtidig gitt avkall på selvfølelse. For å gjenerobre selvfølelse må vi forholde oss til realitetene, og ikke til vårt emosjonelle liv, som er mer eller mindre i balanse. Det betyr ikke at vi skal ignorere følelser, men akseptere at de er der sånn som de er, fullt og helt, men ikke ukritisk la de bli grunnlaget for måten vi tenker og handler på. Vi må leve bevisst med respekt for fakta og virkeligheten slik den er, både i og utenfor oss selv, og ikke slik den fargelegges av «psykisk automatikk». Vi lever bevisst for å minimere tilfeller av «psykisk selvbedrag» (se kapittel 2) som tvinger oss til å lukke øynene når vi burde beholdt et skarpt fokus.

## Ikke lytt til følelsene dine

Mange selvhjelpsbøker og ukebladartikler anbefaler oss å lytte til følelsene, stole på vår intuisjon og følge magefølelsen. Jeg tror det er lurt å lytte til følelsene, men det er ikke alltid så lurt å stole på dem. De med god selvfølelse kan sannsynligvis gjøre gode veivalg basert på fornemmelser og magefølelse, men de som har en del heftelser i selvfølelsen (folk flest), bør kanskje være mer skeptiske. I virkeligheten forholder det seg omtrent motsatt: De med god selvfølelse baserer seg gjerne på rasjonelle vurderinger og ettertanke i møte med viktige valg, mens de med lav selvfølelse ofte er styrt av tilfeldige følelser og impulser.

De fleste av oss har vært i en situasjon hvor vi intellektuelt sett vet at vi burde ha gjort noe, men følelsesmessig sett er vi ikke i stand til å gjøre det. En del retninger innenfor psykologien vil påstå at psykologisk modenhet handler om evnen til å tenke i tråd med prinsipper, ikke med følelser. Når man psykologisk sett ikke er fullt så moden, blir man oppslukt av situasjonen og fanget av følelser slik at man mister evnen til å innta et større perspektiv. Når vi oppgir tanker og kunnskap til fordel for følelser som ikke rasjonelt sett kan rettferdiggjøres, spiller vi et farlig spill med egen selvfølelse som innsats. Vi må altså ikke gjøre vurderinger på bakgrunn av våre følelser fordi følelsene er en dårlig guide til virkeligheten.

*Hvordan vi føler er et resultat av mange faktorer i et komplekst samspill. Det er viktig å forholde seg til følelser, men mange av dem kan være både tilfeldige og flyktige, og sånn sett et tvilsomt grunnlag for viktige avgjørelser.*

Hvordan kan man påstå at følelser er en dårlig guide til virkeligheten?

Branden (1987) gir et eksempel som kanskje kan forsvare et slikt argument: Dersom tre menn observerer en innbruddstyv kan det hende de føler helt forskjellig. Det kan hende den første mannen blir redd når han ser innbruddstyven fordi det sår tvil om den tryggheten han trenger innenfor husets fire vegger. Den andre mannen kan føle forakt fordi tyven går på tvers av moralske og etiske prinsipper, mens den tredje mannen ser at tyven tar seg inn på annen manns eiendom med list og klokskap og kommer unna med store verdier, noe som får ham til å føle en form for beundring. Det er den samme situasjonen, men tre helt forskjellige følelser. Argumentet er kanskje ikke godt nok for å avvise alle følelser, og det skal vi heller ikke, men vi skal være forsiktige med å handle uten omtanke i viktige situasjoner. Ofte advarer jeg mine pasienter mot å la følelser stå i fokus når de skal vurdere virkeligheten, og spesielt når de skal vurdere sin egen verdi. Dersom et mer eller mindre omskiftelig følelsesliv skal få lov til å avgjøre vår selvfølelse, risikerer vi en selvfølelse som svinger like mye som værmeldingen.

## Selvdisiplin

Svend Brinkmann er en dansk psykolog som heller ikke anbefaler folk å stole på følelsene sine. Brinkmann har skrevet noe så paradoksalt som en selvhjelpsbok som advarer folk mot selvhjelpsbøker(!) I ett av sine 7 prinsipper skriver han følgende: *«De fleste selvhjelpsguruer vil ha deg til å ta beslutninger ved å 'følge magefølelsen.' Det er et dårlig råd. Spesielt hvis du har spist rødkål».* Brinkmann mener at mennesker som følger sine impulser eller handler på magefølelsen, som regel vil ende opp på sofaen med sjokolade, godteri og en overhengende fare for livsstilssykdommer.

*Impulsiv spising regnes ofte som et symptom på depresjon, angst eller lav selvfølelse. Fysisk sult er ikke alltid det som driver oss til å spise. Mange bruker mat for å unngå følelser eller som substitutt for mellommenneskelig kontakt. Når vi unngår vanskelige følelser, hender det at det psykiske ubehaget likevel kommer til overflaten forkledd som sult.*

Selv hadde jeg en ung kvinne i terapi, og hun drakk halvannen liter Cola om dagen. Hun het Marit, var rundt 30 år, mor til to barn, overvektig og misfornøyd med seg selv. Nesten alle hennes eldre familiemedlemmer hadde utviklet en rekke helseproblemer og var plaget av blant annet diabetes. Marit fortalte at hun hadde forferdelig dårlig selvfølelse og mye angst for å dø. Hun visste at Cola var skadelig for henne, men hun var så nedfor at hun trengte noe å trøste seg med. Hver dag åpnet hun kjøleskapsdøren et titalls ganger for å hente seg et glass Cola på tross av sin bedre viten. Hver gang beviser hun at impulsene er sterkere enn hennes bedre vurderinger og viljestyrke, og for hvert «impuls glass med Cola» blir selvfølelsen litt lavere. Hvordan kan Marit stole på seg selv hvis impulsene hele tiden overtar styringen? Svaret er at hun ikke kan stole på seg selv, noe hun er klar over, og det er en vesentlig del av hennes lave selvfølelse. Vi blir enige om at hun nå kan velge bort Cola hver dag til tross for at hun har lyst på det. Hver gang hun klarer dette, vil fornuften og den frie viljen feire en liten seier. Hver gang hun tar et glass vann istedenfor et glass Cola, blir selvfølelsen litt bedre. Samtidig vil mindre Cola kanskje minske sjansene for at hun dør for tidlig, noe hun selv mente kunne ha en lindrende effekt på dødsangsten.

En slik fremstilling av Marit gjør det litt enkelt. Etter at jeg ble bedre kjent med Marit, var det åpenbart at Coca Cola var overflaten på et problem som stakk dypere, men likevel gjemmer det seg en enkel og vesentlig beskjed i denne historien: Selvkontroll er viktig for selvfølelsen.

Scott Peck (1990) er en kjent psykoterapeut fra New York, som mener at selvdisiplin ligger i kjernen av god psykisk helse. Uten selvdisiplin kan vi ikke løse problemene våre. Med litt selvdisiplin kan vi løse noen problemer, og med total selvdisiplin kan vi løse alle problemer.

En person som klarer å utsette umiddelbar behovstilfredsstillelse har nøkkelen til psykologisk modenhet, mens impulsivitet er en mental uvane som ofte befrir oss fra ubehag i øyeblikket, men samtidig fraroøver oss muligheten til å forstå smerten. Det kan virke som om mange av våre store problemer er et resultat av mange mindre problemer vi ikke har tatt på alvor. Et av de store feilgrepene vi mennesker gjør, er å anta at de fleste problemer vil gå vekk av seg selv. Istedenfor å dedikere oss til virkeligheten på en realistisk måte, snur vi ryggen til småproblemer og trivialiteter. Kanskje skyldes det en form for mental latskap. Problemet er at det raskt blir et mønster, og gradvis vil mange tilsynelatende ubetydelige forsømmelser bli til noe stort og uoversiktlig. Marit hadde ikke lært seg selvdisiplin. Det var aldri noen som brydde seg om hva hun gjorde eller ikke gjorde, og dermed endte hun opp med å gjøre minst mulig på minste motstands vei.

Vårt Cola-prosjekt kan virke banalt, men det symboliserer noe som stikker mye dypere, og jeg vil påstå at seieren mot Coca Cola var noe av det viktigste Marit gjorde for å gjenvinne selvfølelse. Istedenfor å være et offer for sine impulser, tok hun ansvar for sin egen helse. Hun hadde svakheter på mange andre områder i livet, men det viste seg at Cola-prosjektet fikk positive ringvirkninger. Så snart hun innså at selvdisiplin var en mulighet, hadde hun forutsetning for å vinne flere kamper. Etter hvert som hun endret seg, begynte hun å stole mer på seg selv, og det ble stadig lettere for henne å leve slik hun egentlig ønsket.

## Skam

De synlige problemene til Marit var overvekt, livsstil og mangel på pågangsmot. De mer usynlige sidene av problemet handlet mye om skam. Marit hadde få gode relasjoner gjennom oppveksten. Hun hadde alltid følt seg i veien for foreldrene som drev en pub. Hun vokste opp på denne puben, og noen ganger ble hun jaget vekk, mens andre ganger ble hun oversett.

Vygotsky var en sentral skikkelse innenfor noe som ofte kalles Sovjet-psykologi. Han beskriver hvordan barnet utvikler seg ved å etablere en indre monolog eller dialog. Den samhandlingen og de samtalene barnet har med sine nærmeste tar bolig i barnet og utgjør grunnmuren i barnets selvforståelse og selvfølelse. Det er som om samtaler med andre internaliseres og blir den samtalen vi siden har med oss selv. Alle mennesker har slike indre samtaler med seg selv, og vi kaller det ofte for refleksjon. Denne indre dialogen er vi helt avhengige av for å regulere følelser og forstå oss selv. Vi opplever at våre indre dialoger har sitt opphav i oss selv, men Vygotsky påstår at denne dialogen som regel er et ekko fra samtaler vi har hatt med andre mennesker tidligere i livet.

Dersom barnet utsettes for mye kritikk eller blir oversett, risikerer man selvfølgelig at den indre dialogen eller monologen er av en negativ karakter, og på den måten blir barnets selvfølelse skadet. Dersom man forstår barnet som et «sosialt produkt» på denne måten, er det lett å forestille seg at negative, kritiske, engstelige eller dømmende omsorgspersoner kan påvirke barnets identitet og selvfølelse på katastrofale måter. Det er en slags forgiftning av barnets måte å se seg selv på. Motgiften er å forstå dette, og deretter gå bevisst inn for å endre sine grunnleggende antakelser om egen verdi. Hos personer som sliter med lav selvfølelse eller dårlig selvtillit, er det ofte skam som representerer den primære og altoppslukende følelsen som hemmer livskraft og selvutvikling.

For Marit handlet mye om selvdisiplin, men for å klare å gjenvinne kontroll på eget liv, måtte hun forstå hvorfor hun manglet selvdisiplin. Skam ble et viktig tema i denne prosessen. Marit innså at hun hadde en grunnleggende følelse av å være verdiløs. Utad var hun blid og hyggelig. Hun var hele tiden redd for ikke å bli akseptert av andre, og hun møtte denne frykten ved å være selvoppofrende og blid mot alle.

*«Jeg er den tjukke og blide som er grei å være sammen med, men som hater seg selv uten at noen vet det».* Dette var noe Marit sa om seg selv tredje gang jeg møtte henne.

Hjemme følte Marit seg miserabel, men det var ikke noe hun kunne sette fingeren på. Skam og lav selvfølelse kan ofte være som en klam hånd over livet. Marit hadde problemer med å definere hva det var i henne som ikke var godt nok, men det var som om det lå noe i essensen av hennes vesen som måtte holdes skjult. Hun ser blid ut, men kun for at hun stadig frykter avvisningen. Den diffuse følelsen av utilstrekkelighet dempet hun ved å overspise og unne seg litt ekstra, noe som i neste omgang forsterket skammen. Etter et glass Cola hadde Marit ofte skyldfølelse. Skyld og skam er to følelser som ofte henger sammen. Skyld følger av noe vi gjør, spesielt noe som kan skade andre. Marit skadet først og fremst seg selv, men indirekte skadet hun også sine barn som trengte en mor med overskudd og energi. Skyld innebærer også frykt for straff dersom man har gjort noe som bryter med «takt og tone». Skam er i større grad knyttet til det vi opplever at vi er. Skam oppleves derfor som mer emosjonelt smertefullt enn skyld, og medfører økt utsatthet for psykiske lidelser (Tangney et al., 1992). Cola var en form for selvskading som gav skammen næring og gjorde den synlig i overvekt. Marit var inne i et mønster hvor skammen hindret en hver positiv følelse hun kunne hatt for seg selv, og så lenge hun var helt verdiløs uansett, spilte det liten rolle hva hun helte i seg av usunne drikkevarer.

De fleste store visdomstradisjoner prøver å fortelle oss at vi er gode nok akkurat slik som vi er. Vi fortjener kjærlighet uansett hvor mye vi måtte skamme oss over oss selv. Hvis vi virkelig erkjenner dette, kan vi lettere slippe skamfølelsene frem i lyset. Når vi erkjenner våre følelser, kan vi begynne å fokusere på å akseptere, analysere og aksjonere på de vonde følelsene vi opplever på livets vei.

## Oversikt og følelser

For at våre følelser skal tjene oss som en god guide i livet, må vi lære oss å forstå dem. Noen følelser bør avlæres, mens andre følelser bør utvikles, og dersom vi tar denne prosessen på alvor, kan vi oppnå langt større kontroll på livet. Gjennom denne prosessen kan vi ta mer ansvar for det Aristoteles mente var vanskelig, nemlig å håndtere sine følelser på en tilpasset måte. De som mestrer Aristoteles sin utfordring, har kontroll på livet. De som har kontroll på livet, kan stole på seg selv. De som kan stole på seg selv, har langt på vei en god selvfølelse.

Det kan se ut som om denne mannen tvinges til å holde sine følelser i «sjakk», og det vil han sannsynligvis ta skade av. Når vi snakker om kontroll på følelser, handler det ikke om å undertrykke dem, men om å koble inn et slags «indre observerende øye» som gjør oss i stand til å forstå og håndtere «sinnets bevegelser» uten å bli overveldet.

På babysang var jeg overmannet av malplassert frykt, og kanskje kan man kalle det for et angstanfall. Innsikt i forholdet mellom situasjonen og mine egne følelser hjalp meg neste gang jeg skulle på babysang. Jeg kunne valgt å ikke gå tilbake. Det hadde kanskje vært det letteste, men min interesse for selvutvikling har overbevist meg om at minste motstands vei ikke alltid er den riktige. Unnvikelse fører i alle fall ikke til mer selvinnsikt. Kanskje kan man lære mye i møte med ubehag, og særlig dersom man forstår følelsene som er på spill.

Jeg er fortsatt ikke fullstendig klar over hvorfor jeg reagerte så kraftig på babysang. Knausgård antar at det handler om en eller annen usikkerhet knyttet til maskulinitet. Når jeg overmannes av eget «indre liv», kan det uansett være et tegn på at jeg har slurvet med «psykisk vedlikehold». Det kan også hende at babysang trigget aspekter ved meg selv som jeg har fortrengt. Fortrengning er en form for psykisk forsvar som hindrer innrømmelse av «psykiske fakta» (ideer og følelser) som man innbiller seg vil få negative konsekvenser dersom det løftes frem i lyset (eller inn i bevisstheten). De negative konsekvensene kan være sorg, skam, dødsangst, frykt eller andre smertefulle følelser. Det psykiske forsvaret er et interessant fenomen fordi det kan hindre oss i å komme i direkte kontakt med egne følelser. Forsvaret skal beskytte oss mot «psykisk sammenbrudd», og det er selvfølgelig en god ting, men når beskyttelsen innebærer en fornektelse av «virkeligheten», risikerer vi at det oppstår noen uheldige bivirkninger som kan skade oss på andre måter. Det er tema i neste kapittel.

Psykologiprofessor, Paul Ekman, er en av verdens ledende forskere på følelser. Han er spesielt opptatt av hvordan våre følelsesmessige reaksjoner synes i ansiktet. Når folk bevisst prøver å skjule sine følelser (eller ubevisst undertrykker sine følelser), vil det oppstå et ansiktsuttrykk som «avslører» følelsen i et veldig kort øyeblikk (1/15 til 1/25 av et sekund). Dette er usynlig for de fleste, men tilgjengelig for den oppmerksomme. Noen mennesker et spesielt gode til å oppfatte disse mikrouttrykkene som «avdekker» det «emosjonelle klima» i en situasjon. De kan ikke alltid begrunne sine fornemmelser på en rasjonell måte, men har likevel lagt merke til en følelse og en stemning på et subtilt nivå, og kaller det gjerne for magefølelse. I moderne psykologi er mentalisering et populært begrep. Mentalisering er evnen til å tolke seg selv og andres indre liv på en mest mulig nyansert måte. Forskning viser at evnen til å gjenkjenne, og deretter tolke, sine egne og andres følelser, tanker og motiver, er helt grunnleggende for et velfungerende hverdagsliv. Det er avgjørende for vår evne til å håndtere det sosiale samspillet med sine misforståelser og konflikter. Denne egenskapen begynner med at vi har innsikt, aksept og forståelse for våre egne følelser. På bildet ser du en rekke følelsesmessig uttrykk. Dersom du klarer å gjenkjenne følelsene, har du et godt utgangspunkt. Ekman har testet tusenvis av mennesker, og han vet at de som er gode til å gjenkjenne følelser i ansiktet, er mer åpne for nye opplevelser, mer interessert i omverdenen, tryggere på seg selv og mer nysgjerrige. I følge Ekman har de en høyere emosjonell intelligens, og det er også en egenskap som påvirker vår selvfølelse.

KAPITTEL 2

# Psykiske forsvars- mekanismer

Følelser gir livet farge og mening, men følelser kan også få oss til å reagere uten å tenke oss om. Noen følelser er så ubehagelige at de stenges ute fra vår bevisste oppmerksomhet, men ute av syne er ikke nødvendigvis ute av sinn. Fortrengte følelser kan forstyrre vårt forhold til oss selv og livet. Evnen til å akseptere, forstå og uttrykke følelser er avgjørende for selvfølelse.

# En lege med kreft

En lege ved Radiumhospitalet er spesialist på prostatakreft. Han er en dyktig kliniker og en anerkjent forsker. I løpet av en periode på et halvt år går han ned i vekt. Kolleger kommenterer dette, men selv ignorerer han vekttapet. Det er ingen grunn til at han skulle gå ned i vekt, men likevel tar han ikke notis av dette. Han fortsetter i sitt daglige virke som om ingenting har skjedd. Parallelt med vekttap begynner han å gå stadig oftere på do, og av og til er det ganske smertefullt å late vannet. Disse symptomene burde gi legen, som altså er spesialist i prostatakreft, skjellig grunn til mistanke om kreft hos seg selv, men han unnlater å forholde seg til symptomene. Han kjenner til lidelsen, han kjenner til inkontinens og impotens som vanlige følger av operert prostatakreft, og han vet at det er viktig å være tidlig ute med diagnostisering for best prognose. Denne legen lar seg ikke undersøke, men holder ut i sin jobb og sin hverdag uten hensyn til de tilsynelatende åpenbare symptomene. Ett år senere har han spredning til flere andre steder i kroppen, og sjansene for at han overlever er minimale.

«*Du, av alle mennesker, burde ha oppdaget dette tidligere,*» sier hans kollega i frustrasjon. Legen svarer ikke på dette. Hvorfor klarte han ikke å stille sin egen diagnose?

Kanskje kan vi forstå legen i lyset av psykiske forsvarsmekanismer. Fornektelse eller benekting er et forsvar som sett utenfra kan virke ganske forbløffende. Det er tydelig for alle rundt at personen unnviker «realitetene», men personen selv erkjenner ikke misforholdet. Innenfor medisin og sykepleie er det ikke så uvanlig at mennesker som er utdannet helsearbeidere, systematisk fornekter farlige symptomer hos seg selv og dermed søker hjelp for sent.

Barn kan trekke et teppe over hodet når de er redde. Det er som om de kan utelukke det som oppleves farlig ved å lukke øynene. «*Ute av syne, ute av sinn*» er kanskje et treffende ordspill på dette fenomenet. Så lenge jeg ikke ser det, eksisterer det ikke. Kanskje fungerte legen på en lignende måte. Så lenge han ikke tok hensyn til symptomene, eksisterte de ikke, og han var frisk. Det er ikke sikkert at legen eksplisitt tenkte disse tankene, men på et stilltiende, og til dels ubevisst nivå, var det sannsynligvis det som skjedde.

Dette er et litt voldsomt eksempel, men det forekommer hos de fleste av oss i større eller mindre omfang. Veldig mange av de mentale operasjonene som ligger til grunn for vår opplevelse av verden, foregår utenfor vår bevisste oppmerksomhet.

I dette kapittelet skal vi se at mennesket har et psykisk forsvar. Det psykiske forsvaret er med på å sørge for at mange av våre mentale prosesser holdes utenfor bevisstheten. Det psykiske forsvaret skal beskytte oss mot ubehag, men unngåelse av «psykisk fakta» har også en del omkostninger.

## Fortrengning av følelser

Det er mange årsaker til at vi ikke er klar over rasjonale bak det vi føler, men likevel lar oss styre av følelser. Noen mennesker er ikke spesielt oppmerksomme på verken følelser, verdier, handlingsmønstre eller holdninger, og dermed blir hele den psykiske sfæren ganske vag og uklar. De som ikke er interesserte i sitt «indre liv», vil heller ikke være interesserte i den typen spørsmål som drøftes i denne boken.

Andre ganger er grunnlaget for våre følelser og handlinger såpass komplekst at det krever omfattende «psykoanalytisk detektivarbeid» for å finne de relevante sammenhengene. Det er ikke alltid vi klarer å lodde dybden i våre reaksjoner umiddelbart, men er nødt til å jobbe med selvinnsikt for å forstå oss selv. Det kan være en krevende prosess hvor man er nødt til å rive ned en rekke mentale blokkeringer før man innser det egentlige grunnlaget bak egne reaksjonsmønstre.

Fortrengning sørger for at forstyrrende ønsker, følelser, tanker eller bestemte episoder holdes utenfor bevisst oppmerksomhet. Slik unngår man en del ubehag, men risikere forvirring og andre symptomer som skader selvfølelsen.

I dette kapittelet skal vi imidlertid fokusere på en annen viktig årsak til at en del mentale prosesser ofte foregår i skjul. Vi skal se på de psykiske forsvarsmekanismene som går under betegnelsen fortrengning.

Akkurat som kroppen har et immunforsvar, har psyken et tilsvarende beskyttelsessystem som kalles forsvarsmekanismer. Det psykiske forsvaret sørger for at vi ikke lider psykisk sammenbrudd, og et slikt forsvar er en nødvendighet hos alle mennesker. I møte med traumer, kriser og store tap kan forsvaret holde oss oppegående og sørge for at vi håndterer livet på tross av store belastninger. Det psykiske forsvaret sørger for å regulere den angsten som oppstår i møte med livet. Det betyr at følelser som ligger over terskelverdien for det vi makter å erkjenne blir dempet, fortrengt eller avskrevet ved hjelp av de ulike forsvarsmekanismene. Målet er at vi skal beholde en mental likevekt, men det kan gå på bekostning av en mer realistisk oppfatning av ulike situasjoner, noe som deretter kan avstedkomme ytterligere konflikter eller forvirringstilstander. Kreftlegen kunne gå på jobb og fungere som normalt så lenge han ikke erkjente egne symptomer. Han beholdt mental balanse ved å unngå realitetene. For ham ble det katastrofalt.

Det er ikke sikkert vi er klar over at det er noe vi unngår, men som regel har vi en fornemmelse av «utroskap» mot oss selv eller virkeligheten, noe som ofte gjør at vi lever med en slags «tvil» eller «uggen magefølelse». Vi kan ikke alltid sette fingeren på det, men vi er usikre på om vi egentlig kan stole på oss selv. Denne typen «tvil» er svært ødeleggende for selvfølelsen.

Mye av det som drifter vår motivasjon, antenner våre handlinger og påvirker våre holdninger, blir tvunget ut av vår bevisste oppmerksomhet. Det er kanskje behagelig å unngå visse erkjennelser, men det fordrer altså at vi «lever i blinde». For legen på radiumhospitalet var det livsfarlig, men for de fleste av oss er konsekvensene litt mer subtile. Et mer «hverdagslig» eksempel er kunstneren som egentlig er ganske misunnelig på en rival han anser som mer talentfull enn seg selv. De er venner og omgås ganske ofte. En dag føler kunstneren seg oppstemt og glad, men nekter å innse at den plutselige gleden er knyttet til dårlige kritikker av vennens utstilling. Ved hjelp av fortrengning slipper han å identifisere seg som skadefro.

Noen av de verdiene som ligger bak våre følelsesmessige reaksjoner, er rett og slett støtende, sosialt uakseptable, skremmende, uforenlig med vår selvrespekt eller i strid med våre mer rasjonelle overbevisninger, og derfor blir de utestengt fra vår oppmerksomhet. Det psykiske forsvaret skal beskytte oss mot erkjennelser som ligger over terskelverdien for det vi makter å ta innover oss. Sånn sett gir forsvaret oss «sjelefred», men prisen vi betaler er altså en form for «utroskap» mot oss selv.

I møte med store traumer er forsvaret livsviktig. I etterkant av store traumer kan forsvaret også være helt avgjørende. Så lenge forsvaret hjelper oss å beholde en viss sjelefred, kan vi bearbeide traumer i et tempo vi kan håndtere. Problemet er at mange mennesker, mer eller mindre ubevisst, snur ryggen til ubehageligheter på grunn av trivialiteter, og ikke bare som en buffer mot de virkelig store livskrisene. På den måten bedrar man sitt forhold til realitetene fordi man ønsker å følge en tilfeldig impuls, ikke orker å ta nødvendig ansvar, ikke vil stå for noe man har gjort, finner det beleilig å skylde på andre eller kan fortsette å leve etter gamle vaner dersom man «overser», eventuelt fortrenger, visse aspekter ved livet.

I forrige kapittel møtte vi Marit som var redd for å dø, men likevel levde på en måte som var svært helseskadelig. Hun var like ved å utvikle alvorlige livsstilssykdommer, men hver gang hun drakk cola eller la seg på sofaen istedenfor å bli med barna på lekeplassen, ble innsikten i egen helsetilstand koblet ut av bevisstheten. Kanskje sier Marit til seg selv at ett glass Cola ikke er så farlig. Ett glass Cola er sannsynligvis ikke så farlig, men prinsippene hun lever etter er farlige. Selv om det er snakk om små forsømmelser, hvor hun eksempelvis ignorerer sin bedre viten til fordel for nytelsen av Cola, utvikler hun mentale uvaner som på sikt blir alvorlige. For Marit fungerte Coladrikking som en slags selvdestruktiv impuls som både opprettholdt og forsterket en lav selvfølelse. Overvekt var skamfullt, mangel på impulskontroll var skamfullt og det passet med et selvbilde som fortalte henne at hun var ubetydelig og mindreverdig. Skamfølelser oppleves ofte så smertefullt at mange mennesker gjør veldig mye for å unngå dem. Marit smilte og var verdens mest omgjengelige person for å unngå å bli avslørt som et «annenrangs menneske». Skammen var et ekko fra en oppvekst med voksenpersoner som ikke gav henne den kjærligheten hun trengte for å lære å like seg selv. Dette var én av realitetene Marit måtte møte. Dernest måtte Marit virkelig erkjenne at hun var i ferd med å ødelegge sin fysiske helse som følge av sin lave selvaktelse. For å jobbe med seg selv måtte hun begynne i begge ender. Hun endret kosthold og fikk mer kontroll på egne impulser, samtidig som hun jobbet med innsikt i de underliggende følelsene.

I den grad vi ikke lever i pakt med livets realiteter, kan vi heller ikke stole hundre prosent på egen dømmekraft. Når man på ett eller annet nivå fornemmer at man bedrar seg selv, kan man heller ikke ha god selvfølelse. Derfor handler selvutvikling mye om å forholde seg med «åpne øyne» til livets realiteter. Ulempen med dette er at man ikke alltid kan velge letteste vei eller frita seg selv fra ubehageligheter, men fordelen er at man har mer oversikt og kontroll, noe som gir oss bedre dømmekraft og styrker vår selvfølelse på sikt.

Når jeg skriver om fortrengning på denne måten, kan det virke som om det er noe vi gjør med «vilje». Noen ganger er vi til en viss grad klar over at vi ignorerer ting vi burde tatt på alvor, mens andre ganger er vi avhengige av avstand til følelsene for å beholde forstanden, og da opererer det psykiske forsvaret på ubevisste nivåer. Andre ganger er det slik at underslag av enkelte elementer i vårt psykiske liv er et resultat av mentale (u)vaner vi har lagt oss til i løpet av livet. I neste avsnitt skal vi møte Petter som aldri blir sint, men ofte er deprimert.

## Psykisk selvbedrag

Petter vokste opp med en far som jobbet mye, og når han var hjemme, satt han bak avisa eller var opptatt med andre ting. Da Petter opptrådte med sang i barnehagen, var faren opptatt med å skrive en interessant beskjed på Twitter. Som alle barn ønsket Petter omsorg fra sin far, men han følte seg stadig oversett. Mangel på oppmerksomhet skapte etter hvert et slags raseri i Petter. Han ble sint når han ikke ble sett, men i kjølevannet av denne reaksjonen fikk Petter et problem. Han var sint på sin far, samtidig som han elsket sin far. For et lite barn er sinne en vanskelig følelse å forstå og kanalisere på en riktig måte. Plutselig får Petter fantasier om at han går til angrep på sin far i ren aggresjon, og dette er et skremmende scenario for den lille gutten.

Barn mangler på sett og vis en moden kompetanse på sitt eget følelsesliv. Aggressive følelser kan oppleves som farlige og skadelige i barns fantasier. Som et lite barn er Petter redd for at hans sinne kan komme til å skade faren, og frykten for å miste faren blir overveldende.

*«Jeg burde ikke ha slike følelser for pappa.»*

*«Hva hvis de sinte følelsene faktisk kan ta livet av pappa?»*

*«Når alt kommer til alt så elsker jeg pappa... Jeg er glad i ham... og da kan jeg ikke være rasende på ham...».*

*Barn forstår seg selv i møte med foreldrenes tilbakemeldinger. Når foreldre svikter barna, overser dem eller lar kritikk og misnøye overdøve ros og annerkjennelse, kommer barna til å anta at det er noe galt med dem. Noen barn tar med seg slike ideer inn i voksenlivet, og det er en av hjørnesteinene i lav selvfølelse og passivitet.*

Som en konsekvens av et slikt «ubevisst resonnement», vil det for barnet være utrygt å ha aggressive følelser rettet mot sin far. De aggressive impulsene endrer derfor retning, og Petter ender opp med å være sint på seg selv.

*«Jeg er et dårlig menneske, utakknemlig, fortjener ikke at noen er glad i meg. Det er min skyld at pappa ikke orker å være sammen med meg.»*

William Ronald Dodds Fairbairn var en skotsk psykiater og psykoanalytiker som mente at barn var så fundamentalt innrettet mot kontakt med andre at de vil fortrenge både sider ved seg selv og inntrykk av omsorgsgiverne som kan forstyrre kontakten. For at Petter sin verden skal være trygg nok, kan ikke pappa være likeglad. Petter begynner altså å tenke at det er han som er fæl:

*«Pappa er god. Han vil meg vel. Det er bare jeg som irriterer ham. Det er min feil.»*

Barns behov for trygghet gjør altså at de lett tolker seg selv som opphavet til problemer for å beholde et idealisert bilde av foreldrene. Fairbairn uttrykker dette godt når han skriver at «det er bedre å være en djevel i en verden styrt av Gud, enn å være en engel i helvete».

Istedenfor å være sint, tenker Petter at det er hans feil. Disse tankene er deprimerende. På dette tidspunktet lærer Petter å tolke sitt eget sinne på en depressiv og selvdevaluerende måte. Han begynte som sint, men nå er han nedstemt isteden. Med bakgrunn i relasjonen til far, utvikler Petter et mønster hvor han konsekvent feiltolker sitt indre psykologiske liv. Han har også utviklet en slags følelsesfobi knyttet til sinne. Han er redd for de destruktive kreftene i sitt eget raseri, og derfor feiltolker han konsekvent sinne som sorg eller depresjon.

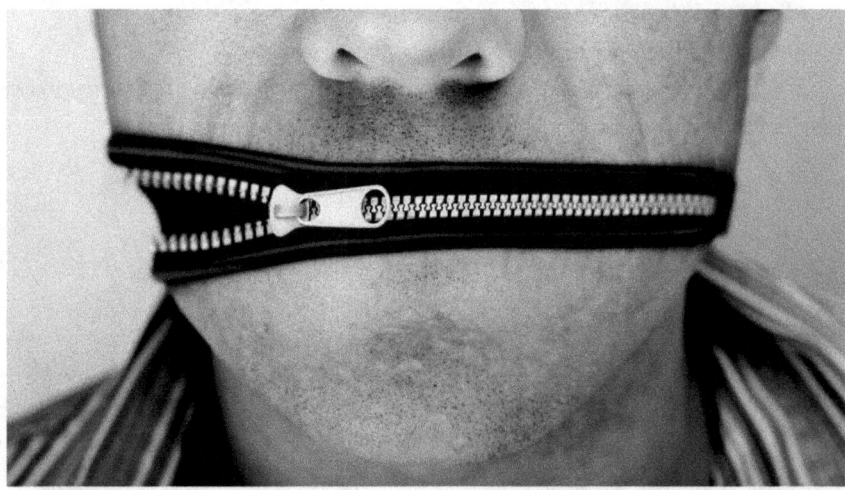

*Evnen til å tåle, forstå og uttrykke sine følelser er psykologisk livsviktig. Følelser vi ikke klarer å uttrykke, kommer ofte til overflaten som fysiske eller psykiske symptomer. Det kan også sørge for at vi lever etter noen viljeløse prinsipper som ødelegger både livskvalitet og selvfølelse.*

Dette blir et mønster Petter tar med seg inn i voksenlivet. I møte med motstand, reagerer han ikke med pågangsmot og kraft, men resignerer og blir lei seg. Han setter ikke grenser eller hevder seg på en sunn måte ovenfor andre, men blir heller skuffet når han stadig føler seg dårlig behandlet. Siden Petter aldri sier fra eller hevder sin rett, blir han også lett oversett. Petter blir et slags offer for livet, og han begynner å utvikle noen negative selvdefinisjoner som forteller ham at han alltid kommer til å bli sviktet, at ingen egentlig bryr seg, at livet er urettferdig og at han alltid vil komme «bakerst i køen» fordi han ikke fortjener bedre.

Den ubevisste delen av vårt psykiske liv huser slike «livsløgner». Man gjemmer smertefulle følelser og konflikter i seg selv, og én av konsekvensene er at vi stadig feiltolker vårt indre liv.

Sinne er en viktig følelse. Den handler om selvhevdelse og evnen til å sette grenser for seg selv. Sinne er også en følelse som kan opptre når vi er utilfreds med en situasjon. Dersom vi klarer å håndtere vårt eget sinne på en adekvat måte, i tråd med Aristoteles´ dictum, og kanaliserer den aggressive kraften ut på en akseptabel eller skapende måte, vil sinne være den kraften som ligger bak vår vilje til forandring og vårt engasjement i livet. *«Dette er ikke riktig, så jeg vil forandre det.»* Dersom vi systematisk undergraver vårt eget sinne og feiltolker aggressive impulser i depressive retninger, mister vi også mye av vår livskraft. Vi legger på sett og vis lokk på den kraften som sørger for engasjement i livet, og da er risikoen for depresjon overhengende. Istedenfor å erfare at *«dette er ikke riktig, så jeg vil forandre det»*, erfarer man at *«dette er ikke riktig, og jeg blir lei meg».* På mange måter henledes man til en offerposisjon. Det betyr at troen på at man selv er regissøren i eget liv, er hemmet av en «psykologisk korrupt mekanisme» som forandrer sinne og endringsvilje til depresjon, apati og selvhat.

Petter sliter stadig med mangel på livslyst, lite energi og laber motivasjon. Samtidig sliter han med en indre uro. Når kraftige følelser er blokkert og utestengt fra bevisstheten, er både depresjon og angst vanlige symptomer. Depresjonen kommer fordi vi har undertrykt den kraften som ligger i de sterke følelsene. Angsten handler om at vi på sett og vis fornemmer at vi har unngått en følelse vi burde ha kontroll på. Faren er at sinne plutselig kommer til overflaten og overmanner oss. Petter går ikke rundt og tenker at han er urolig fordi han er redd for sitt undertrykte sinne, men sannsynligvis er det slik at den diffuse uroen handler om et uavklart følelsesliv.

Et mer hverdagslig og typisk eksempel i denne sammenhengen er personen som ikke setter nødvendige grenser for seg selv. Kanskje går man på jobb og biter tennene sammen, istedenfor å si at man har for mye å gjøre. Man er egentlig irritert, men smiler for ikke å være til bry. Dette kan fungere i lang tid, men det gir grobunn for indre uro, misnøye og en følelse av å være utmattet hele tiden. Problemet er altså at man går lenge og holder ting «inni seg», men så utagerer man på julebordet. Istedenfor å sette nødvendige grenser underveis, uttrykke sine følelser og behov før de vokser seg store og overveldende, holder man alt på avstand før det til slutt «eksploderer», og det er ikke uvanlig at dette skjer når man ved hjelp av alkohol har sluppet litt opp på «kontrollen».

## Passiv aggresjon

Selv om de ubevisste mekanismene i psykens forsvarsverk holder frustrasjon og sinne på avstand, kommer følelsene likevel til uttrykk på en eller annen måte. Undertrykt sinne skaper ofte en indre uro og fører til at vi spenner musklene i nakkepartiet eller kjeven mer enn normalt. Det kan videre føre til kroppslige plager. Det «følelsesmessige presset», som ikke finner sitt uttrykk i språket og sunn selvhevdelse, kan også påvirke blodtrykket og hjertet på negative måter. Når vi ikke klarer å kanalisere vår aggresjon på en tilpasset måte, hender det også at de aggressive kreftene kommer ut på en passiv og tilslørt måte. Da er vi inne på den forsvarsmekanismen som kalles passiv aggresjon. Ved denne typen psykisk forsvar håndterer vi følelsesmessige konflikter, indre eller ytre stressfaktorer, ved å uttrykke motstand og sinne mot andre på en indirekte måte. Passiv aggresjon skjuler seg bak en fasade av tilsynelatende velvilje, men bak fasaden ligger det uvilje og motstand mot andre. Det er ikke alltid så lett å oppdage dette. Man ser at personen smiler, men likevel har man en magefølelse eller diffus anelse om at noe er galt. Man kan selv komme til å bli irritert på den passiv aggressive personen, uten helt å vite hvorfor.

Mennesker som aldri blir sinte, men skuffet over sine medmennesker, uttrykker ofte sinne på en passiv og tilslørt måte. *«Ja, selvfølgelig skal vi gjøre som du vil, men sommeren er ødelagt»*; *«Ikke tenk på det, det er ikke så farlig med meg»*. Av og til kan slike setninger være helt nøytrale, det kommer selvfølgelig an på konteksten, men ofte har de en bitende undertone hvor det egentlige budskapet er det motsatt av det som blir sagt med ord. *«Det er ikke så farlig med meg»* betyr egentlig at det *«ER farlig med meg»*. På et ubevisst og undertrykt nivå er personen krenket, sint og føler seg oversett eller forbigått, men gir kun indirekte uttrykk for dette. Effekten av slik passiv aggressivitet er hardtslående og ødeleggende. Personen plasserer seg som et slags martyraktig offer for den andre som ikke tar hensyn, og formidler dette ved å si at *«det er ikke så farlig med meg»*. Skyldfølelsen sprer seg hos den andre som deretter vil føle seg dårlig, og forsøke å finne ut hvordan den tilsynelatende «velvillige og ydmyke» personen kan få en oppreisning. Slik vinner den passivt aggressive personen kontroll over andre mennesker på en finurlig måte. Ydmykheten er her en forkledning som skjuler aggresjon. Den passivt aggressive skyldfordeleren legger et jernteppe av vond samvittighet over den andre. Den andre vil ofte føle seg som et dårlig menneske, eller føle seg irritert og brydd uten å vite hvorfor.

*Bak en fasade av tilsynelatende vennlighet, kan den passivt aggressive personen skjule fiendtlige følelser som kun uttrykkes indirekte og tilsløret. De inntar ofte offerposisjonen og føler seg skuffet over andre.*

Det å forholde seg ærlig og åpent til egne preferanser og følelser i relasjon til andre, er på mange måter nøkkelen til god kommunikasjon. Når man i motsatt fall tilslører sine følelser av sinne og misnøye, og deretter serverer andre disse følelsene som et diffust og uetterrettelig bakholdsangrep, vil relasjonen gradvis bli preget av en slags «kald krig stemning». Dobbeltkommunikasjon gjør seg gjeldene i den forstand at man smiler for å tildekke en undertrykt misnøye, og en fiendtlig undertone manifesterer seg som en litt uhåndgripelig skyldfølelse i den andre. Passiv aggressivitet vil på et mer eller mindre ubevisst nivå fungere som en slags psykologisk forgiftning av relasjoner til andre mennesker. Personen forholder seg ikke til sine egne følelser på en oppriktig måte, noe som ikke bare skader personen selv, men også mennesker som står vedkommende nær. Dette er med andre ord et eksempel på hvordan et slags utroskap i forhold til egne følelser også skaper forvirring i andre mennesker. Vi har sett hvordan mangel på følelsesmessig oppriktighet forkludrer vår oppfattelse av oss selv og verden, noe som skader vår selvfølelse, men her ser vi at unndragelse av egne følelser kan ha en like forvirrende effekt på andre, og dermed være tilsvarende skadelig for andres selvfølelse.

## Å lyve for seg selv

I ovenstående eksempler er poenget at vi av ulike årsaker har mistet et sannferdig forhold til våre følelser, noe som gir oss noen skylapper som begrenser manøvreringen av eget liv. Det vil i neste omgang skade vår selvfølelse fordi vi dypest sett fornemmer at vi ikke kan stole helt på oss selv. Samtidig finnes det mange eksempler på hvor andre mennesker også blir skadelidende ved at den «psykiske korrupsjonen» sprer seg ut i relasjonen til våre nærmeste. Når vi jobber med å styrke selvfølelsen, jobber vi ofte med å ta mer ansvar for egne følelser.

Den innsikten man forsøker å fremskaffe i psykoterapi og andre dybdepsykologiske retninger handler på sett og vis om menneskers grad av sannferdighet og autensitet. I psykologi er det en utbredt antakelse om at nevroser handler om «å lyve» for seg selv. Nevrotikeren har utviklet et mønster hvor de innerste ønskene, meningene, behovene og følelsene forvrenges slik at pasienten ikke lenger er i en realistisk kontakt med sin indre verden. Ofte har slike

*Psykisk selvbedrag forekommer når man flykter fra en smertefull sannhet. Man lyver for seg selv for å unngå en overveldende tanke eller følelse, og faren er at man stadig tolker sitt eget indre på en feilaktig måte.*

pasienter opplevd straff eller avvisning i situasjoner hvor de har uttrykt seg ærlig, noe som ved gjentatte dårlige erfaringer anstifter et mønster hvor man begynner å fortrenge, fornekte, forvrenge eller dekke over sine egentlige behov, altså lyve for seg selv om sin egen psykiske status, og hermed begynner en prosess hvor man i stadig større grad misforstår og feiltolker sine psykologiske behov og undertrykker de mest sannferdige holdningene i sitt «mentale bokholderi». Resultatet av en slik psykisk hemmeligholdelse er tilsynekomsten av symbolske eller vikarierende vondter og smertefulle symptomer som på sett og vis «hevner» seg på vegne av de undertrykte følelsene. Psykoterapi handler blant annet om å avsløre disse prosessene og dermed bli mer åpen for å undersøke sine egne behov på en mer direkte måte. Her handler det om å identifisere, våge, tåle, uttrykke og bruke sine følelser på en mer «ekte» og ikke minst adekvat måte.

Når det gjelder Petter, kan vi kanskje si at han misforstår sin egen psykologiske dybde. Og siden han misforstår seg selv fordi han ikke våger eller risikerer en virkelig erkjennelse av eget sinne, misforstår han også andre. Petter plages av en rekke symptomer som følge av manglende oversikt over sitt psykiske liv, og det første han sa til meg da vi møtte hverandre første gang, var at han var usikker på seg selv og hadde veldig lav selvfølelse. Av og til følte han seg så håpløs at han tenkte at verden var et bedre sted uten ham. Denne tanken hadde blitt så sterk at han forsøkte å ta sitt eget liv.

## Lær deg introspeksjon

Jeg møtte altså Petter etter et selvmordsforsøk. Etter hvert som vi fordypet oss i hans indre liv, ble det tydelig at Petter ble passiv og oppgitt hver gang han møtte motstand og vanskeligheter. I neste omgang ble han sint på seg selv fordi han ikke tok affære, og til sist var han så sint på seg selv at han ønsket å ta sitt eget liv. Selvmordet ble en slags kulminasjon av aggresjon vendt innover.

Som nevnt handler mye psykoterapi eller psykoanalyse om å tolke sitt eget indre liv på en mer oppriktig måte. Denne typen terapi er en praksis som sikter på å styrke evnen til å konstruere mer sannferdige fortolkninger av oss selv og andre. Man vil utvikle en større toleranse, forståelse og innsikt i sin egen psykologiske dybde, og slik kan man lære å leve mer autentisk. Det var denne prosessen Petter gikk i gang med på mitt kontor etter det «mislykkede» selvmordsforsøket. Petter var ikke vant til å «kikke inn i seg selv», og syntes derfor at metoden var merkelig. Hadde han vært mer vant til å «lodde dybden i seg selv», kan det hende at det ikke hadde gått så langt.

En siste årsak til at våre beslutningsprosesser og verdivurderinger unndrar seg vår oppmerksomhet, handler om at vi rett og slett ikke har lært oss å identifisere våre mentale prosesser. Vi kan være flinke til å se på TV, jobbe eller bry oss om hva andre tenker om oss, og alt dette krever at vi er oppmerksomme på det som foregår rundt oss. Det er noe helt annet å være oppmerksom på det som foregår på «innsiden». Å se «innover i seg selv» kalles introspeksjon. I det store norske leksikon beskrives introspeksjon som en psykologisk forskningsmetode som består i bevisst selviakttagelse og rapportering av egne opplevelser. Selvbevissthet er altså én av menneskets spesielle egenskaper, men det er ikke alltid vi utnytter denne evnen godt nok. De fleste mennesker har ikke for vane å begrunne sin tro, sine handlinger, tanker, ønsker og følelser ovenfor seg selv. Når vi forsøker å redegjøre for vår egen psykologi, har vi følgelig lite erfaring og lett for å mislykkes. Det er på dette punktet jeg tror at denne boken kan være til hjelp.

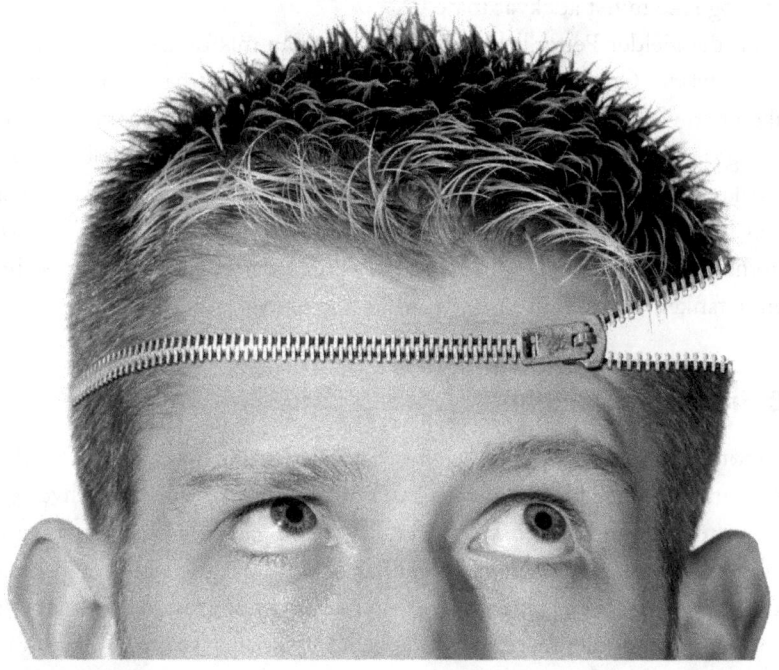

*Mye av det vi tenker, føler og foretar oss er diktert av ubevisste krefter. Ubevisste negative monster kan snike seg inn i vårt mentale liv og ødelegge for oss, men slike livsmønster kan endres. Ved å betrakte sitt eget sinn, kan man få genuin kunnskap om seg selv. Mennesket har en spesiell evne til selvransakelse, men det er ikke alltid vi bruker denne evnen. Poenget i denne boken er at menneskets spesielle anlegg for selvrefleksjon må brukes og utvikles for å passe på at vi ikke kjører gjennom livet med brekket på.*

## Ute av syne, er ikke ute av sinn!

Dessverre er det slik at ute av syne ikke er ute av sinn når det kommer til psykologi og menneskesinnet. Det betyr at følelser som fortrenges, for å opprettholde psykisk harmoni i øyeblikket, fremdeles befinner seg i vårt «mentale bokholderi», men hele tiden i skyggen av vår oppmerksomhet. Det fortrengte materiale krever at vi investerer mye mental energi i psykisk forsvar, noe som innebærer at vi unngår en del situasjoner, tanker og ønsker for å beholde den mentale balansen. Desto mer et menneske henfaller til fortrengning, desto sterkere blir det mentale prinsippet om at alle ubehageligheter kan oversees, og desto mer forkrøplet blir vårt forhold til virkeligheten. Dette kommer til å påvirke alle våre avgjørelser og veivalg, og et tvilsomt forhold til realitetene er selvfølgelig ikke et egnet grunnlag for god livsførsel. Noen ganger blir fortrengning rett og slett en automatisk respons, og gradvis fyller vi opp vår ubevissthet med ubehageligheter vi har oversett. Dette krever stadig mer av vårt psykiske forsvar, og langsomt dukker det opp en del symptomer på at vår bevissthet er i ulage. Depresjon, angst, stress, høyt blodtrykk, søvnproblemer, kroppslig smerte, og ikke minst en fallende selvfølelse, er bare noen få av symptomene man risikerer.

*Det vi ikke tør eller makter å erkjenne, blir vist ut av vår bevisste oppmerksomhet ved hjelp av forsvarsmekanismer. Dersom store deler av vårt indre liv må holdes i «skyggen», kan bivirkningene bli omfattende.*

Selv om eksemplene med kreftlegen og Petter er litt karikerte, er fortrengning et psykisk fenomen som foregår hos alle mennesker i større eller mindre grad. For å minimere fortrengning må man ta en livspolitisk beslutning om å vie mer oppmerksomhet til følelseslivet. Man må altså forplikte seg til å være mer bevisst egne følelser. Når vi legger merke til og konseptualiserer våre følelsesmessige reaksjoner, identifiserer årsaken til våre følelser, og praktiserer dette over lengre tid, til det blir en vane, vil fortrengning avta og nesten bli helt umulig.

Grunnen til at mange mennesker ikke har for vane å leve affektbevisst, er at mange tilsynelatende er uinteresserte eller likeglad med hva som foregår i sinnet. For noen er det for smertefullt å kjenne etter, og de må som regel ha hjelp til å bearbeide sin opplevelser i en form for traumebehandling. Men dersom man unngår følelser fordi man vil gå på minste motstands vei, tror jeg man har valgt en uklok strategi. Hvis våre følelser skal tjene oss på en god måte, og være kilden til et fargerikt og meningsfullt liv, og ikke en kilde til smerte, lidelse og en ustanselig flukt fra oss selv, må vi lære oss å tenke på dem. Å være bevisst sine følelser betyr ikke å leve som en kald og rasjonell robot, men å gjenvinne kontroll så vi ikke oppfører oss som en forhåndsprogrammert nikkedukke styrt av fortidens erfaringer i følelsenes vold.

*Våre opplevelser av oss selv og verden filtreres gjennom et slags psykisk operativsystem som er installert og modifisert i takt med våre tidligere erfaringer. Det styrer oss uten at vi merker det! For noen fungerer operativsystemet greit, mens andre lever langt under sitt egentlige potensial. Vi bør være litt interessert i hvordan de psykologiske mekanismene opererer. Det er tross alt grunnlaget for alle våre opplevelser.*

Å la seg styre av følelser uten videre ettertanke, vil få deg til å tvile på egne vurderinger. Følelser som undergraves av psykisk forsvar, vil sørge for at du mister et realistisk forhold til deg selv og virkeligheten. Begge deler skader din selvfølelse. Mer bevissthet vil gjøre det motsatte: Styrke din selvfølelse.

Den andre «treningsøkten» i vårt mentale treningsstudio, handler altså om bevissthet om følelser: Følelsesbevissthet. Man kan lese seg opp på følelser og forstå psykologiske mekanismer, og denne innsikten kan absolutt være selvutviklende, men virkelig forandring og positiv vekst krever også øvelse og praksis.

## Øvelse 2 – Affektbevissthet

Denne øvelsen ligner øvelse 1, men i følgende skal du gå litt mer systematisk til verks. Målet med øvelsen er å synliggjøre sine egne følelser på en ganske direkte måte. Det er ikke alltid så lett å vite hva man skal se etter når man «kikker inn i seg selv». Dersom du ikke er vant til å kjenne etter på egne følelser, kan det hende du bør begynne med å lære deg litt mer om våre grunnfølelser. Som tidligere nevnt finner du en liste over 16 grunnfølelser og deres funksjon bakerst i boken. Det kan lønne seg å ta en titt på denne listen for å skaffe seg basiskunnskapen om hvilke følelser vi faktisk har. Kjennskap til alle følelsene og deres egentlige funksjon kan være et viktig utgangspunkt før du tar fatt på denne øvelsen.

I den buddhistiske psykologien har man en meditasjonspraksis som handler om å «stirre følelsene i hvitøyet». Ideen er at man skal observere og beskrive seg selv føle. Man blir observatør til seg selv, og dermed er man ikke lenger så tett på sitt «psykologiske liv» at man mangler oversikt. Når vi ser på noe, skaper vi avstand og handlingsrom. Når vi ser på våre egne følelser, er vi ikke følelsene, men den som betrakter følelsene. Slik fraværer vi de destruktive følelsene evnen til å styre livet. Det vi kan se av sinnets bevegelser, stripper vi for muligheten til å styre oss uten at vi er klar over det. Samtidig får vi det overblikket som skal til for å forstå hva følelsene egentlig forteller oss. Følgende er dermed en øvelse du kan forsøke for å opparbeide deg en større bevissthet rundt eget følelsesliv.

---

**Ta utgangspunkt i de 8 negative grunnfølelsene:**

- Redsel og angst
- Tristhet og fortvilelse
- Irritasjon og sinne
- Sjenanse, flauhet og skam
- Dårlig samvittighet og skyldfølelse
- Misunnelse og sjalusi
- Forakt
- Avsky

---

Ta for deg én følelse av gangen og plasser denne følelsen inn i de ledige feltene. Målet er at du kan behandle hver følelse på denne måten, men det vil ta litt tid. Dersom dette blir for omfattende, foreslår jeg at du velger ut noen følelser her og nå, gjerne noen du oppfatter som utfordrende, og bruker noen minutter på hver av disse gjennom punktene.

## Situasjon

Se for deg en situasjon hvor du følte............................................................
Hvordan merket du at du følte .............................................................?
Kunne du merke følelsen i kroppen, mentalt eller begge deler?
Hvis du merket følelsen av...................................... i kroppen, hvor i kroppen kjente du den?

## Påvirkning

Når du merker følelsen av ........................................, hvordan virker følelsen på deg.
Hva får følelsen deg til å gjøre?
Hva gjør du med følelsen?
Hvis følelsen er noe du forsøker å avlede eller unngå, hva ville skjedd dersom du lot følelsen virke mer inn på deg?
Tror du at følelsen var med på å sette i gang bestemte tanker?
Tror du tankene kan ha forsterket følelsen?
Kan du fremprovosere følelsen med vilje?

## Reflekter over følgende:

Hva har skjedd når du føler ................................................................?
Hva har aktivert denne følelsen i denne situasjonen?
Hva kan du lære av følelsen?

## Håndtering:

Hvis følelsen vil fortelle deg noe viktig, kan du bruke denne informasjonen på en god måte?
Hva kan du gjøre for å få det bedre?
Kan andre merke at du føler ................................................................?
Kan du snakke med noen om følelsen?

Er det lettere for deg å uttrykke denne følelsen ovenfor noen bestemte personer? Hva er det eventuelt med relasjonen til den eller de personene som gjør det lettere, og hva kjennetegner de relasjonene hvor det kan være vanskeligere å uttrykke seg åpent?

# Å leve med «åpne øyne»

Dersom du forplikter deg til å gjennomgå alle de negative følelsene på den måten som er beskrevet i øvelse 2, kan du på sikt opparbeide deg mer selvinnsikt og videre unngå å bli overrumplet av følelser som manifesteres som angst, depresjon, uro, stress eller andre ubehagelige symptomer. Som sagt er det de følelsene vi lever for tett på, uten evne til å beskrive hva som skjer med oss, som legger beslag på vår livskvalitet og skaper psykologisk ubehag. Å leve med åpne øyne betyr at vi aksepterer egne følelser, anerkjenner dem, men uten at vi ukritisk lar dem styre måten vi tenker og handler på. Når vi aksepterer følelsene, uten å stritte imot, sno oss unna eller investerer masse mental energi i fortrengning, lever vi autentisk, ansvarlig og modent. Vi lever ikke med skylapper eller snur ryggen til ubehaget, men møter det med mot og aksept. På denne måten har vi hele tiden oversikt over hva som foregår i «eget hus», og trenger ikke flykte fra oss selv eller situasjoner som vekker et ubehag vi ikke makter å ta innover oss. Vi blir en stødig kaptein som manøvrerer livet i pakt med realitetene, og ikke på falske premisser eller på bakgrunn av fordreid eller ufullstendig informasjon. De som lever med «åpne øyne» har god selvfølelse.

Dersom vi evner å være det som kalles affektbevisste, kan vi ha mange følelser, men vi er ikke fanget av dem. Selvutvikling handler ikke om å føle mindre eller bare ha positive følelser. Selvutvikling handler om å føle mer, både sorg og glede, men samtidig ha gode redskaper for å håndtere følelsene slik at man ikke overmannes.

På babysang var det frykt som la beslag på hele meg. Kanskje var det også frykt som hindret legen i å stille sin egen diagnose. Frykt er blant de følelsene som gjør det vanskelig å leve med «åpne øyne», og i neste kapittel skal vi se hvordan frykt spiller inn på flere aspekter ved livet enn man kanskje skulle tro.

*Ved å bruke vår intellektuelle kapasitet og refleksjonsevne på våre egne følelser, kan vi forbedre vårt liv ganske mye. Ved å regulere ned enkelte følelser, og utvikle andre, kan vi oppnå en helt annen grad av kontroll på det «emosjonelle klima» i vårt «indre liv». Denne typen kontroll er viktig fordi følelser farger alle våre opplevelser. Gode mestringsevner på dette område vil styrke vår selvfølelse dramatisk.*

**KAPITTEL 3**

# Frykt

Frykt er en følelse som ofte setter mennesker på «autopilot». Det sørger for raske beslutninger og overlevelse i farlige situasjoner, men mange mennesker går rundt med frykt i situasjoner som ikke er farlige. Malplassert frykt gjør oss passive når vi burde vært aktive. Frykt kan tvinge oss inn i en tilbaketrukken posisjon og fungere som en ondartet svulst på våre ambisjoner, kvele nysgjerrighet og hindre utvikling og vekst. For mye frykt er kanskje selvfølelsens verste fiende.

## Frykt er vanlig

Inge kan ikke krysse en travel gate uten å kaldsvette. Han kan heller ikke forklare hva han er redd for. Han vet ikke hva han forventer vil skje. Han føler seg bare lammet av angst, og ofte må han få hjelp av andre for å krysse gaten.

Jens er redd for frosker, så redd at han nekter å reise på campingturer med sine venner.

Kirsten hater å snakke for flere mennesker. Hun rammes av ukontrollerte skjelvinger og frysninger dersom hun må fremføre noe i en forsamling. I slike situasjoner er det så vidt hun klarer å puste. Hun misliker sterkt å gå inn i et rom med mange mennesker fordi hun er sikker på at hun vil pådra seg oppmerksomhet. Hun forventer at hele rommet snur seg for å se på henne, og det er alle disse blikkene som fremkaller ubehaget og frykten.

Brian er en syv år gammel gutt som er redd for matematikklæreren. De andre barna i klassen elsker henne, men han holder alltid en god avstand av grunner han selv ikke kan forklare.

En gruppe turister ble jaget ut av en gammel landsby på grunn av bekledning og fordi de hadde med seg kameraer. Landsbyboerne fryktet at deres inntreden i landsbyen ville påkalle onde ånder og ødelegge avlingene.

Frykt er så vanlig at vi sjelden tenker på dens eksistens. Men hvis vi tar en titt på historien, ser vi at veldig mange hendelser skyller inn over menneskeheten på en bølge av frykt. Frykten kan komme helt uanmeldt og være blottet for rasjonelle forklaringer som i eksemplene ovenfor. Frykt kan også opptre i forbindelse med minner fra tidligere hendelser som har lært hjernen å aktivere en fryktrespons i tilsynelatende tilsvarende situasjoner. For eksempel vil barn som har opplevd traumatiske hendelser på et bestemt sted, ofte utvise frykt dersom de returnerer til et lignende sted på et senere tidspunkt (selv om den opprinnelige faren da er over).

Samfunn og kulturer utvikler seg ofte med frykt som en viktig beveggrunn. Folk med lignende hudfarge, felles forståelse, samme opphav og lignende vaner og holdninger flokker seg ofte sammen fordi likhetene medfører en følelse av trygghet. Mennesker som ankommer nye kulturer med en annen bakgrunn, føler seg ofte fremmedgjorte og dermed engstelige. Det er på en slik bakgrunn at fordommer oppstår og integreringspolitikken fort kan mislykkes. Annerledeshet fører ofte til skepsis som igjen er en manifestasjon av menneskers frykt (Robin, 2004).

Mennesker i frykt blir etter hvert desperate etter å frigjøre seg selv fra redselen, noe som ofte ender med at de handler på måter som egentlig ikke er konstruktivt. Frykt tvinger folk til å handle på måter som er fremmed for deres normale tenkende selv. Et fredselskende samfunn kan brått forvandles til en fiendtlig plass dersom frykt får rotfeste i kulturen. Frykten fører til mistanke, hvorpå idealet om aksept, raushet og åpenhet ovenfor andre forsvinner og erstattes av onde anelser og et anstrengt klima. Heksejakter, lynsjing og offentlige straffeforfølgelser er ofte et resultat av frykt, og nettopp slike fenomener øker frykten i samfunnet ennå mer.

Problemet med frykt, og sterke følelser generelt, er at de setter fornuften ut av spill og overtar styringen. I møte med utfordrende situasjoner kan mennesket fokusere sin oppmerksomhet eller gi den opp. Blant menneskets viktigste egenskaper er evnen til å hemme impulser, istedenfor å handle på refleks. Mennesket har evnen til å plassere opptil flere tanker mellom impuls og handling, og sånn sett har vi muligheten til å reagere overveid fremfor impulsivt. Det gir oss kontroll og muligheten til å utøve fri vilje. I et evolusjonsperspektiv har vi mer erfaring med å handle på instinkt enn å bruke tankene og fornuften. Derfor faller vi lett tilbake på gamle mønster, og frykt er blant de følelsene som lettest setter oss ut av spill.

## Hva gjør frykt med oss?

Frykt er selvfølgelig også en nødvendig overlevelsesmekanisme. Dersom man kjører langs en vei og plutselig oppdager en lastebil på 30 tonn komme imot i samme fil, reagerer man som regel spontant med å svinge unna. I en slik situasjon er det ikke tid til å reflektere over hvorfor lastebilen ligger i feil fil, og hva man eventuelt burde gjøre nå. Slike tanker tar lang tid, og de vil forsinke unnamanøveren og dermed sørge for en kollisjon. I møte med farer handler mennesket på impuls. Vi styrer unna uten å tenke, noe som altså er livsviktig i en hel del situasjoner. Problemet oppstår når vi reagerer med frykt i situasjoner som egentlig ikke er livstruende. Frosker er alminneligvis ikke farlige, men Jens reagerer likevel som om de er det. Når frykten overtar som følelse i ufarlige situasjoner, kaller vi det for angst eller fobi. Angsten kobler ut fornuftig tankegang for å besørge vår overlevelse.

Problemet til Jens er altså mangel på rasjonelle refleksjoner i møte med frosker, hvorpå selvutvikling handler om å styrke sin egen rasjonelle tankevirksomhet ved hendelser som dypest sett ikke er farlige. Det kan være mange grunner til malplassert frykt, men uansett er problemet at vår mentale biologi har kodet situasjonen som farlig, og overlevelsesimpulsene trer inn og overtar styringen. Når dette skjer i ufarlige situasjoner, og vi innser at vi oppfører oss irrasjonelt, innser vi også vår mangel på herredømme over egne reaksjoner, og det anstifter den hjelpeløsheten og sårbarheten som er blant ingrediensene i lav selvfølelse. Mennesker som sliter med lav selvfølelse, har ofte mer angst, og angst er noe som stadig forsterker lav selvfølelse, og dette kalles vel en ond sirkel.

## Hvorfor «feiger vi ut»?

Frykten kan være spesifikt knyttet til frosker, motorveier og edderkopper, eller den kan være mer diffus. Susan Jeffers (1987) har skrevet boken, *«Feel the fear, and do it anyway»*, og hun fokuserer på hvordan vi i små øyeblikk har store visjoner og planer, mens i neste øyeblikk har skrinlagt planene på grunn av tilsynelatende rasjonelle argumenter, som i virkeligheten løper fryktens tjeneste. Vekst og utvikling krever at vi forandrer oss og strekker oss mot nye mål, noe som kanskje høres attraktivt ut, men for de fleste er det slik at «forandring IKKE fryder». Vi faller lett tilbake i gamle rutiner og vante mønstre fordi forandring krever noe av oss. Forandring setter oss på prøve, dytter oss ut av komfortsonene i en periode, og uansett hva slags forandring det er snakk om, er det nesten alltid forbundet med ubehag og usikkerhet fordi vi må tilpasse oss noe nytt. Forandring krever at vi skrur av autopiloten og tar styringen selv i en periode, og spørsmålet om vi egentlig kan «klare dette», dukker opp som en ondartet svulst på våre ambisjoner. I dette momentet, hvor forandringen er like forestående og ubehaget er høyt, er det altfor mange av oss som kommer på gode argumenter for å la være, og dermed vender tilbake til det «kjente og kjære». Mange har sikkert sett dr. Philip McGraw på TV, og han har en ganske klar beskjed i denne sammenheng. Han sier rett ut at vinnere er de som gjør det taperne ikke tør å gjøre. Han mener altså at de som høster suksess og fremgang er de som våger å ta en viss risiko.

Den frykten som stadig får oss til å tro at vi kommer til å mislykkes, er på sett og vis et gjennomgående tema i flere kapitler; *«Jeg klarer meg ikke hvis partneren min forlater meg»*, *«Vi kommer ikke til å klare oss dersom vi ikke tjener så og så mye»*, *«Jeg tror nok at andre kan gjøre dette bedre enn meg»*, og så videre.

Frykt kan overvelde oss og overstyre våre reaksjoner ganske akutt, men den mer diffuse sorten infiltrerer våre resonnementer. Det er den frykten som sniker seg inn og styrer oss vekk fra utfordringer. Den motiverer en passiv fremfor en aktiv livsstil. Når frykt fungerer som en bremsekloss på livet, må vi lære oss å forstå den på nye måter. Frykt er ikke alltid et psykologisk problem, men et naturlig fenomen vi må endre holdning til. Vi må lære oss at frykt er en naturlig del av vekst og utvikling, og deretter akseptere og overkomme frykten.

I mitt daglige virke som psykolog møter jeg mange mennesker som forventer at terapi er noe som vil føre til større grad av velbehag og ro fra første time. Slik er det ikke. Forandring i terapi krever at vi erkjenner vanskelige følelser, identifiserer negative mønstre og deretter jobber hardt for å bryte gamle uvaner. Hvis ikke psykoterapi gjør litt vondt, og ikke minst øker vår angst og usikkerhet i en periode, er jeg usikker på om det egentlig har noen effekt. Jeg informerer alle mine pasienter om at frykt og økt angst er en naturlig del av endringsprosesser, og de må være villig til å forsere mange vanskelige hinder for å skape positiv vekst. Mange må stå ansikt til ansikt med «psykiske spøkelser», og selvutvikling kan være en dramatisk reise i vårt indre liv.

*Frykt er en følelse som innvarsler farer, men ikke alltid. Frykt kan også være et tegn på at du vokser og aksepterer livets utfordringer. De som prioriterer trygghet fremfor risiko, lever med større frykt for at noe kommer til å skje, og de går glipp av utviklingsmuligheter. Selvutvikling kan handle om å forandre holdning, tenke på nye måter, tåle flere følelser og handle i tråd med nye og større perspektiver. En slik omstilling kan være verdifull, men også anstrengende og skremmende.*

# Øvelse 3 — Ut av komfortsonen

Man kan hvile i rutiner og gamle mønstre, og det oppleves ofte som tryggest. De fleste liker å befinne seg innenfor grensene av sin komfortsone. I perioder kan det være både riktig og viktig å hvile i status quo, men forandring krever at vi utvider grensene for komfortsonen. I denne øvelsen vil jeg be deg om å utfordre deg selv. Du skal gjøre noe du helst vil unngå, og gjerne på et område hvor du skulle ønske du hadde mindre begrensninger. Fullfør denne setningen:

I løpet av de neste dagene skal jeg ..................................................................

Når du har gjennomført utfordringen, skal du vurdere hvor ubehagelig det var. Bruk en skala fra 1 til 10 hvor 10 er helt forferdelig og 1 er komfortabelt. Lag en notis av situasjonen og din vurdering av ubehaget på skrivebrettet i ringen som ligger tettest på komfortsonen.

Nå skal du gjenta den samme utfordringen én gang til. Deretter skal du på nytt vurdere ubehaget og notere dette i det området som ligger litt lenger unna komfortsonen. Deretter gjentar du denne øvelsen til utfordringen du har gitt deg selv ikke lenger er noen utfordring, men noe du gjør med letthet.

Poenget er altså at forandring krever at vi gjør noe annerledes, og når vi utfordrer oss selv, vil ubehaget øke. Neste gang vi gjør det samme vil det fortsatt være ubehagelig, og sånn fortsetter det helt til man oppnår en ny og utvidet komfortsone. Hvor mange ganger man må utfordre seg selv før man har skapt en romsligere og mer fleksibel komfortsone, er ganske individuelt, men det krever at man holder ut i ubehaget helt til man er i mål. Tegningen hvor du skal notere utviklingen i ditt ubehag illustrerer også dette poenget.

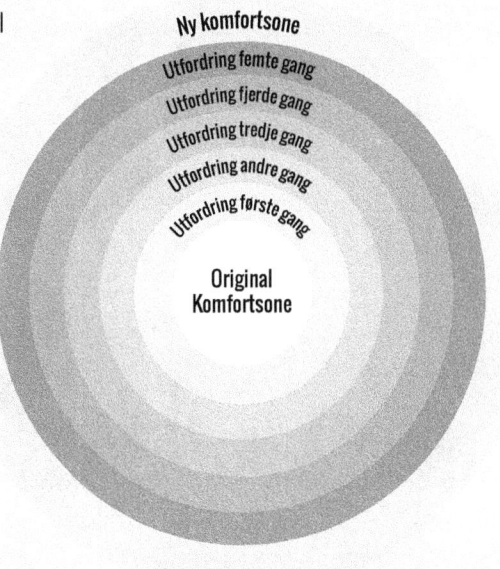

## Du må våge å miste fotfestet

Den danske filosofen, Søren Kierkegaard, har sagt at man må våge å miste fotfeste for ikke å miste seg selv. Det er også hensikten med den forrige øvelsen. Kanskje har du valgt et ganske spesifikt område hvor du trår ut av komfortsonen, og kanskje blir du langsomt mer komfortabel på nettopp dette området, men øvelsen vil også ha andre positive ringvirkninger. I det vi erfarer at vi kan trosse vår frykt, møte utfordringer og stå i ubehaget over tid, har vi vunnet en viktig kamp. Frykten har mistet litt av sin makt, og vi har tatt over kontrollen. Det er en forskyvning i maktbalansen som går i vår favør, og det vil ha en fordelaktig innvirkning på vår selvfølelse. Stadig flere områder av livet vil motiveres av interesse og iver fremfor usikkerhet og tilbaketrekning.

*Det er mange måter å miste fotfestet på, og noen er kanskje mer risikable enn andre. Poenget er at endring krever at vi forlater våre etablerte monster til fordel for noen nye. Kanskje innser vi at vi må leve, tenke eller føle på nye måter, og det kan innvarsle en form for krise hvor vi må regne med forhøyet angst i en overgangsfase. Selv positive forandringer kan gi en sterk følelse av usikkerhet, som om vi henger i et tau over et hav fullt av sultne haier. Mer frykt er en naturlig del av endringsprosesser.*

## Øvelse 4 — Gjør noe annerledes

Øvelse 3 er myntet på å bryte med fryktsomme begrensninger på et spesifikt område. Du kan med fordel utvide denne praksisen uten at du hele tiden beveger deg helt ut på utrygt farvann. Hver gang vi prøver noe nytt eller gjør noe annerledes, utvider vi horisonten. Det stimulerer hjernen, hindrer at vi setter oss fast i bestemte mønster, utfordrer oss, gir oss mer erfaring og det kultiverer et mer aktivt og nysgjerrig forhold til livet. Her er noen forslag til små justeringer som kanskje bryter med dine naturlige tilbøyeligheter, og kanskje kan en liten anstrengelse her og der føre til en slags vitalisering av tilværelsen.

1 – Bryt med en fast rutine eller en vane du har holdt på med i mange år. Finn en annen (og muligens bedre) måte å gjøre det på.
2 – Dersom du vanligvis er en ganske bedagelig anlagt person, bør du ta en pause fra TV, lesing eller data og engasjere deg i en fysisk aktivitet. Dersom du normalt sett er veldig aktiv, bør du forsøke å gire ned, lese, lytte til musikk eller gjøre andre aktiviteter som har et litt annet tempo enn du er vant til.
3 – Les en bok, se en film eller hør på musikk i en sjanger du ikke er kjent med fra før. Leser du mest krim, kan du forsøke å lese en inspirerende biografi. Ser du mest actionfilmer, kan du se en dokumentar. Hører du mest på rock, prøv jazz.
4 – Er du en sjenert person og synes det er vanskelig å snakke foran flere mennesker, kan du melde deg inn i en eller annen forening og delta på møter eller gå på et kurs. Forsøk å si din mening i plenum. Hold en tale ved neste anledning.
5 – Gå til en etnisk restaurant og prøv en rett fra en annen kultur. Det vil stimulere smaksløkene og kanskje åpne helt nye muligheter i matveien.

## Fryktens mange ansikter

I kontakt med moderat til alvorlige psykiske lidelser vil man som kliniker ofte sitte med en fornemmelse av at mange problemer handler om pasientens tilbaketrukne posisjon som en slags passiv passasjer i eget liv. Utrygghet og lav selvfølelse er to stikkord som danner et bakteppe hvor pasienten i liten grad tror på egne muligheter til å influere på egen situasjon. De blir i verste fall liggende i en slags skyttergrav og vente på at krigen skal gå over av seg selv, mens deres egne symptomer blir stadig verre. De hemmes i sin egen livsførsel, ofte som følge av uheldige erfaringsgeneralisering som skriver seg inn i den mentale biologien og blir førende for oppfattelsen av eget liv. Og på den måten blir deres posisjon stadig mer tilknappet.

*«Hvis det skal skje noen endring som gir litt pusterom og symptomlette, må den «utrygge» verden der ute endre seg, og før det eventuelt skjer, må jeg, for sikkerhets skyld, opprettholde min beredskap.»*

*Med god selvfølelse opplever vi at vi har påvirkningskraft og styrke til å forme vårt eget liv. Lav selvfølelse kan gi en opplevelse av det motsatte. Når man føler seg som et offer, har man ofte resignert i en passiv holdning til livet. Offeret ser ofte på seg selv som den lidende part i alle situasjoner. Offerrollen kan også være selvforsterkende fordi man hele tiden antar at man er maktesløs og uten innflytelse i møte med nye utfordringer. Det kronifiserer den frykten som hører til opplevelsen av hjelpeløshet.*

Slik forsterkes et negativt mønster hvor personenes mentale kapital i hovedsak investeres i beredskapstiltak (frykt, panikk og tilbaketrekning), og noen går så lenge at de blir avhengige av medikamenter for å døyve den indre uroen. Medisiner kan gi en midlertidig og helt nødvendig avlastning (og det kan medføre en hurtig symptomlette), men et «friskere liv» med god selvfølelse er i mange sammenhenger nødt til å involvere flere tiltak, og spesielt vårt eget initiativ.

Frykten for å gjøre feil er også en faktor som kan spille en rolle i denne sammenhengen. Mange mennesker går rundt med både lav selvfølelse og lav selvtillit og mater hjernen sin med forbehold og advarsler om at ting kan gå galt. Igjen er det slik at denne typen «indre stemmer» taler fryktens sak og hindrer oss i å ta nye utfordringer. Vi unnviker utfordringer som kunne ført til positivt vekst og forandring fordi våre egne forbehold overbeviste oss om at sjansene for å mislykkes var store, og når vi unngår utfordringene, både bekrefter og forsterker vi følelsen av å være mislykka.

Susan Jeffers legger frem statistikk som sier at de beste baseballspillerne bommer 6 av 10 ganger. Det er greit å mislykkes, men det er ugreit å ikke prøve. Jeffers forkynner at man er en suksess hvis man prøver, og når man mislykkes kan man være glad fordi man er en erfaring rikere.

## Tross din egen frykt, eller så vil frykten overta deg

Når man er veldig opptatt av trygghet, er man indirekte veldig opptatt av mulige farer. Når vi motiveres av å unngå risiko, lever vi som regel ganske passivt. Målet er å sørge for trygghet som en «motgift» mot følelsen av frykt og hjelpeløshet, men paradoksalt nok oppnår man det motsatte. På dette punktet vil en rekke selvhjelpsbøker fortelle deg at det er mindre fryktinngytende å trosse sin egen frykt enn å leve med den underliggende frykten som stammer fra følelsen av hjelpeløshet. Med andre ord betyr det at de som ikke tar en viss risiko, ironisk nok lever med en større frykt for at noe kommer til å skje. De søker trygghet fremfor alt annet, men resultatet er gjerne en kronisk usikkerhet. Egentlig er det både enklere og mer tilfredsstillende å prøve nye ting, slik du ble anbefalt i øvelse 3 og 4, men lav selvfølelse vil ha oss til å tro det motsatte. Et godt råd for å styrke selvfølelse på sikt, handler om å inkludere flere utfordringer i eget liv for å slippe ut av den passive sumpen av uvisshet som kommer av unnvikelse.

Det viser seg at mange av oss er disponert for en viss skepsis og bekymring. Det kan virke som om vi tror at vi er bedre rustet til å takle kriser dersom vi har tatt «sorgene på forskudd». Det er lite som tyder på at bekymringer virker forebyggende, snarere tvert imot.

Frykt er et stort tema som påvirker oss på nesten alle områder i livet. En fullstendig behandling av dette tema ligger utenfor bokens rekkevidde, men et aspekt ved frykt, som ofte assosieres direkte med lav selvfølelse, er sosial angst. I neste kapittel skal vi se litt nærmere på den typen frykt som kan hemme oss i samvær med andre.

Det kan hende livet vårt styres av frykt i større grad enn vi tror. Mange mennesker lever på et bakteppe av bekymring og engstelse, noe som fører til høyt blodtrykk, stress, indre uro, nedsatt immunforsvar, tilbaketrekning, passivitet og lav selvfølelse. Feilplassert eller overdreven frykt kan hindre oss i å nå vårt egentlige potensial. De fleste av oss møter av og til på en mur av frykt i ulike sammenhenger, og dersom vi klarer å hamre den ned med en slegge, kan det hende at selvfølelsen får en oppsving.

## Øvelse 5 — Frykt er en del av livet, hvordan håndterer vi den?

I denne øvelsen vil jeg foregripe et tema som dukker opp igjen i kapittel 8. Det er det såkalte «Jona komplekset». Jona er en person vi kjenner fra Bibelen, og han er kanskje mest kjent fordi han fikk en viktig oppgave av Gud. Sannsynligvis var Jona en person med lav selvfølelse, og derfor prøvde han å komme seg unna sitt kall. Han mente at han ikke var god nok for oppdraget. Siden har Jona komplekset blitt et navn på den frykten mange av oss føler i møte med ansvar, livet, vekst og utvikling.

Noen unngår å utvikle seg fordi de er redde for å bli stemplet som grandiose (du skal ikke tro at du er noe), men dette blir også en unnskyldning for ikke å prøve. Andre blir lammet av frykt ved tanken på å bli noe ekstraordinært: Man innser at man risikerer å bli gjenstand for andres oppmerksomhet. Jona komplekset handler delvis om frykt for å miste kontroll, og frykten for at nye veier kan forandre oss fullstendig, og da mister vi den personen vi er vant til å være.

Frykten vil alltid være der, men om vi skal ønske den velkommen som et tegn på vekst, eller la oss paralysere, er det store spørsmålet. Det kan hende at Susan Jeffers (1987) har rett når hun påstår at alle føler på en viss grad av frykt i nye situasjoner. Likevel er verden full av mennesker som prøver nye ting og søker nye utfordringer, og dette til tross for at de utsetter seg selv for en viss usikkerhet. Problemet er altså ikke frykten i seg selv, men hvordan vi forholder oss til frykt. Skal vi beholde vår kraft og frihet i møte med frykt, eller skal vi bli nedstemte, paralyserte og usikre av livets krav? Skal frykt være forbundet med smerte eller en mulighet for vekst? Tenk litt gjennom denne forståelsen av frykt, og se om du kjenner igjen noen situasjoner fra ditt eget liv hvor du kunne forholdt deg litt annerledes til frykt. Dersom vi klarer å identifisere den frykten det er snakk om i dette kapittelet, har vi allerede gjenvunnet en del makt. I denne øvelsen vil jeg be deg om å plassere deg selv og situasjoner fra ditt eget liv inn i diagrammet under. Hvis frykt alltid vil være en del av livet, vil mye selvutvikling handle om å bevege seg fra venstre mot høyre i diagrammet under. Målet med øvelsen er å øke vår bevissthet rundt fryktens grep om vår egen livsførsel.

### Hvordan forholder du deg til frykt?

| Smerte | Livskraft |
|---|---|
| Unnvikende | Selvhevdende |
| Nedstemt | Engasjert |
| Passiv | Handlekraftig |
| Stillstand | Bevegelse |

## KAPITTEL 4
# Sosial angst

Jerry Seinfeld påstår at de fleste mennesker heller vil være personen i kista, enn personen som holder minnetalen i en begravelse. Finn Skårderud har også poengtert at folk er reddere for å snakke i forsamlinger enn de er for å dø. Frykten for fiasko eller muligheten for å tape ansikt og dumme seg ut, er sannsynligvis noe som ligger mer eller mindre latent i de fleste av oss. For noen er det en underliggende frykt som skjerper oss i møte med sosiale utfordringer, mens for andre blir det en overveldende frykt som hindrer oss i å prestere foran andre. Hvordan skal vi takle urimelig frykt som oppstår i sosiale situasjoner?

## Slik bør du ikke takle sosial angst

La oss si at du skal holde et foredrag for en større gruppe mennesker og gruer deg. Eller du er invitert på en fest hvor du kun kjenner noen få. Dette er situasjoner hvor man lett føler seg sjenert og usikker. Det er ikke uvanlig, men dersom det opptrer i så stor grad at man begynner å unngå situasjonene fullstendig, eller lider seg gjennom dem, kalles det gjerne for sosial angst eller sosial fobi. Norsk helseinformatikk regner med at 2-5 % av befolkningen på et gitt tidspunkt har sosial angst. I løpet av livet vil 10-15 % oppleve perioder med sosial angst. Det er ikke så lett å vite hvordan man skal takle sosial angst, og det er ikke så lett å gi konkrete råd, men det finnes noen måter å takle sosial angst på som er bedre enn andre. Igjen handler det om å bruke hodet litt annerledes, men også lære seg å justere kroppens signaler. Disse teknikkene er godt utprøvd og har hjulpet mange mennesker til å føle seg friere i sosialt utfordrende situasjoner. Å føle seg mer avslappet, komfortabel og trygg i møte med andre, vil ha en positiv innflytelse på vår selvfølelse.

De fleste mennesker møter sin sosiale frykt ved å spenne musklene i kroppen, puste raskere og mer overfladisk og si til seg selv; *«Ikke vær redd (eller sjenert)»*. Denne strategien fungerer ikke alltid så bra. Sannsynligvis vil det øke ubehaget. En anspent kropp og rask pust sender alarmsignaler til hjernen som sørger for at alarmberedskapen økes. I møte med frykt vil man sedvanligvis reagere med «fight, flight eller freeze». Det vil si at man går til motangrep, trekker seg unna eller stivner helt. I sosialt vanskelige situasjoner, preget av usikkerhet og angst, vil man som regel reagere med en slags motangrepsrespons. Det betyr ikke at man går til angrep på de andre menneskene i situasjonen, men man går til angrep på sitt eget ubehag. Det fører til at man blir mer anspent, puster knappere, oksygenopptaket forstyrres og kanskje blir man tiltagende irritert på seg selv. En person med sosial angst er på sett og vis i krig med seg selv i sosiale settinger. Man går til angrep på seg selv, fordi man ikke vet hva annet man kan gjøre.

## En bedre strategi for å takle sosial angst

Nathaniel Branden (1987, 1988) er blant mange som hevder at det finnes en annen strategi mot sosial angst som er langt mer effektiv enn krig mot seg selv. Mange er ikke kjent med hvordan de skal håndtere «malplassert frykt». Den beste strategien mot sosial angst er både enkel og vanskelig på samme tid: Det dreier seg om selvaksept.

I denne strategien kjemper du ikke imot frykten eller det sosiale stresset, men «puster inn» i ubehaget og aksepterer det. Du kan snakke til deg selv med aksept og anerkjennelse; *«Jøss, nå er jeg virkelig redd»*. Deretter tar du et langsomt og dypt åndedrag. Konsentrer deg om å puste jevnt, rolig og dypt (puste med magen). Selv om det er vanskelig å puste jevnt og kontrollert når kroppen har lagt seg på alarmberedskap, må du fortsette å prøve.

På alarmberedskap har vi rask og «overfladisk» pust som sørger for mye oksygen til kroppen i tilfelle vi må reagere med angrep eller flukt. Det er ikke alltid så lett å forstå en person som plutselig opplever et panikkanfall, eller plutselig stikker av fra festen uten videre forvarsel. Ofte sliter disse menneskene med emosjonelle reaksjoner som overmanner dem og setter «fornuften» ut av spill. Pusten vår reflekterer kroppens tilstand i slike situasjoner, men dersom vi klarer å regulere pusten, vil det i neste omgang hjelpe oss å regulere følelsene og gjenvinne mer kontroll.

Poenget er også at vi skal akseptere frykten, se på den, og langsomt skifter vi posisjon fra offer til observatør. Vi er den som ser på frykten, anerkjenner den og puster inn i den, istedenfor å være den som er angrepet av frykt og kjemper imot med nebb og klør. Det kan virke som en litt kunstig distinksjon, men den er altavgjørende. Vi lar ikke frykten definere oss, men hviler som et vitne til følelsen. Vi kan si følgende setning til oss selv: *«Jeg er redd, men det betyr ikke at jeg skal slutte å være bevisst. La meg fortsette å se på meg selv med åpne øyne»*. Vi kan til om med snakke til frykten. Spør hva den ser for seg som et verst tenkelig scenario; *«Hva er egentlig det verste som kan skje i denne situasjonen?»* Nå har vi muligheten til å akseptere det verste som kan skje. Når vi går i dialog med frykten om det verste som kan skje, vil det som regel føre oss ut av fryktinngytende fantasier og nærmere en mer godartet og realistisk virkelighet.

Istedenfor at vi bruker all mental energi på å bekjempe frykten, investerer vi mer energi i oppmerksomhet på følelsen. Dette er en typisk teknikk fra det som kalles kognitiv psykologi, men teknikken har klare paralleller til de Østlige tradisjonene.

Som tidligere nevnt har man en slags innsiktsorientert meditasjonsøvelse i buddhistisk praksis. Øvelsene handler om å stirre følelsene i hvitøyet, omtrent på samme måte som beskrevet i kapittel 1 og 2 om følelser. Her stiller man følelsen en rekke spørsmål. Man kan spørre hva følelsen veier, hvor stor den er, hvilken farge den har, hvordan den transporteres rundt i kroppen, hvordan den styrer tankene og hva den gjør med hjerte og pust. Ved hjelp av slike spørsmål torpederer man følelsen med kritisk undersøkelse, og på den måten styrker man fornuften i møte med følelsene. Spørsmålene er ikke spesielt fornuftige, men det trenger de heller ikke være. Et absurd spørsmål kan anspore oss til å tenke litt ekstra over mulige svar, og selv om vi ikke finner noe godt svar, har vi brukt de siste sekundene på undersøkelse av følelsen, istedenfor å være overmannet av den. Dette er en strategi hvor man på sett og vis inntar rollen som sin egen psykoterapeut.

*En god terapeut vil ikke trekke sine egne perspektiver og meninger ned over hodet på sin klient, men snarere få klienten til å reflektere over sitt eget indre liv. Dersom du påstår at noen «tenker feil», vil de ofte reagere med å forsvare sin tenkemåte. Dersom du spør dem hvordan de kom til å tenke på akkurat den måten, tvinger du dem til å reflektere over sitt indre liv. Sistnevnte er som regel langt mer konstruktivt i et selvutviklingsøyemed. Når du skal ha deg selv i terapi, bør du bruke samme metode. Ikke vær hard og kritisk mot deg selv, men åpen og undersøkende.*

Dersom du ikke erklærer krig mot deg selv, men aksepterer og observerer frykten slik den er, kan det hende du oppdager når og hvor frykten tok bolig i deg første gang. Innsikt i fryktens opprinnelse kan hjelpe deg til å forstå at frykten er ubegrunnet. Malplassert frykt er som regel foreldede reaksjonsmønstre uten relevans i nye situasjoner, men som likevel er en del av vårt ubevisste repertoar. Ved hjelp av mer bevissthet, møte frykten med åpne øyne, eventuelt stille noen absurde spørsmål, kan vi utkonkurrere ubevisste mønstre. Dersom du aksepterer frykten fullt ut, kan det hende du frigjør deg selv fra fortiden og evner å leve bedre i nåtiden.

Når vi møter frykt med aksept, kan det hende frykten forsvinner helt, avtar litt eller forblir ganske påtrengende, men på sikt kan denne strategien skape en oversikt over egne følelser som gjør deg friere til å handle mer effektivt og adekvat.

Et hovedargument i denne boken, og i mye av den psykologiske litteraturen for øvrig, er at vi står sterkere som mennesker når vi ikke prøver å bekjempe realitetene. Frykten forsvinner ikke når vi kjefter på den eller irettesetter oss selv. Men dersom vi klarer å beholde et «åpent sinn», bifalle opplevelsen slik den er med aksept, forbli i en tilstand av bevisst oppmerksomhet og huske på at vi er større enn tilfeldige følelser som dukker opp i bevissthetens teater, kan vi begynne å overvinne uønskede følelser, og på sikt kan de erstattes med følelser som egner seg bedre. Det er gjennom aksept at følelser som smerte, raseri, misunnelse og frykt langsomt mister sin destruktive kraft.

## Øvelse 6 — Følelsesmessig rettssak

Neste gang du merker et ubehag som er overdrevent i forhold til situasjonen, skal du forsøke å identifisere hvilken følelse som er på spill. Dersom du har jobbet godt med øvelse 2 i kapittelet om følelser og psykisk forsvar, har du allerede en viss erfaring med å kjenne igjen de forskjellige følelsene. Når du har identifisert den følelse som plager deg uforholdsmessig mye i situasjonen, skal du iscenesette en mental rettssak. Du er aktor og følelsen skal stilles for retten anklaget for bedrageri.

Som aktor stiller du følelsen følgende spørsmål:
1 - Hva heter du?
2 - Hvor gammel er du?
3 - Hvor lenge har du drevet med bedrageri?
4 - Hva er grunnen til at du sniker deg rundt og ødelegger ro og orden?
5 - Hvem jobber du for?
6 - Samarbeider du med andre følelser?
7 - Hva slags teknikker bruker du for å lure tankene?
8 - Hva er din egentlige jobb?

Kanskje kommer du på noen bedre spørsmål, men du trenger ikke så mange. I en presset situasjon har du sannsynligvis begrenset med tid, men forsøk likevel å gjennomføre en liten mental rettssak. Som aktor er det opp til deg å stille de vanskelige spørsmålene, men du blir også nødt til å svare, ettersom det tross alt er din følelse som er anmeldt for svindel. Prøv og husk den mentale rettssaken til senere, og ved første anledning noterer du ned både spørsmålene og svarene på skrivebrettet. Kan denne øvelsen gi deg mer kontroll på situasjoner hvor du reagerer uhensiktsmessig?

. . . . . . . . . . . . . . . . . . . . . . . . . . . . . . . . . . . . . . . . . . . . . . . . . . . . . . . . . . . . . . . . . . . . . . . . .
. . . . . . . . . . . . . . . . . . . . . . . . . . . . . . . . . . . . . . . . . . . . . . . . . . . . . . . . . . . . . . . . . . . . . . . . .
. . . . . . . . . . . . . . . . . . . . . . . . . . . . . . . . . . . . . . . . . . . . . . . . . . . . . . . . . . . . . . . . . . . . . . . . .
. . . . . . . . . . . . . . . . . . . . . . . . . . . . . . . . . . . . . . . . . . . . . . . . . . . . . . . . . . . . . . . . . . . . . . . . .
. . . . . . . . . . . . . . . . . . . . . . . . . . . . . . . . . . . . . . . . . . . . . . . . . . . . . . . . . . . . . . . . . . . . . . . . .
. . . . . . . . . . . . . . . . . . . . . . . . . . . . . . . . . . . . . . . . . . . . . . . . . . . . . . . . . . . . . . . . . . . . . . . . .
. . . . . . . . . . . . . . . . . . . . . . . . . . . . . . . . . . . . . . . . . . . . . . . . . . . . . . . . . . . . . . . . . . . . . . . . .
. . . . . . . . . . . . . . . . . . . . . . . . . . . . . . . . . . . . . . . . . . . . . . . . . . . . . . . . . . . . . . . . . . . . . . . . .

## Hvordan hjelpe en person med angst?

Når en person er redd, er det sjelden effektivt å be vedkommende om å «slappe av». Få mennesker vet hvordan man skal bruke det rådet i praksis. Men dersom vi tiltaler personen i en rolig og vennlig tone, og anmoder om at han eller hun puster litt roligere og dypere, kan det hende at dette vil ha en ganske umiddelbar effekt. Neste skritt er å be personen om å forestille seg hvordan det ville vært dersom han ikke tok opp kampen mot frykten, men bare lot den være. I møte med en person som er overmannet av frykt, er sistnevnte strategier langt mer konkrete enn et råd om å «slappe av». Man kan gå videre og be dem om å la frykten få fritt spillerom, gå i dialog med frykten, eller observere frykten med distanse og nøytralitet for å frigjøre seg selv. Kanskje kan du fortelle personen om «mentale rettssaker». Kanskje får du lov til å være aktor, mens personen må svare på vegne av frykten. Som aktor kan du forlange at frykten gjør rede for hvordan den lurer tankene. Du kan spørre om frykten har til hensikt å overta hele systemet, eller om den bedriver sin kriminelle virksomhet i enkelte deler av kroppen. La personen som er grepet av frykt fungere som sakkyndig. Det betyr at vedkommende må vurdere om frykten er tilregnelig eller ikke. Deretter kan personen som er grepet av frykt fungere som fornærmet i saken: *«Hva gjorde frykten med deg? Når begynte den å plage deg? Hvorfor tror du den plager deg mer enn andre? Har du gjort noe som fortjener mer frykt enn andre?»* Det er bare fantasien som setter grenser for hvordan en slik samtale kan være. Poenget er hele tiden at du tvinger personen til å vurdere sin egen frykt fra flere vinkler. I denne prosessen skapes den avstanden som personen trenger for å gjenvinne kontrollen. Når du merker at personen har frigjort seg litt fra følelsenes vold, kan du undersøke om han eller hun kan si følgende setning og mene det: *«Jeg føler frykt, og det aksepterer jeg, men jeg er ikke min frykt».* Ideen er enkel og komplisert på samme tid.

I gruppeterapi har vi brukt en metafor som har hjulpet mange. Vi ser for oss at bevisstheten er et rom, mens følelser og tanker er noe som kommer og går ut og inn av rommet. Du er rommet, ikke de tilfeldige følelsene og tankene som kommer på besøk. Igjen er vi ute etter den avstanden vi trenger mellom frykten og oss selv som observatører av frykten. Vi er rommet (bevisstheten) og ikke følelsene. Vi må ikke identifisere oss med følelsene, for da er vi fanget og forvirret i forhold til egen identitet. Nathaniel Branden anbefaler at vi ber personen med angst om å tenke følgende: *«Jeg innser at jeg er redd, og det aksepterer jeg... Og nå skal jeg forsøke å huske hvordan kroppen min føles når jeg ikke er redd.»*

En slik innfallsvinkel til håndtering av psykisk ubehag er effektiv for mange, og det kan brukes på omtrent alle følelser. Livet er fullt av situasjoner hvor vi med fordel kunne hatt litt mer følelsesmessig balanse: Muntlig eksamen, hos tannlegen, på jobbintervju, på talerstolen eller i kampen mot frykt for å bli forlatt eller avvist. De fleste av oss kan komme på flere eksempler fra vårt eget liv. Jeg har allerede fortalt om min opplevelse på babysang i kapittel 1.

Når du lærer deg å akseptere frykt, vil frykten slutte å innvarsle en katastrofe. Frykten slutter å styre deg. Du vil ikke lenger terroriseres av fantasier som løper fryktens tjeneste og tegner opp virkelighetsfjerne skrekkscenarioer. Du føler du har mer kontroll på deg selv og livets små og store utfordringer, og du kan begynne å stole mer på deg selv, noe som igjen vil styrke din selvfølelse.

Poenget er at mennesker ofte erklærer krig mot seg selv i møte med malplassert frykt. Man forsøker å angripe frykten eller sno seg unna ved hjelp av fortrengning eller andre psykiske forsvarsmekanismer. Man vegrer seg for å akseptere frykten, og på den måten blir den forsterket og etter hvert kronisk. Det er kronisk frykt i sosiale settinger vi kaller for sosial angst eller sosial fobi.

## Hjernen er plastisk

Det som gjør denne problematikken rundt frykt og destruktive følelser enda verre, er det faktum at hjernen er plastisk. Det betyr at den utvikler seg og utvider seg i de områdene som aktiveres mye. Før trodde man at mennesket ble født med et bestemt antall nerveceller, og at tilvekst av nye nerveceller i hjernen var umulig. Man trodde at de forandringene som eventuelt skjedde i hjernen, forekom i forbindelsen mellom de eksisterende cellene og cellenes død. Hjernen var sånn sett et organ som ikke gjorde annet enn å svekkes med årene. I dag vet man at det forholder seg annerledes (Nilsonne, 2010, p. 25). Hjernen vokser i takt med hvordan den brukes, og da er det innlysende at en hjerne som går rundt og bekymrer seg i tide og utide, blir en hjerne som er flink til å være redd, men dårlig på å slappe av, være kreativ, leken, interessert og livsglad.

*Hjernen er plastisk, noe som betyr at den forandrer og tilpasser seg i tråd med våre erfaringer, tanker, følelser og handlinger. Hvis man sliter med lav selvfølelse, traumer eller andre smertefulle erfaringer og problemer, risikerer man en negativ spiral hvor livet leves på en slags «undertone» av uro og usikkerhet. I verste fall blir det ikke noe «mental energi» til overs for de delene av hjernen som er utadrettede, nysgjerrige, åpne, interesserte og meningsskapende. De risikerer å bli overkjørt av systemer i alarmberedskapens tjeneste, noe som gjør dem gradvis svakere og understimulerte. Frykt gjør oss ensporede og fordomsfulle, og uvitenhet vedlikeholder denne tilstanden. Frykt er virkelig en bremsekloss på et godt liv med god selvfølelse.*

Med visse tilpasninger kan man kanskje sammenligne hjernen med en fabrikk. Vi kan se for oss at «hjernefabrikken» har et slags årsmøte hvor den gjør opp status. Dersom man bruker mye tid på bekymring, vil den avdelingen som arbeider med uro rapportere inn høy aktivitet. Kanskje bekymringsavdelingen vil beklage seg over at de har for mye å gjøre, og at de derfor trenger forsterkninger. Som i alle andre bedrifter vil man sette inn flere ressurser der det er mest aktivitet, og sånn er det også med hjernen.

Fordelen med at hjernen er plastisk, er at vi kan forandre den dersom vi bestemmer oss for å gjøre noe med det. Ulempen er at bekymring vil avle mer bekymring dersom vi ikke gjør en aktiv innsats for å justere og tilpasse vårt «indre liv».

Gjennom forståelse, aksept og innsikt kan vi gi de destruktive følelsene mindre makt, og det vil være en seier for vår selvfølelse og vår livskvalitet. Men vi kan også gå den andre veien og bli bedre kjent med de positive følelsene. Ved å aktivere positive følelser (og spesielt medfølelse), viser det seg at vi kan påvirke regnskapet i vår mentale økonomi i en favør som gir et mer harmonisk liv. Hjernen vil altså utvikle seg i de områdene som «koder» for medfølelse og harmoni, istedenfor i de områdene som jobber med skepsis, vaktsomhet og bekymring. Det er derfor neste kapittel handler om positive følelser og medfølelse.

KAPITTEL 5

# Positive følelser og medfølelse

De følelsene som aktiveres mye får stor plass i vårt mentale liv. Mer bevissthet rundt egne følelser gir oss mer kontroll på hvilke følelser som aktiveres i ulike situasjoner. At hjernen er plastisk betyr at vi kan påvirke våre opplevelser og våre følelser. Temperament er ikke skjebne, og vi trenger ikke å være bundet av mentale uvaner og destruktive følelser. Ved å bli bedre kjent med mekanismene bak våre positive følelser, kan de få overtak. Ved å fokusere mer på aksept og medfølelse for andre, vil du ha mindre plass til hat og irritasjon. Medfølelse er medisin for sjelen, og det kan gjøre underverker for vår selvfølelse.

## Et positivt sinn

Affektbevissthet, altså en bevissthet om våre følelser, er et terapeutisk begrep assosiert med professor Jon Monsen ved Universitetet i Oslo. Monsen baserer en egen terapeutisk retning på vår evne til å observere følelser. Konseptet er omtrent det samme som i alle andre former for psykoterapi: Desto mer oversikt vi har over vårt «indre liv», i dette tilfellet følelsene, desto lettere er det å forstå og regulere følelsene sine på en tilpasset måte. Det kan også virke som om observasjon av en destruktiv følelse, gir den mindre kraft. Spørsmålet er hvordan dette fungerer på de positive følelsene.

La oss si at man opplever en voldsom entusiasme i en bestemt situasjon, og i samme øyeblikket begynner å reflektere over denne entusiasmen. Istedenfor å være i den gode følelsen, betrakter man den som et fenomen. Kanskje stiller man seg selv noen spørsmål om følelsens natur: *«Hvor glad er jeg nå?» «Har jeg vært så glad før?» «Hvor glad er jeg på en skala fra 1-10?».* Gjennom slike overveielser stiller man seg utenfor entusiasmen og ser på den. Den følelsesmessige tilstanden blir et objekt for vår refleksjon, og på den måten mister den mye av sin styrke. Å forholde seg til glede på denne måten, er kanskje ikke så livgivende, men å forholde seg til aggresjon på denne måten, kan være psykologisk klokt.

Men selv om analyse av egne følelser kan ha en dempende effekt på den «følelsesmessige temperaturen», anbefaler jeg deg å gå gjennom de positive følelsene omtrent på samme måte som i øvelse 2. Poenget er at følelser ofte bærer med seg helt bestemte verdivurderinger som fungerer på automatikk. Å kjenne til prosessene, vurderingene og tankene som genererer en bestemt følelse hos deg, er en fordel også med tanke på de positive følelsene.

Vi tenker ofte på lykke som en følelse, men kanskje er det misvisende. Lykke stammer fra de verdiene vi bevisst har valgt å forholde oss til. Vi føler oss lykkelige når vi oppnår eller fullbyrder det som er definert som viktig og verdifullt for oss. Spørsmålet er om vi kan gi flere elementer de samme positive assosiasjonene, og sånn sett administrere vår egen tilfredshet i den skala vi måtte ønske. Hva vi har valgt å definere som verdifullt, er selvfølgelig helt individuelt, og følgelig er det som bringer lykke individuelt. Når vi fornekter eller unnviker disse verdiene, er vi ulykkelige.

Angst kan være det som oppstår når en person ikke har tenkt nok eller unngått å reflektere dypt nok rundt et bestemt anliggende. Ved å slurve med ettertenksomheten i viktige veivalg, er personen dårlig utrustet i møte med virkeligheten. Og tenkning er ikke noe man bare kan gjøre av og til, men noe som krever vår kontinuerlige innsats. Det betyr ikke at vi alltid skal analysere livet i fillebiter, ofte er impulsivitet svært livgivende, men det er viktig å ha innsikten i bunn. Når vi analyserer de positive følelsene, kan vi trenge dypere inn i de mentale prosessene og vurderingene som ligger bak følelsene. Når vi vet hvorfor vi føler oss glade, interesserte eller ivrige i forhold til bestemte aktiviteter, kan vi se hvordan vi har tilskrevet disse aktivitetene verdi, og kanskje kan vi bruke denne innsikten til å gi flere av våre aktiviteter en tilsvarende verdi. Dersom vi tar kontroll på prosessene bak de «gode følelsene», har vi all verdens muligheter til å leve bedre. Av den grunn vil det altså være lurt å trene opp sin bevissthet rundt de positive følelsene.

Dersom vi dypest sett har muligheten til å koble positive følelser til ulike aktiviteter, bør vi også være litt forsiktige med hva slags koblinger vi lager. Noen kobler glede til heroin, mens andre kobler glede til å hjelpe andre. Spørsmålet er sånn sett om man vil bli en Jimi Hendrix (uten talent), eller en Mor Teresa.

## Øvelse 7 — De positive følelsene

Ta utgangspunkt i de fire positive grunnfølelsene. Konsentrer deg om en følelse av gangen. Sett denne følelsen inn i setningene under og reflekter over de svarene du kommer frem til. Også her kan det være lurt å ta én følelse hver dag. Min erfaring er at mennesker bruker gjennomsnittlig 10 minutter på én følelse. For noen vil det være litt omfattede, og da foreslår jeg igjen at du går litt raskere til verks. Dersom slike øvelser kan få deg til å tenke litt mer på hva du faktisk føler i ulike situasjoner, har du allerede begynt å vende blikket mer innover. Man skal som nevnt ikke alltid ha blikket vendt innover for å overvåke enhver opplevelse med et skarpt blikk, men en viss innsikt i de mentale prosessene som ligger til grunn for alle våre opplevelser, representerer en form for «mental disiplin» som på sikt vil øke det blant andre, Daniel Goleman (2002), kaller *«Emosjonell intelligens»*.

> **Ta utgangspunkt i de positive grunnfølelsene:**
> - Interesse og iver
> - Velbehag og glede
> - Nærhet og hengivenhet
> - Stolthet og triumf

1 – Se for deg en situasjon i ditt eget liv hvor du har kjent på ..........................................
2 – Tenk gjennom situasjonen hvor følelsen oppstod. Hvorfor følte du ...............................
    i denne situasjonen?
3 – Hvis følelsen av ................................ var ute etter å fortelle deg noe, hva ville den fortelle?
4 – Kan det hende at denne følelsen var preget av noe du har opplevd tidligere?
5 – Tror du de fleste andre ville følt .................................. i denne situasjonen. Tror du andre ville følt det sterkere, svakere eller på samme måte som deg?
6 – Hva gjør følelsen av .................................. med deg?
7 – Er dette en følelse du kan fremprovosere selv?
8 – Tillater du at denne følelsen får fritt spillerom? Hvis ikke, hva er det som hindrer deg i å føle .................................. fullt og helt?
9 – Hvordan merker du følelsen av .................................. ?
10 – Hvor i kroppen merker du .................................. ? Kjenner du det i magen, musklene eller brystet?
11 – Er det alltid i denne delen av kroppen, eller på denne måten, du kan merke ........................ ......... ?
12 – Tror du at følelsen av .................................. var med på å sette i gang bestemte tanker?
13 – Kan det hende at følelsen satte i gang tanker som forsterket følelsen?
14 – Kan du eventuelt tenke bestemte tanker eller gjøre noe bestemt for å fremprovosere følelsen?
15 – Synes du det er lett å gi uttrykk for .................................. ovenfor andre?
16 – Er det lettere for deg å uttrykke denne følelsen ovenfor noen bestemte personer? Hva er det eventuelt med relasjonen til den eller de personene som gjør det lettere?
17 – Er det noen personer du synes det er spesielt vanskelig å uttrykke deg fritt i forhold til følelsen av .................................. ?
18 – Er det noe spesielt med forholdet du har til den eller de personene hvor det er vanskelig å uttrykke seg fritt?

## Verdien av affektbevissthetsøvelsen

Affektbevissthetsøvelsen kan ved første øyekast virke simpel og uhensiktsmessig, men erfaring tilsier at tiden man bruker på denne øvelsen er en verdifull investering. Det holder ikke at man går raskt gjennom dette én gang. Metoden krever at man går systematisk gjennom punktene flere ganger, og deretter tar med seg modellen ut i livet. Vær mer oppmerksom på egne behov og følelser i hverdagen, og bruk modellen aktivt for å bli bedre kjent med deg selv. Deretter blir utfordringen å uttrykke dine følelser og behov på en fleksibel og konstruktiv måte i møte med omgivelsene. Aristoteles mente at følelser kunne være fornuftige, dersom de bedømmer verden på en riktig måte. I «Den nikomakiske etikk» var Aristoteles (2013) opptatt av hvordan mennesker kan kultivere kloke handlingsmønstre og bringe følelseslivet under personlig kontroll. Det er også målet med affektbevissthetsøvelsene.

*Følelsespsykologi forteller noe sentralt om hvordan evnen til å håndtere følelser er avgjørende for psykisk sunnhet. Mange av våre problemer oppstår når vi fanges av våre følelser på en måte som fraøver oss kontroll. Selvutvikling handler mye om å se seg selv utenfra, og gjennom selvobservasjon får man en større avstand til emosjonelle konflikter, noe som i neste omgang gir oss mer kontroll og større handlingsrom.*

De følelsene vi klarer å uttrykke på en adekvat måte, blir sjelden til symptomer. De følelsene som undertrykkes eller unngås kommer derimot til uttrykk på andre måter, og i verste fall dukker de opp som psykiske spenninger, indre uro eller andre hemmende symptomer. Dersom du klarer å lodde dybden i ditt repertoar av positive følelser, kan det hende at du finner måter å kultivere flere av dem på. Mange positive følelser gir lite rom for de negative, og denne innsikten har man tatt på alvor i blant annet buddhisme. Det er tema i de neste avsnittene.

## Positive og negative følelser som motpoler

I den buddhistiske psykologien trenger man inn i destruktive følelser ved hjelp av meditasjon. Ved å møte følelsene ansikt til ansikt, oppdager man at følelsene er uten innhold, på samme måte som en mørk sky, og siden følelsene ikke har noen egentlig substans, kan de heller ikke overmanne oss. Denne innsikten er den buddhistiske filosofiens motgift mot destruktive følelser.

*Studier viser at de som mediterer mye og bruker tid på oppmerksomhetstrening, utvikler en slags oversikt over sitt indre liv som fører til mental balanse og indre ro. Denne roen og innsikten i eget mentale liv, styrker deres emosjonelle intelligens, og fungerer som en forsterkning av empatiske evner som andre mennesker vil nyte godt av i møte med denne typen sinnsro. Oversikt over eget psykologiske liv gir mulighet for en mer harmonisk forvaltning av følelser, og det gir grobunn for flere av de varme følelsene.*

Dalai Lama hevder eksempelvis at ingen andre kan gjøre deg sint. Det er du selv som bestemmer hvordan du skal reagere. Dette er tanker vi finner igjen i mye av selvutviklingslitteraturen med røtter i kognitiv psykologi. Dalai

Lama hevder at uansett hvor sterke og overbevisende negative følelser er i «kampens hete», så representerer de ikke en naturlig tilstand. Disse følelsene er forvrengninger som hindrer oss i å se virkeligheten slik den er. Dersom du har sagt ting du ikke mener i en krangel, og deretter har følt både skyld og skam, kan det hende du forstår Dalai Lama sitt poeng.

Når vi opplever positive følelser, er vi derimot mer i pakt med «universets egentlige natur» (Dalai Lama sitt språk), og tettere på den emosjonelle tilstanden vi potensielt sett kan oppnå på permanent basis. I et selvutviklingsperspektiv sier Dalai Lama at alle følelser «vokser» i størrelse og makt når de aktiveres ofte. Her er Dalai Lama altså på linje med nevropsykologien som poengterer at hjernen er plastisk og utvikler seg i takt med måten den brukes på. I alle sine bøker anbefaler han oss å kultivere positive følelser regelmessig, og la dette bli en «hverdagslig vane» på linje med andre ting vi gjør hver dag (Dalai Lama & Cutler, 2014).

I den Vestlige psykologien har man en litt annen innfallsvinkel til følelser. Her betrakter man følelser som et slags kompass i møte med livet. Alle følelser er viktige, men av og til ute av kurs, og det er da de blir destruktive. I den buddhistiske filosofien har man flere metoder som blant annet sikter på å «tilintetgjøre» de destruktive følelsene. Man kan avsløre de som tomme, eller man kan meditere så mye på positive følelser at det ikke blir plass til destruktive følelser. Å kultivere medfølelse ved hjelp av meditasjon, kan for eksempel være en motgift mot hat, sjalusi og misunnelse.

I den buddhistiske læren ser man gjerne på hvordan destruktive og konstruktive følelser opptrer som hverandres motpoler. Et eksempel er hat og altruisme. Hat representerer et ønske om å skade en annen, mens altruisme er et uselvisk ønske om andres ve og vel. Det er selvfølgelig mulig å svinge mellom hat og kjærlighet, men poenget i buddhismen er at de to følelsene ikke kan være til stede samtidig knyttet til samme person eller gjenstand. Av den grunn tenker man seg at evnen til å oppøve kjærlighet og medfølelse vil fordrive irritasjon, misnøye og antipati, som er noen av disse følelsenes motsetning.

## Medfølelse er medisin for sjelen

I den tradisjonelle «Vestlige psykologien» tenker man seg altså at mennesket er utstyrt med omtrent 12 grunnfølelser, og mange av disse følelsene har et negativt fortegn. Når livet handler om å gjøre sine plikter for å tilkjempe seg flest mulig fordeler, lever vi ofte på en anstrengt måte preget av stress, konkurranse og smålighet. Slike følelser sliter på oss både fysisk og psykisk, og det tapper oss for energi og livsglede. De Østlige visdomstradisjonene mener følgelig at medfølelse er den mest potente medisin man kan ta mot depresjon, stress og indre uro.

*Emosjonell intelligens er evnen til å oppfatte egne og andres følelser, skille mellom dem og bruke denne informasjonen i tenkning og handling. Hvis følelsene forstås som et slags eksistensielt navigasjonssystem, vil ekspertise på dette området være verdifullt. Det kan øke vår emosjonelle intelligens, noe som videre vil påvirke vårt forhold til oss selv og andre mennesker på en berikende måte.*

Dalai Lama (2014) anbefaler oss å meditere på medfølelse og takknemlighet. Tanken er at gode evner til medfølelse vil underminere eller «presse» destruktive følelser ut av det menneskelige sinnelag. Dalai Lama oppfordrer til fokus på medfølelse og emosjonell godhet for andre mennesker. Selv om du mister alt du eier, kan ingen ta fra deg varme følelser for andre. Dalai Lama mistet sitt land, men følte han vant hele verden på grunn av sine evner til å knytte bånd til andre mennesker. Jesus har en lignende anbefaling når han sier at vi skal be for våre fiender (også elsk dine fiender), noe som sannsynligvis er motivert av en lignende innsikt. Når man tilgir sine fiender, slipper man dem fri, og kanskje oppdager man at det var en selv som var fanget.

Et viktig poeng i denne sammenheng handler om å legge merke til hva man har til felles med andre. Noen mennesker kan fremstå som fiendtlige eller uinteresserte, men dersom vi klarer å se bak fasaden, er det sannsynlig at vi ser fellesmenneskelige følelser som frykt og usikkerhet i kombinasjon med et ønske om å bli akseptert.

Medfølelse hjelper oss å innta et større perspektiv. Det er en sympatisk følelse som assosieres med indre fred, mental balanse og generell god helse. Motsatt vil sinne, sjalusi, hovmod, forakt og lignende ha direkte helseskadelige konsekvenser. Daniel Goleman (2003) refererer til studier som antyder at «fiendtlighet» og irritasjon er blant de mest avgjørende predikatorene for hjerte- og karsykdommer.

Medfølelse handler om kapasitet for innlevelse i andre. Det betyr at vi forestiller oss hvordan det er å være en annen, og samtidig etablerer en godhet for dette menneske. Det innebærer en forståelse for at andre har problemer akkurat som oss, og noen ganger har de langt større problemer. Når vi innser dette, og kanskje tilbyr vår støtte, åpner vi oss for andre på en medfølende måte.

Noen forsøker å holde andres lidelse på avstand. Noen sier at de har altfor mye medfølelse og derfor beskytter seg mot andres smerte for å unngå å bli overveldet. Når man er i underskudd, kan det hende at man må beskytte seg, slik vi har sett i forhold til fortrengning og unnvikelse, men de som lever best, er sannsynligvis de som har stor kapasitet for medfølelse, uten at de føler seg nedtrykt av det. Å føle med en annen betyr ikke at man nødvendigvis skal overta smerten, men det er gjennom gjenkjennelsen man kan utvikle en godhet for den andre, og det er nettopp denne godheten som kan bade livet i mening.

Som terapeut kjenner jeg ofte på andres smerte, og når jeg virkelig klarer å bry meg på en genuin måte, opplever jeg det som noe av det beste livet har å tilby. Jeg er ikke glad for at andre har det vondt, men jeg blir glad for at medfølelse er en mulighet. Når man klarer å skape en bro mellom to mennesker ved hjelp av innlevelse og empati, skyves ensomheten til side. Jeg opplever at denne formen for innlevelse er helbredende i seg selv. Det er viktig at man ikke overtar den andres lidelse eller føler seg forpliktet til å «fjerne de vonde følelsene». Det er ikke min oppgave å eliminere andres vanskelige følelser, men jeg kan våge å stå ved siden av når vi undersøker dem. Når jeg fristes til å bortforklare andres følelser med optimisme eller trøstende klisjeer, forsøker jeg å påvirke noe som ligger utenfor min kontroll, og jeg risikerer å føle meg udugelig som terapeut, noe som igjen har innflytelse på min selvfølelse. Den andre kan lett føle seg misforstått eller oppleve at det han kjenner på er uakseptabelt, noe som forsterker usikkerhet og tærer på selvfølelsen. Mot til å møte egen smerte med åpenhet og aksept er mental styrke, men mot til å møte andres smerte på samme vis, er kjennetegn på en enda mer solid mentalitet.

Richard Carlson har skrevet en bestselgende selvhjelpsbok, *«Don't sweat the small stuff, and its's all small stuff»* (1997), hvor han anbefaler medfølelse på linje med Dalai Lama. Han mener også at medfølelse er noe man kan trene på. Det involverer vilje og handling. Viljen handler om at man simpelthen tillater seg å være åpent innstilt ovenfor andre. Det betyr at man utvider sin horisont og kanskje redefinerer hva som er viktig fra et litt smalere fokus på egne behov til et større fokus som involverer våre medmennesker. Handling dreier seg om hva man har tenkt å gjøre. Kanskje velger man å donere noen penger, stille seg til rådighet som samtalepartner eller forsøker å bidra så godt man kan innenfor de rammene man har tilgjengelig.

Det kan hende at man går inn for å se det gode i mennesker, og være mer raus ovenfor det som ikke er så godt. Kanskje bestemmer man seg for å smile mer til andre på gata eller uttrykke sin kjærlighet ovenfor andre litt oftere. Det trenger ikke å være noe stort. Det handler bare om at medfølelse tilfører både oss selv og andre noe verdifullt.

De menneskene som lever best, angir god livskvalitet, blir godt likt av andre og har god selvfølelse, har flere fellestrekk: Høy emosjonell intelligens og stor grad av medfølelse er blant de viktigste (Goleman 2002, 2003). Når det også viser seg at medfølelse er noe man kan trene opp, synes det å være et særdeles verdig prosjekt. Medfølelse utvikler vår opplevelse av takknemlighet ved å ta fokus bort fra alle de små tingene som de fleste av oss har lært å ta altfor seriøst.

Har medfølelse noe med selvfølelse å gjøre? Absolutt! Med god selvfølelse kommer medfølelse, og med mer medfølelse kommer bedre selvfølelse. Det er en rekke sammenhenger mellom vår evne til raushet ovenfor andre og hvordan vi har det med oss selv. Når vi fokuserer på andres ve og vel på bekostning av oss selv, kan det hende vi kompenserer for dårlig selvfølelse. Men når vi har overskudd til en genuin innlevelse i andre, fordi vi grunnleggende sett hviler i oss selv, er det et kjennetegn på en solid selvfølelse. Med dårlig selvfølelse trenger vi ofte noe fra omgivelsene for å føle oss hele, enten vi kjemper om status, penger, anerkjennelse eller andre «fordeler». I denne typen «kamper» er det mindre rom for medfølelse. Ekte medfølelse synes å forutsette god selvfølelse, og når du skal jobbe med deg selv, bør du jobbe i «begge ender» — altså både med medfølelse og selvfølelse ettersom de understøtter og forsterker hverandre.

## Øvelse 8 – Medfølelse

Mange av de store visdomstradisjonene har øvelser i medfølelse innbakt i sitt «spirituelle repertoar». I den kristne tradisjonen oppfordres man til å be for andre. Det vil si at man går bevisst inn for å tenke på andre på en godhjertet måte og ønske dem vel. Det er en god øvelse i medfølelse. Men man trenger ikke være religiøs for å kultivere en slags «åndelig medfølelse» med andre. Dersom man tar seg litt tid til å tenke over alt det man er takknemlig for, og tar en pause fra fokuset på det man mangler eller det som er feil, vil man ofte oppleve at takknemlighetsfølelsen ledsages av sympati for de som ikke har like mye. Dette kan forbli en mental øvelse, men den blir kanskje enda mer effektiv dersom man setter den ut i praksis. Det vil si at man handler på sin medfølelse ved å gjøre noe for andre. Selvutvikling er ofte assosiert med indre ro, mental balanse og mer harmoni hos en selv, men det viktigste poenget i selvutvikling er at et balansert sinn har mer å gi til andre. Kanskje noen må begynne med å ta vare på seg selv (elsk deg selv) før de kan ha fokus på medfølelse, men mange av oss kan ganske umiddelbart engasjere oss mer i andres ve og vel med gode resultater.

Hvordan den enkelte velger å utvikle sin medfølelse og godhet for andre, må bli et individuelt anliggende. Man kan melde seg inn i en idealistisk organisasjon, jobbe frivillig for de eldre, bli støttekontakt for noen som trenger det, samle inn tøy eller mat til dem som mangler midler selv, eller rett og slett bare være mer oppmerksom og interessert i de menneskene som står en nærmest. Husk at man ikke nødvendigvis er i stand til å utrette store ting, men at man kan gjøre små ting med stor kjærlighet (innsikt fra Mor Teresa). Poenget er altså å investere (mentalt) i noe som går ut over våre egne behov. Det handler om å finne mening og verdi i noe som overskrider egoismen.

Forsøk å liste opp tre ting du kan gjøre for å oppøve medfølelse med andre i den kommende uken:

1- ....................................................................................................
....................................................................................................
....................................................................................................
....................................................................................................
....................................................................................................
....................................................................................................
....................................................................................................

2- ....................................................................................................
....................................................................................................
....................................................................................................
....................................................................................................
....................................................................................................
....................................................................................................
....................................................................................................

3- ....................................................................................................
....................................................................................................
....................................................................................................
....................................................................................................
....................................................................................................
....................................................................................................
....................................................................................................

Helt overordnet sett assosieres selvutvikling med evnen til å utvide sine indre grenser og se seg selv i et stadig større perspektiv. Resultatet er at behovet for å forsvare grensene for hvem vi er blir mindre. Det betyr igjen at vi kan møte andre med større åpenhet og bifalle tilværelsen med en uhindret glød. Meditasjon og selvinnsikt kan gi mange personlige gevinster, og det er vel og bra, men jeg synes det er ennå bedre at slike øvelser kan berike andre mennesker og våre sosiale forbindelser. Rent faktisk kan et rolig og balansert menneske smitte andre med en tilsvarende ro. Med andre ord kan det øke graden av vennlighet og medfølelse. Jeg betrakter dette som et verdig argument for selvutvikling, og kanskje er det veien å gå for å bli et romsligere og bedre medmenneske?

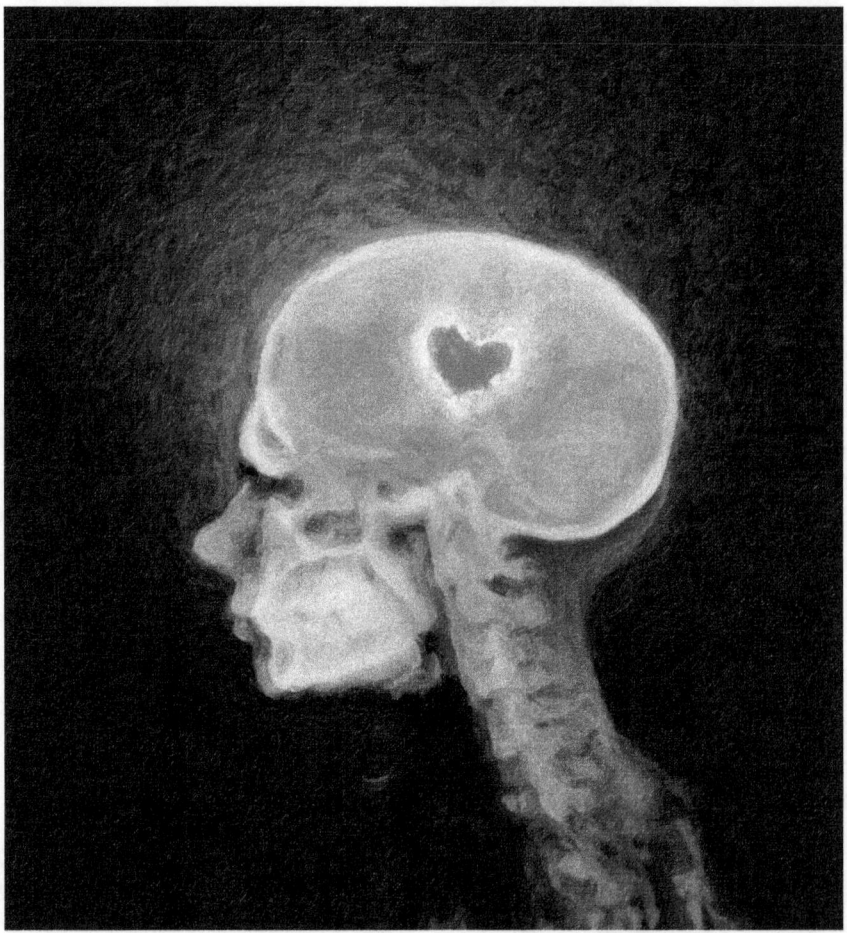

Frykt, mistenksomhet, mistillit og lav selvfølelse er bare noen av de mentale fenomenene som gjør at vi møter tilværelsen i en slags forsvarsposisjon, noe som er det motsatte av den varme man finner hos mer harmoniske mennesker. God selvfølelse betinger at man har en grunnleggende tro på seg selv og andre. I min hverdag som psykoterapeut møter jeg mange mennesker som har mye medfølelse og omsorg for andre, men mange av dem mangler omsorg for seg selv.

Elsk din neste som deg selv fremheves som et viktig prinsipp i Matteus kapittel 22. Denne oppfordringen krever altså at man elsker seg selv, noe som ikke alltid er like lett dersom man lever med en selvfølelse som ikke spiller på parti. Du trenger ikke nødvendigvis å like alt ved deg selv, men du er nødt til å akseptere det. Jeg vil påstå at selvaksept er en forutsetning for god selvfølelse, noe som også er tema for neste kapittel.

KAPITTEL 6

# Selvaksept

Selvaksept betyr at vi aksepterer det som er slik det er. Vi forholder oss realistisk til de fakta som foreligger. Å akseptere seg selv betyr ikke at man ikke kan ønske seg forandringer. Selvaksept er snarere en forutsetning for å endre på noe. Det vi ikke aksepterer, har vi ikke kontroll på, og dermed kan vi ikke forandre det. Så lenge man snur ryggen til vesentlige sider ved seg selv eller livet, kommer selvfølelsen til å lide. Man lever naivt, og da er det umulig å stole på seg selv.

## Sjokk i gruppeterapi

I 2006 begynte jeg på en videreutdannelse i gruppepsykoterapi. På den tiden var jeg 27 år, nyutdannet, og ganske usikker på meg selv. På institutt for gruppeanalyse skulle vi lære å drive gruppeterapi, og en stor del av programmet handlet om å gå i terapi selv. Jeg satt i gruppe med åtte andre helsearbeidere, og gruppen ble ledet av en erfaren og særdeles dyktig psykiater. Den første tiden fikk jeg lite ut av gruppeterapi, og jeg skjønner i etterkant at problemet lå hos meg. Jeg var mest opptatt av å bli likt av de andre i gruppa, og dermed presenterte jeg først og fremst mitt «sosiale selv». Jeg hadde et stort behov for å kontrollere hvordan de andre oppfattet meg, noe som gjorde at jeg ikke snakket fritt, men taktisk. Jeg la ut om mine problemer på en måte som sørget for at jeg virket noenlunde sympatisk. Etter noen få sesjoner tror jeg at de fleste i gruppa likte meg, og jeg hadde nådd mitt mål, men jeg hadde lært lite nytt om meg selv. Jeg hadde lært at jeg kan bli likt dersom jeg går inn for det, men det var egentlig ikke så interessant.

Langsomt forstod jeg at gruppeterapi hadde liten hensikt dersom jeg kun holdt meg til et slags «sosialt spill» hvor jeg kunne reglene ganske godt fra før. Jeg var nødt til å gi slipp på kontrollen for å få mer innsikt i den jeg var, bak den sosiale fasaden. Det var skummelt og vanskelig. Jeg forsøkte å uttrykke meg mer spontant, ikke være så politisk korrekt, og resultatet var smertefullt.

Fra å være den som ble ganske godt likt, var det plutselig flere som mente jeg fremstod som arrogant. Jeg fikk lyst til å svare at *«ingen opplever meg som arrogant!»*, men før jeg fikk sagt den setningen, forstod jeg at den bekreftet det motsatte. I det øyeblikket var det vondt å jobbe med seg selv. Arroganse er noe jeg ikke vil identifisere meg med. I det jeg konfronteres med min egen arroganse, kan jeg velge å avvise det, eller akseptere det som en del av meg selv, som jeg bør undersøke nærmere.

De neste månedene i gruppeterapi var ubehagelige og lærerike. Til å begynne med brukte jeg en del tid på bortforklaringer, men det var nyttesløst. Jeg forstod at jeg var nødt til å akseptere sider ved meg selv som ikke var spesielt tiltalende. Jeg vil ikke komme dypere inn i meg selv dersom jeg nekter å se på mine dårligere egenskaper. Det vi ikke vil se på, kan vi ikke forstå, og det vi ikke kan forstå, kan vi ikke forandre. Overskriften på mitt første år i gruppeterapi ble «selvaksept».

I de første kapitlene om følelser snakket jeg om psykiske forsvarsmekanismer og fortrengning. Når vi unngår psykisk ubehag fordi det oppleves overveldende, ubeleilig og krevende, kan det være fristende å «late som om det ikke eksisterer», snu seg vekk, gjøre noe annet eller drikke alkohol for å utsette eller dempe den «sjelelige smerten». Noen ganger gjør vi dette som en bevisst unnvikelsesmanøver, mens andre ganger vil det psykiske forsvaret spille inn og sørge for at ubehaget henvises til ubevisste avkroker i vårt psykologiske liv. I noen tilfeller er det helt nødvendig for å unngå psykisk sammenbrudd, men veldig ofte snur vi ryggen til trivialiteter eller mindre livskriser og ubehageligheter vi burde møtt ansikt til ansikt. Poenget er at vi ikke aksepterer det som faktisk er, men snarere tillater en frynsete logikk som sier at det vi ikke kan se, heller ikke eksisterer. Dette forringer vår evne til å forvalte vårt liv, noe som videre ødelegger vår selvfølelse. I de neste avsnittene skal vi se på forholdet mellom aksept og selvfølelse.

## Mennesket som en «psykologisk robot»

Kanskje tenker du at du lever realistisk og er relativt kompromissløs i møte med livet, men langt de fleste av oss er også styrt av ubevisste krefter og psykiske forsvarsmekanismer, som underslår enkelte ubehagelige erkjennelser eller følelser som ligger over terskelverdien for det vi makter å ta innover oss.

*Vi går mye på autopilot og gjentar vaner for tenkning, følelser og relasjoner, og vi gjør det vi tidligere har gjort i livene våre. Vi er «vanedyr», noe som gir oss trygghet og forutsigbarhet, men det kan også hindre vekst og utvikling. I verste fall gjentar vi fortidens tabber gang på gang, eller vi lever et liv langt under vårt egentlige potensial. Selvutvikling kan handle om å skru av den «psykologiske autopiloten», og deretter oppdatere det psykiske operativsystemet til en versjon som tjener oss bedre.*

Metastudier antyder at 95 % av det som besluttes i hjernen er ubevisst, noe som betyr at store deler av livet er diktert av «psykisk automatikk» (Bargh & Cartrand, 1999). Vi er ikke nødvendigvis bevisst hva som foregår i vårt eget psykiske liv, noe som gjør oss sårbare for gjentakelse av gamle uvaner, bekymringstanker som stadig repeterer seg og ubegrunnede følelser som signaliserer frykt og usikkerhet i situasjoner som egentlig ikke er farlige. Våre handlinger kan være begrunnet av mentale prosesser vi ikke kjenner til, og det kan skape en litt diffus forvirring som kan få oss til å tvile, spesielt i relasjon til andre mennesker.

Vi tenker at vi er frie individer som utøver vår vilje i kraft av rasjonelle overveielser, men faktum er at vi langt på vei er styrt av «mentale skjemaer» som opererer utenfor vår bevisste oppmerksomhet. Desto mer vi lever i pakt med ubevisst «mental mekanikk», jo mindre kontroll har vi på vår egen livsførsel. Desto mindre kontroll vi har på egne følelser, tanker og handlinger, jo lavere selvfølelse har vi.

Hadde ikke noen gjort meg oppmerksom på min arroganse, hadde jeg ikke begynt å studere denne siden ved meg selv. Utenfor orakelet i Delfi stod det *«kjenn deg selv»*, og jeg tror det er et godt råd. Uten kjennskap til egne karaktertrekk, kan man bli ganske forvirret når andre trekker seg unna, reagerer negativt, overser oss eller idealiserer oss. Etter flere år med selvransakelse, vet jeg litt mer om mine egne tendenser. Når andre mennesker reagerer negativt på meg, har det blitt litt lettere å se etter årsaker i meg selv, istedenfor å dømme den andre.

## Å leve bevisst

Essensen av å leve bevisst handler altså om respekt for fakta og virkeligheten, og det er her selvaksept kommer inn som den ultimate testen. Nathaniel Branden poengterer at mange kan akseptere mye, men når faktaene vi må akseptere handler om oss selv, kan det plutselig bli veldig vanskelig å leve bevisst. Dette oppsummerer mine egne erfaringer fra gruppeterapi.

Selvaksept betyr at vi forholder oss til våre opplevelser på en åpen og nysgjerrige måte, uavhengig av hvorvidt vi liker eller ikke liker opplevelsene. Selvaksept betyr ikke at vi skal leve uten et ønske om å forandre eller forbedre oss. Sannheten er at selvaksept er forutsetningen for forandring. Dersom vi aksepterer den vi er, slik vi er, hele tiden, lever vi i pakt med virkeligheten. Det er først når vi våger å se oss selv for den vi er, at vi kan gjøre en reell forandring. Motsatt lever vi ofte med ulike former for benektelse som krever at vi hele tiden må holde vår oppmerksomhet unna visse aspekter ved oss selv og livet, noe som kan gjøre livet mer bekvemt. Det krever imidlertid mye mental energi og det sørger for at vi lever på falske premisser. Når vi ikke aksepterer ting slik de er, ser vi dem ikke, og da kan vi umulig forandre dem. For å gjøre dette poenget tydeligere, må vi gå til den konkrete øvelsen som nettopp handler om selvaksept.

## Øvelse 9 – Stå naken foran speilet

Denne øvelsen er beskrevet av Nathaniel Branden (1988, pp. 45-47). Den er ganske enkel, mange vil oppleve den som sær, men den er forbløffende virkningsfull. Stå foran et speil som reflekterer deg i helfigur (fortrinnsvis naken). Du skal nå se på deg selv og legge merke til følelsene dine når du gransker ulike deler av kroppen. Sannsynligvis vil du like enkelte deler av deg selv bedre enn andre. Dersom du ligner «folk flest», vil det være deler av kroppen din du synes det er vanskelig å se på fordi du er misfornøyd. Kanskje ser du en smerte du ikke vil konfrontere i et ansiktstrekk. Kanskje er det en del av kroppen du nesten ikke orker å se på fordi du vemmes av misnøye. Kanskje ser du tegn på alderdom, og kanskje disse tegnene skremmer deg, eller minner deg på døden, slik at du må vike med blikket. Når vi ser noe vi ikke liker, er flukt den naturlige responsen. Vi ønsker oss vekk fra ubehaget, avviser det eller later som om det ikke eksisterer. Strategien er unnvikelse, som om «ute av syne er ute av sinn» (se kapittel 2), men dessverre er det nettopp denne tendensen som gradvis gir oss et forkrøplet og tiltagende anstrengt forhold til virkeligheten.

Din oppgave i møte med eget speilbilde er å forbli fokusert. Ikke ta blikket vekk. Ikke bli et offer for impulsene som lokker med umiddelbar lettelse, for på sikt vil din ettergivenhet tvinge deg til et liv på falske premisser, og det kommer unektelig til å koste deg en stor porsjon selvfølelse. Bli stående foran speilet. Se på deg selv og på den delen av kroppen du er minst fornøyd med. Nå skal du si følgende setning til deg selv: *«Uansett om jeg ikke er perfekt, aksepterer jeg det jeg ser fullt og helt.»* Trekk pusten dypt og gjenta denne setningen i 1-2 minutter. Ikke forsøk å bli fort ferdig, men behold et stødig fokus og gjenta setningen i rolig tempo. Kjenn etter på det du sier. Absorber betydningen av det du sier til deg selv. Kanskje vil du protestere og si at *«jeg aksepterer jo ikke det jeg ser!»* *«Hvordan kan jeg akseptere noe jeg ikke liker ved meg selv?»* Denne typen innvendinger må korrigeres. Å akseptere noe betyr ikke at vi liker det. Aksept utelukker ikke et ønske om forandring. Det betyr simpelthen at vi opplever oss selv slik vi er, uten fornektelser og unnvikelser, og forholder oss til fakta som fakta. Her innebærer det at ansiktet og kroppen du ser i speilet, er ditt ansikt og din kropp, verken mer eller mindre. Dersom du holder et fast fokus, tviholder på virkeligheten og gir deg selv hen til bevisst oppmerksomhet på det som faktisk er (som er selve betydningen av aksept), kan det hende at du gradvis klarer å slappe litt mer av, føle deg litt mer komfortabel med deg selv og kanskje litt mer «virkelig».

Selv om du ikke nødvendigvis liker alt det du ser i speilet, klarer du likevel å si *«Det er meg slik jeg er nå. Det er et faktum jeg ikke benekter. Jeg aksepterer at det er meg»*. Slik utviser du respekt for virkeligheten. Gjør denne øvelsen 2 minutter om morgenen og 2 minutter om kvelden. Etter ganske kort tid vil du erfare den tette forbindelsen mellom selv-aksept og selv-følelse. Et sinn som anerkjenner det som faktisk er, anerkjenner seg selv.

Gjennom denne øvelsen vil du gradvis opparbeide deg et mer harmonisk forhold til deg selv. Det vil i neste omgang medføre økt selvtillit og selvrespekt. Og dersom du mener det er aspekter ved deg selv som du er misfornøyd med, og som er i din makt å endre, vil du være mer motivert for å gjennomføre slike endringer, ettersom du nå har akseptert de faktiske forholdene slik det er. Vi drives ikke mot endring av forhold vi benekter eller ikke aksepterer. Dette er et kjent fenomen, og det brukes kanskje mest i forhold til rusmisbruk og alkoholisme. Så lenge man ikke erkjenner at man har et problem, kan man ikke endre seg.

I kapittel 1 møtte vi Marit som drakk Cola hver dag, overspiste, følte seg mindreverdig og stilte opp for alle andre i frykt for å bli avvist eller avslørt som et mislykka menneske. Hun var redd for å dø, men levde på en måte som var svært helseskadelig. Da jeg ba henne om å stå foran speilet og se på seg selv hver morgen, ble hun sint. Hun syntes det var uforskammet av meg å be henne om noe slikt. Jeg mente at hun var nødt til å akseptere de faktiske forholdene. Hun var nødt til å akseptere en fortid hvor hun manglet den omsorgen ethvert barn har rett til. Hun måtte innse at hun var like verdifull som alle andre, selv om hun levde et liv på en bølge av skam som overbeviste henne om det motsatte, og hun måtte akseptere at hun drakk så mye Cola at hun var i ferd med å pådra seg alvorlige sykdommer. Marit hatet refleksjonen av seg selv i speilet, og hun beskrev denne øvelsen som ren tortur, men hun hadde bestemt seg for å skape endringer i eget liv, og siden jeg mente at dette var en god idé, gjennomførte hun øvelsen. Etter noen måneder skjedde det en del endringer.

Når vi misliker oss selv, eller deler av oss selv, er vi inne i en ond spiral. Å ha en vennlig, åpen, raus og anerkjennende innstilling til seg selv, er helt avgjørende for å skape forandring. Selvhat er blant de faktorene som mest effektivt opprettholder et negativt mønster. Man må gå inn for å akseptere seg selv, like seg selv og på en slik plattform er alt mulig. Som nevnt betyr ikke aksept at vi ikke ønsker forandring på enkelte områder. Det betyr bare at vi forholder oss realistisk til det som er.

Selv om denne øvelsen handlet om å se seg selv i speilet, er det ikke slik at vår selvfølelse er betinget av vårt utseende, noe som er en naiv forestilling man lett kan få, men vår vilje eller uvilje til å se og akseptere oss selv, har dyptgripende konsekvenser for selvfølelsen. Meditasjon og mindfulness er på mange måter en øvelse som nettopp handler om aksept. Det handler om å akseptere det som er, akkurat slik det er, uten å være fordømmende. I det neste kapittelet skal vi kort se på hva de Østlige visdomstradisjonene forteller oss om aksept, oppmerksomhet og nærvær i forhold til selvfølelse.

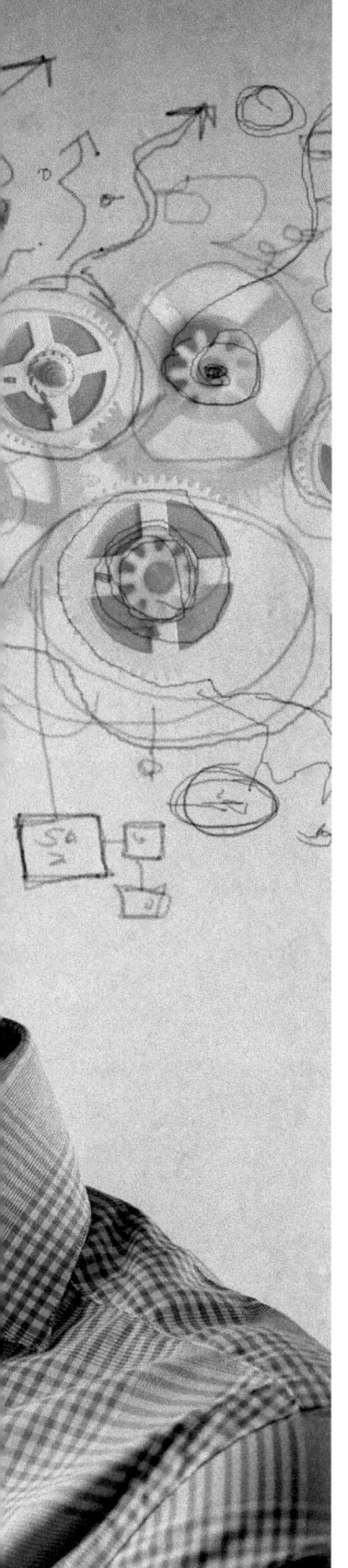

## KAPITTEL 7

# Meditasjon og Oppmerksomhetstrening

Mindfulness meditasjon er et stort begrep som rommer en rekke ulike aspekter. Noen sier at det er summen av buddhistisk meditasjon, og noen beskriver det som en slags holdning til livet «Mindlessness» er det motsatte av mindfulness. I en «mindlessness-modus» er vi på autopilot og styrt av ubevisste krefter. Vi legger ikke merke til hvordan vi tolker informasjon, eller hvilke stilltiende resonnementer som ligger bak våre tanker, følelser og handlinger. De fleste av oss er fanget av mer eller mindre fastlåste kategorier som bestemmer hvordan vi forstår oss selv, opplever tilværelser og håndterer utfordringer. Alt for mange mennesker er fanget i ganske snevre livsmønster som hindrer oss i å nå vårt egentlige potensial. Mindfulness er det motsatte av dette. Mindfulness gir oss større kontroll over livet fordi vi er mer oppmerksomme på hvordan «psykisk automatikk» styrer oss. Vi evner å lage større kategorier, se ting med «friske øyne» og forholde oss til nye utfordringer uten å være lenket til gamle handlingsmønstre. Mindfulness handler om å være oppmerksomt til stede i det som foregår i øyeblikket.

## I møte med kritikk

Også dette kapittelet begynner med et eksempel fra hverdagen. Her skal vi møte Kari som ble kritisert av lederen sin for en feil på jobben. Hun reagerer med å bli lei seg og innesluttet. Hun begynner å si til seg selv at hun er ubrukelig fordi hun gjør for mange feil. Hun husker at dette har vært et problem siden barndommen. Når hun tenker seg om, har det vært noe feil med henne nesten hele livet. Hun bærer sin smerte over feilen og følelsen av å være inkompetent med seg hjem, og mot kvelden blir det vanskelig å sove. Hun ser en konfekteske og kaster seg over den. Hun prøver å gråte, men også det er vanskelig. Hun husker alle tidligere ganger hun er blitt hengt ut på grunn av feil, og kritiserer seg selv voldsomt. Neste morgen har hun ikke lyst til å gå på jobben, hun har faktisk ikke lyst til å stå opp. Hennes tankerekker har spunnet seg inn i et negativt mønster som angriper selvfølelsen.

Dersom Kari kunne se objektivt på situasjonen, ville hun muligens oppdage at feilen skyldes manglende planlegging, eller for liten tid til å dobbeltsjekke arbeidet. Hun ville også oppdage at hun ganske umiddelbart tar skylden på egne skuldre. Hun antar automatisk at hun er skyldig fordi hun ikke er flink nok, men hun undersøker sjelden eller aldri om det finnes løsninger som kan hjelpe henne i arbeidet. På sett og vis er hun ganske passiv i det hun godtar at feilene er en følge av hennes egen udugelighet, og hun gjør få forsøk på å skape en positiv endring eller gjenvinne mestring. Den negative tankegangen påvirker alle aspekter av livet, og drar henne dypere ned i et dragsug av selvhat. Hun kan ikke snakke med familien sin om det, fordi hun går ut fra at de vil være kritiske, og det makter hun ikke å forholde seg til. Enda mer kritikk er som å spytte i den samme selvhatsbøssa som Kari selv spytter i. Hun har ingen venner å støtte seg til, hun strever med å skaffe seg venner. Innerst inne har hun liten tro på at noen vil være sammen med henne, og derfor holder hun avstand.

Et objektivt blikk på egen situasjon hadde avslørt mye av Karis nedsettende tankemønster. Det kunne også hjulpet henne mot bedre resultater i hverdagen, ettersom det i høy grad er hennes egen negative selvfølelse som hemmer utvikling og undergraver hennes egentlige potensial. Gjennom et mer objektivt blikk (se seg selv utenfra) ville hun skjønne at hennes følelsesmessige reaksjoner sannsynligvis bunner i opplevelser fra barndommen hvor hun stadig ble anklaget for småfeil. Hun ville forstå at hun har tatt til seg en holdning hvor hun umiddelbart antar at det er hennes skyld. Hun har vokst opp med skyldfølelsen og klarer ikke å se at feil kan rettes opp eller unngås. Kritikken fra barndommen har ført til at hun ser på seg selv som en stor feil. Som alle andre er Kari et produkt av sine erfaringer og sin oppvekst. Her har hennes selvbilde blitt dannet i kontakt med omsorgspersoner og nærmiljøet, og da de ofte har fortalt henne at hun ikke er god nok, har hun etter hvert trodd på dette, og det har blitt en del av hennes identitet. Slik har hun blitt både sårbar og usikker, noe som påvirker hennes innsats på jobb, og det hemmer henne i sosiale sammenhenger. Hvordan vi påvirkes av vår fortid er et tema som behandles mer inngående i kapittel 9.

I løpet av den siste tiden har Kari også utviklet kraftig hodepine, og føler seg ofte sentimental uten grunn. Matvanene er uregelmessige, og hun setter seg selv i situasjoner hvor hun fråtser. Hun er ikke i stand til å huske en opplevelse i livet som fikk henne til å føle seg lykkelig.

## Mindfulness meditasjon

Gjennom livet støter man på negative kommentarer, man mislykkes og mottar kritikk. I slike situasjoner er de fleste av oss sårbare fordi vi har en sterk tendens til å identifisere oss med det andre sier, og deretter farges vår egen selvfølelse av andres meninger. I tillegg har vi en sterk tendens til å identifisere oss med egne tanker og følelser. Dersom våre tanker infiseres av negativitet, infiseres på sett og vis hele livet. Å si at depresjon er en sykdom i tanken, er kanskje en grov forenkling, men hvis det likevel representerer et snev av sannhet, bør vi ta konsekvensen av det.

Meditasjonsteknikker fra de Østlige visdomstradisjonene kan hjelpe oss med denne typen problematikk. I dag er det ofte mindfulness vi bruker som et slags samlebegrep på denne typen teknikker. Mindfulness kan beskrives som en ikke dømmende oppmerksomhet med fokus på nået der enhver tanke, enhver følelse og ethvert sanseinntrykk blir akseptert nøyaktig slik det er. Resultatet er at vi frigjør oss fra våre tidligere erfaringer og gamle vaner.

Når man stirrer opp på himmelen, og ser skyene flyte forbi, er det som regel åpenbart at man ikke er skyene, men den som ser på skyene. Med andre ord er vi ikke skyene, men vitne til skyene. Med en tilsvarende holdning oppfordres man til å se sine egne tanker og følelser flyte forbi i bevisstheten. Det er på mange måter essensen av det man kaller oppmerksomhetsmeditasjon, som også er en sentral del av mindfulness.

Man skal forholde seg så nøytral som mulig som observatør til det «psykologiske drama» som utspiller seg i «bevissthetens teater». På den måten skal man klare å beholde en indre ro, selv om tankene hele tiden forsøker å anspore oss til handling, frykt, bekymring og så videre. Man skal se på tanker og følelser uten å reagere, vurdere eller tilskrive tankegodset en bestemt verdi. På himmelen kan skyene være lette og lyse eller tunge og mørke. I bevissheten har vi både dystre og lettsindige tanker, men vi er verken skyene på himmelen eller tankene i vårt hode. Både skyene og tankene er noe som glir forbi i vår oppmerksomhet, og vi skal hvile som et vitne til det som kommer og går. Kort sagt er dette mye av essensen i meditativ praksis, og samtidig en sentral del av det terapeutiske elementet i Østlige visdomstradisjoner.

Meditasjon er både enkelt og veldig vanskelig. Det handler mye om å være til stede i øyeblikket. Det kalles også oppmerksomt nærvær. Denne formen for nærvær kan fungere som en motgift mot stress og galopperende tanker. Tankene våre har nemlig en lei tendens til å flytte oss frem og tilbake i tid. Mange tenderer til å bekymre seg for ting i fremtiden, eller plages av vonde minner fra fortiden. Tankene tar oss med andre ord bort fra øyeblikket. Vi går til en viss grad glipp av livet her og nå. For å komme tilbake til øyeblikket, vil en del typer meditasjon fokusere på pusten i det den kommer ned i lungene for deretter å forlate kroppen. Poenget med pusten er at den alltid er her-og-nå, og dermed kan pusten brukes som en slags inngangsport til øyeblikket. Hensikten er å skape en tiltrengt avstand til mental støy gjennom en radikal aksept av tanker og følelser, og en erkjennelse av at man ikke er sine tanker og følelser. Tankegods og følelser kan ikke definere vårt «sanne selv». Det er noe de fleste av oss kan forstå intellektuelt sett, men det må erfares for å få betydning. I meditasjon kultiveres en slags opplevelse av at vår verdi ligger dypere enn den selvkritikken vi baler med i det impulsive hverdagslivet. I kapittel 1 under avsnittet om skam, ble det nevnt at alle de store visdomstradisjonene prøver å fortelle oss at mennesker er like verdifulle uansett. Og det er noe vi kan mene og forstå med fornuften, men likevel føler vi oss ofte mindreverdige. Det betyr at vi har misforstått noe helt sentralt ved det å være menneske, samtidig som det viser oss at det er stor forskjell på å forstå noe intellektuelt og virkelig erfare det.

I meditasjon føres hele kroppen inn i en tilstand av fred, og personen vil gradvis oppnå en tilstand av indre ro. Noen mennesker kan oppleve hodepine i startfasen, men denne vil som regel forsvinne ganske raskt. Noen vil også oppleve øyeblikk av katarsis i oppstarten av en meditasjonsøkt. Katarsis er et veldig omdiskutert begrep med litt forskjellig betydningsinnhold. Men i denne sammenhengen refererer katarsis til et ganske spontant følelsesmessig klimaks eller sammenbrudd som består av en overveldende følelse, det være seg følelsen av sorg, empati, glede eller noe annet. Dette emosjonelle topp-punktet etterfølges gjerne av en følelse av fornyelse og et nytt liv. Dog er det langt i fra alle som har en slik opplevelse med meditasjon.

*Mindfulness meditasjon representerer øvelser hvor vi trener vår oppmerksomhet. På sikt kan denne typen mentale teknikker gjøre oss mer åpen for nye ting, mer nysgjerrige, øke vår kapasitet til å redefinere våre synspunkter, ta til oss nye innfallsvinkler og styrke vår evne til å se dagligdagse problemer og gjøremål i et større og bevisst valgt perspektiv. Det vil si øvelser hvor vi bevisst trener opp «psykens fleksibilitet» slik at vi ikke blir låst fast i rigide livsmønster og lar oss fange og overvelde av destruktive følelser.*

Andre kan føle at meditasjon kan fremkalle kløe over hele kroppen, noe som kan virke ubehagelig og forårsake at folk gir opp meditasjon og antar at det ikke passer for dem. For å dra nytte av meditasjonens effekter, må man derfor være ganske iherdig i starten før man mestrer denne kroppslige og mentale disiplinen. I de fleste tilfeller vil symptomer på ubehag forsvinne når personen forstår essensen av meditasjon og klarer å utøve denne praksisen på riktig måte. Gjennom meditasjon vil personen finne en kilde til fred og skape seg et rom i hverdagen hvor det er mulig å omsluttes av en befriende indre ro.

## Meditasjon mot tungsinn

De fleste av oss foretrekker å holde oss opptatt med aktiviteter som tillater oss å drukne tidligere minner, ubehagelige følelser og psykologisk ubehag. De fleste mennesker lever et liv hvor de lar psyken «skravle» i et slags panisk forsøk på unngåelse av psykisk ubehag, men faktum er at nettopp denne «skravlingen» eller dette «tankekjøret» er det som skaper mentale spenninger, en anstrengt livsførsel og psykisk utmattelse. På sett og vis fungerer den indre «skravlingen» som mental støy og det blir en agent for en uheldig selvfornektelse. Når vi mediterer kommer våre følelser og tanker til syne. For å lykkes i den meditative prosessen er det helt avgjørende at vi ikke «tar stilling» til de tankene og følelsene som dukker opp. Poenget er å la det komme, uten å henfalle til bekymring eller intellektuell problemløsning. Problemløsning er ikke ro, og meditasjon handler om å ikke la seg affisere av det som dukker opp i vår bevissthet. Vi skal isteden sette oss i posisjonen som observatør til våre tanker og følelser. Dersom vi klarer dette, vil vi unngå den urolige aktiveringen som skaper stress og jag i hverdagen.

*Mindfulness handler ikke om å slutte å tenke, føle svakere eller «romme fra virkeligheten». Mindfulness handler om bedre kapasitet til å romme sine følelser uten å lammes av «emosjonelt trykk». Gjennom oppmerksom tilstedeværelse i eget liv reduseres unødvendig «tankekjør» som skaper stress. Det viser oss at det er mulig å leve på et slags bakteppe av indre stillhet. Man må altså ikke misforstå verken mindfulness meditasjon eller psykoterapi som strategier hvor man forsøker å fri seg fra sterke følelser eller unngå å tenke. Det er tvert imot. Både meditasjon og flere former for psykoterapi handler om å skape så stort rom i seg selv at man kan føle til det fulle, uten å overmannes eller gå til grunne, men snarere oppleve en helt ny form for livsbevissthet.*

Meditasjon betyr ikke at vi skal slutte å bry oss om «virkeligheten», men øvelsene er ment som en frigjørende pause hvor vi gjenoppretter mental balanse og indre fred, noe som videre ruster oss til å takle hverdagens utfordringer med større ro og dermed høyere grad av kontroll og mestringsfølelse. Du skal altså ikke handle på følelsene eller tankene, men observere dem som om de var et tog som kjører forbi på din indre arena. Når man mestrer denne teknikken, har man en verdifull kilde til balanse i eget liv. Dette kan være et svært viktig redskap i kampen mot stress, angst og ikke minst lav selvfølelse.

I Karis tilfelle vil meditasjon sannsynligvis virke på det fysiske ubehaget hun står overfor, og kanskje hjelpe henne med å dempe usikkerheten som hemmer henne i hverdagen. Dersom hun kan etablere litt mer ro og indre styrke, vil hun kanskje komme til å gjøre en bedre jobb og samtidig bli litt mer robust i forhold til negative kommentarer fra andre. Hun introduseres for ideen om at hun er en verdifull person, og oppdager gjennom iherdig innsats at psyken sakte men sikkert åpner seg for en tilstand av selvaksept.

Innenfor meditasjon finnes det mange nivåer og stadier man kan tilstrebe gjennom langvarig trening. Når det gjelder Kari, burde hun nok ikke bevege seg mot faser av dyp meditasjon foreløpig. Før man tar meditasjonspraksis opp på et «profesjonelt» nivå bør man sørge for å være såpass selvbevisst at man ikke lar mismotet i hverdagslige situasjoner ta overhånd. Meditasjonsprosessen virker i takt med personens grad av selvaksept og åpenhet. Hun vil sakte men sikkert bli klar over at hun har kontroll over egen konsentrasjon og selvbeherskelse, og at hennes evner og kompetanse kan forbedres ved hjelp av egeninnsats.

## Å være til stede i nuet

Mindfulness handler om at man er til stede i det man gjør. Man har bevisstheten mot det man gjør i nået, og sine indre tilstander (tanker og følelser) i nået. Å gjøre dagligdagse aktiviteter i en «mindful-modus» kan være en god trening i å øke bevisstheten. For eksempel kan man legge merke til følelsen i kroppen da man går opp en trapp. Man kan fokusere på hvordan det kjennes ut å vaske opp, vaske hendene eller å dusje. Når man går, så går man. Legg merke til hvert skritt. Og når du spiser, smak på maten. Når du løfter et glass vann, vær til stede i hevingen av glasset, ikke beveg deg frem i tid til du allerede har fått vannet i munnen. Mange mennesker lever i en slags ubevisst sfære hvor de nærmest går glipp av livet. De kan ikke redegjøre for sanseopplevelser eller forskjeller i kroppen eller psyke fra det ene tidspunktet til det andre. De lever i en slags tåke uten å være nærværende. Dette er kanskje typisk for det moderne mennesket som er på jakt etter noe mer eller noe annet, og på mange måter fraröver det oss selve livet.

Både meditasjon og psykoterapi handler om å skape en avstand til negative tanker og følelser som binder oss til livet på en smertefull måte. Når man forstår at man ikke er sine tanker og følelser, ikke lar seg diktere eller bedras av negativt tankegods, vinner man en helt ny «psykisk fleksibilitet» som åpner for livsprosjekter forankret i indre ro og grunnleggende trygghet. Sannsynligvis er det den beste medisinen mot indre uro og lav selvfølelse.

Vi mennesker har tanker og følelser, men vi er ikke disse tankene og følelsene. Tanker og følelser kan påføre oss mye smerte. Vi identifiserer oss med tankene og tror at vi er tankene. Vi lager oss historier om oss selv, vår fortid og om hvem vi er. Dette kalles å være «lost in mind», og det er blant selvfølelsens verste fiender. Gjennom å være bevisst, og gjennom meditasjon, vil man kunne øke sin kontakt med hvem man egentlig er, og kunne observere tanker og følelser mer på avstand. På denne måten vil man kunne få mer fred og bli mer forankret i seg selv. Legger man merke til at man er «lost in mind» igjen, så er det viktig å ikke dømme seg selv for hardt, men akseptere det. Legg bare merke til at det skjedde, og bruk det som en måte til å bli bevisst igjen. Det handler ofte om å være nærværende og bevisst uten å dømme eller anspores til bekymring eller umiddelbar handling.

Å være bevisst vil si at man er tilstede i nået, og legger merke til hva som skjer på et ytre og et indre nivå. Det vil si at man skal kjenne etter hvordan man har det. Og det kan man selvsagt bare gjøre i nået. Dette må man gjøre gjennom sansning og ikke tenkning. Som tidligere nevnt er det en stor forskjell på å vite noe om seg selv, og å kjenne på seg selv i nået. Man kan vite mye om honning, men man har ikke kjent på det før man har smakt det (Tolle, 2006). Jeg foreslår for folk at de kan se seg selv som bevissthet, og ikke identifisere seg så mye med tankene sine; Tanker om at man er kroppen, at man er det man eier eller at man er det man gjør. Man er heller bevisstheten. Andre måter å si det på er at man er stillheten og rommet som alt skjer i.

## Du har alltid nok tid

Noen opplever hverdagslivets mas som en evinnelig karusell av krav og gjøremål. Mindfulness lærer oss at opplevelsen av livet som et anstrengt pliktløp handler om en grunnleggende misforståelse. Denne misforståelsen er enkel og komplisert på samme tid. Det handler om mangel på aksept for det som faktisk er her og nå. Aksept og tilstedeværelse her og nå fungerer som en slags motgift mot stress. Mange opplever at de har kronisk dårlig tid. Det er en farlig fallgruve som sørger for at vi lever livet som utålmodige. Utålmodighet er en slags selvstraffende holdning som skaper stress, misnøye og frykt. Man er alltid redd for å komme for sent til livet, og på den måten går man glipp av de verdifulle øyeblikkene som alltid oppstår her-og-nå.

*Desto mer tålmodig du er, desto mer aksept vil du ha for det som er, istedenfor å insistere på at livet skal være akkurat slik du ønsker at det skal være. Tålmodighet kan øke vår livskvalitet dramatisk.*

Tålmodighet er tett forbundet med psykisk helse. Nesten alle de store visdomstradisjonene ber oss om å være tålmodige. I meditasjon er det vanlig at man blir oppfordret til å akseptere situasjonen sånn som den er. Vi skal stoppe opp, observere det som er, akseptere det som er og deretter la det gå. Vi skal hvile som en nøytral observatør til det som skjer på innsiden og på utsiden av oss selv. I meditasjon er dette en vesentlig del av praksisen, og det handler om at mennesket må trene på aksept fordi det unektelig er en avgjørende faktor i god livskvalitet. Desto mer tålmodig du er, jo mer toleranse og aksept vil du ha for det som er, istedenfor å insistere på at livet skal være akkurat slik du ønsker at det skal være. Uten tålmodighet blir livet ekstremt frustrerende. Man blir lett brydd, irritert, urolig og stressa. Dette er elementer som forstyrrer eller skader selvfølelsen på sikt. Tålmodighet kan derimot tilføre en slags befriende dimensjon til livet. Tålmodighet er avgjørende for å ha indre fred og mental balanse.

*Essensen av mindfulness meditasjon er å være fullt bevisst opplevelsene våre i hvert eneste øyeblikk. Det handler om å være åpne for hva enn livet måtte tilby, og fri for dominans av vanemessige, automatiske, kognitive rutiner som ofte er målorienterte og, i en eller annen form, knyttet til ønske om at ting er annerledes enn de er.*

## Øvelse 10 — Bevisst til stede her og nå

For mange år siden hadde jeg en pasient som forstod essensen av å være bevisst til stede her og nå. Det var faktisk hun som først gjorde meg oppmerksom på dette prinsippet. Da hun kom til mitt kontor, åpnet samtalen som følger:

**Jeg:** «*Velkommen.*»
**Pasienten:** «*Takk.*»
**Jeg:** «*Hva ønsker du hjelp til?*»
**Pasienten:** «*Tja...*» Hun nøler og setter seg tilbake i stolen.
**Jeg:** «*Hva er dine utfordringer eller problemer?*»
**Pasienten:** «*Akkurat nå er det ingen problemer. Akkurat nå er det bare oss to i dette rommet. Hvis jeg skal fylle dette rommet med problemer, må jeg slippe til tankene. Tankene mine er fulle av problemer.*»
**Jeg:** «*Hvor er tankene dine nå?*»
**Pasient:** «*Det er vanskelig å si. Jeg bestemte meg for å frede dette første øyeblikket for å kjenne etter på hvordan det er å være her.*»
**Jeg:** «*Hvordan er det å være her?*»
**Pasient:** «*Fredelig... Det er fredelig fordi tankene mine ikke får lov til å forstyrre dette øyeblikket, men jeg må vel slippe dem til hvis vi skal komme noen vei...?*»
**Jeg:** «*Ja...*» Nå er det jeg som nøler.
**Pasient:** «*La oss sitte noen minutter til i fred og ro, og så kan vi slippe til den mentale støyen. Er det ok?*»
**Jeg:** «*Selvfølgelig.*»

Tenk over denne korte samtalen. Hva betyr det at vi først og fremst er bevissthet? Hvilke konsekvenser kan det ha for livet? Kan du møte din hverdag med mer oppmerksomhet? Klarer du å være mer til stede i det du gjør, og ikke alltid surfe frem og tilbake i tid på en bølge av tanker. Livet ditt er faktisk her-og-nå.

I kapittel 6 var det fokus på hvordan vi ser oss selv i speilet, men det er bare ett av flere aspekter ved selvaksept. Meditasjon handler også mye om selvaksept, og ikke minst en langt mer åpen holdning til oss selv og verden. I neste kapittel skal vi fortsette i samme spor, og nå handler det om å akseptere smerte, lidelse og ubehag, både i forhold til det psykiske og det fysiske. Det handler nok en gang om å forholde oss til livet med aksept, oppmerksomhet og mot til å møte virkeligheten slik den er, både på godt og ondt. Å stikke hodet i sanden er sjelden en god strategi.

KAPITTEL 8

# Livets ubehag som mulighet

Smerten er et signal som forteller oss noe viktig. Når vi forsøker å unngå psykisk ubehag, enten vi distraherer oss selv med jobb, medisiner, alkohol eller overdreven trening, har vi valgt å leve med «bind for øynene». Av og til innvarsler livets ubehag en ny erkjennelse som sier noe om hvordan vi lever. Det bør vi lytte til, med eller uten stetoskop. Dersom vi unnviker lidelse eller tolker den feil, blir vi sittende fast i smerten. Vi blir et offer for vår egen unnvikelse, og vi betaler med selvfølelse.

# I det psykologiske dypet

Robert Bly er en forfatter og poet som viser oss hvordan myter og gamle fortellinger er fulle av verdifull visdom om menneskets eksistensielle vilkår. I én av sine bøker skriver han at alle mennesker har et mørkt tjern i sitt psykiske liv. I vårt indre landskap finnes det altså et lite vann som er mørkt, dypt og fryktinngytende. Under overflaten gjemmer det seg ting vi helst ikke vil komme i nærheten av. Derfor bruker de fleste mennesker mye energi på å holde seg unna dette grufulle psykologiske dypet. Vi holder god avstand til det mørke tjernet for å slippe å falle uti, men i følge Robert Bly er det en tabbe.

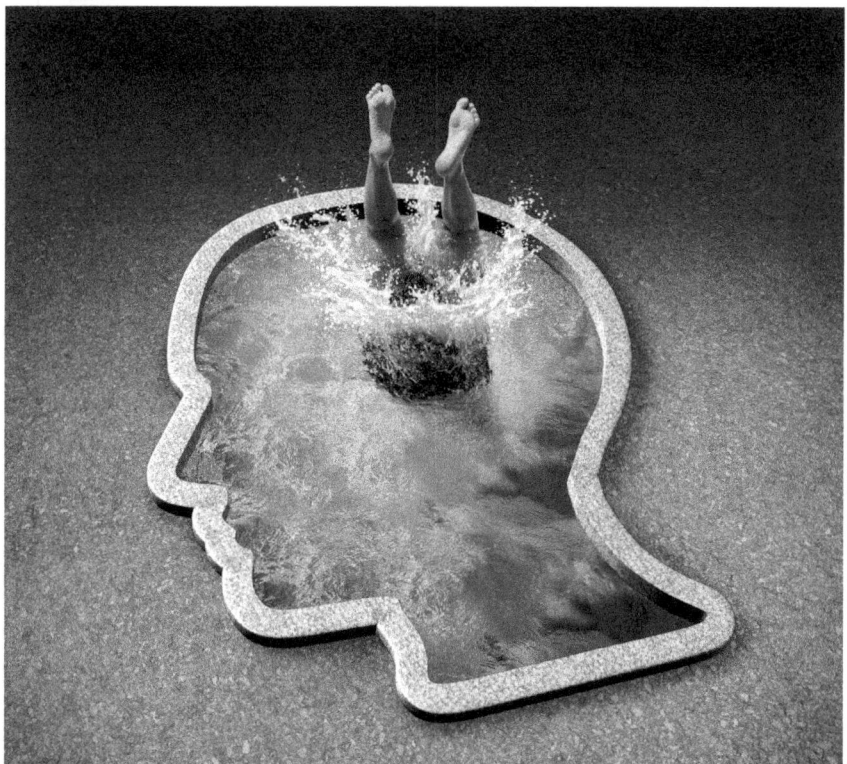

*Vannet symboliserer menneskets bevissthet. I de ubevisste farvann skjuler det seg mange krefter vi må beherske for å leve fullt og helt. Livskriser oppstår når vi faller uti et vann hvor vi egentlig burde klare å svømme, men gripes av frykt fordi vi er uforberedt. Bedre selvfølelse handler om psykologiske forandringer som igjen innebærer forandringer i bevisstheten. Slike forandringer krever at vi kan svømme.*

Alle mennesker må med viten og vilje dykke ned i de mørke krokene for å komme opp på andre siden av tjernet med mot og styrke til å leve videre uten frykt. Dersom vi unngår tjernet hele livet, vil vi alltid leve i engstelse for det som skjuler seg under overflaten. Robert Bly advarer oss mot å leve «overfladisk». Han sier at de menneskene som aldri stuper ned i tjernet og møter sitt mørke, vil leve på flukt fra seg selv. Vi kan kanskje unngå det mørke tjernet i mange år, men på ett eller annet tidspunkt kommer vi til å nærme oss kanten, og da vil det komme en hånd opp fra tjernet og trekke oss ned i dypet. Her snakker Robert Bly om depresjonen som rammer oss uten forvarsel.

Robert Bly har en mytologisk innfallsvinkel til menneskets psykologi, og han tilhører den skolen som mener at smerte er noe vi må møte «ansikt til ansikt». Vi må konfrontere «psykisk ubehag» for å leve fullt og helt.

Det er med andre ord komplisert å være menneske. Joseph Campbell (1991) viet hele sitt liv til myter, og han hevder at våre fellesmenneskelige eksistensvilkår åpenbarer seg i våre fortellinger. Myter er historier om menneskets søken etter sannhet og mening. Mytene skjuler all den kunnskapen mennesket har opparbeidet seg fra tidenes morgen og frem til i dag. Alle må fortelle sin historie, og alle må forstå sin historie. Gjennom mytologien kan vi få hjelp til å takle overgangen fra barn til voksen, akseptere døden, forstå det mystiske og finne ut hvem vi er. Myter er fulle av ledetråder som kan vise oss vårt «åndelige» potensial. I boken *«The Farther Reaches of Human Nature»* fra 1971 gjenforteller den amerikanske psykologen, Abraham Maslow (1976), den bibelske historien om Jona og Valen. Det er en gammel historie som på mange måter sier noe viktig om menneskets selvfølelse.

Jona var en sjenert kjøpmann som fikk et viktig oppdrag fra Gud. Jona følte ikke at han var sterk nok til å påta seg oppdraget, og han forsøkte å komme seg unna ansvaret. Senere kaller vi dette for «Jona komplekset», og vi kjenner det kanskje best fra Aksel Sandemoses variant hvor det dukker opp som den såkalte janteloven. Maslow viser oss hvordan «Jona komplekset» representerer menneskets frykt for sitt eget potensial. Vi er redde for vår «storhet», som om vi er redde for at vi ikke evner å fullbyrde vår sanne skjebne. Maslow mener at mennesker er like redde for sine beste og sine verste egenskaper. Det kan virke som om vi er redde for å ha en misjon i livet, som om ansvaret vi egentlig har kapasitet til å ta på våre skuldre veier så tungt at vi helst vil unngå det, og dermed velger vi en annen vei og en tilfeldig jobb for å overleve, ikke for å realisere vårt virkelige potensial. Jona komplekset beskriver med andre ord hvordan lav selvfølelse hindrer oss i å realisere våre muligheter.

Jona ligner oss andre mennesker fordi han er redd for ikke å strekke til, og det neste spørsmålet er hva man skal gjøre med denne frykten. Fortellingen om Jona er bare én av en lang rekke historier som kan vise oss veien. Som kjent

havner Jona i magen på en stor fisk, og hva betyr det? Magen er et mørkt sted hvor fordøyelsen foregår og mat blir omgjort til ny energi. Dette er et universalt menneskelig tema hvor hovedpersonen (som er oss selv i vårt eget liv) må inn i den mørke magen, hvor vi gjennomgår store forandringer, og siden kommer ut i lyset med fornyet energi. Psykologisk sett representerer hvalen den kraften som er innesperret i det ubevisste. I mytologi er vann som regel en metafor på det ubevisste, og vesenene som holder til i vannet symboliserer energien i det ubevisste. Det er denne ubevisste energien som har overrumplet vår bevissthet, og den må vi på sett og vis integrere, kontrollere eller kanalisere på en god måte for å komme styrket ut av fortellingen om vårt eget liv. Heltene i mytene er varianter av oss selv. Jona blir spist av hvalen, for deretter å gjenoppstå. Andre ganger møter vi helter som står på kanten av mørket og møter monsteret ansikt til ansikt. Noen helter dreper monsteret, og noen dragedrepere innser at de må drikke noe av dragens blod for å tilegne seg dragens kraft. I fortellinger om drager er det gjerne slik at dragen symboliserer grådighet. En drage samler på jomfruer og gull uten at han egentlig har bruk for det. Dragen er menneskets ego som forsøker å tilkjempe seg eiendeler, status og andre forgjengeligheter i en slags misforstått konkurranse hvor mennesket måler sin verdi i ytre faktorer. Når vi dreper dragen, dreper vi ego og våkner opp til en dypere bevissthet. Vi er ikke lenger bundet til trivielle egokamper, men ser at vi har en verdi og en mening som stikker mye dypere enn mengden av gods og gull.

I mytologien er helten en som befinner seg i en utilfredsstillende situasjon. Helten vil ha forandring, og det krever at han konfronteres med mørke makter. Han står i kampen og ender opp med fornyet energi, mer mot og større frihet. Joseph Campbell hevder at alle mennesker kan være en helt, og det handler mye om å møte sitt indre liv med mer bevissthet. Vannet er bevisstheten, og vi må hoppe uti for å lære oss å svømme.

Når vi ønsker å utvide vår bevisste oppmerksomhet for å styrke vår grunnleggende selvfølelse, må vi kanskje dykke ned i det tjernet Robert Bly beskriver, slåss med drager eller innfinne oss i et overveldende mørke. I oversatt betydning innebærer det at vi må undersøke våre egne holdninger og livsmønstre for å avsløre de faktorene som eventuelt begrenser oss. Et sentralt spørsmål handler om hvordan vi forholder oss til smerte og ubehag. Jon Kabat-Zinn er en anerkjent lege og opphavsmannen til *Stress Reduction Clinic* og *Center for Mindfulness in Medicine*. Han minner oss om at smerte er et viktig sendebud, og hvis vi ikke tar imot beskjeden, finner vi aldri ut av problemet. Hvis vi flykter fra smerten, forvandles den til lidelse (Kabat-Zinn, 1991). Robert Bly og Joseph Campbell sier noe av dette samme, men de bruker et helt annet språk. I Blys terminologi må vi dykke ned i smerten for å unngå at vi uforberedt faller uti og drukner.

Smerte kan være både fysisk og psykisk, og ofte er det litt av begge deler. I dette kapittelet skal vi først og fremst se på hvordan vi forholder oss til den smerten som er av en mer eller mindre psykologisk karakter, før vi ser på den smerten som fortrinnsvis er fysisk.

## Den indre smerten

De fleste av oss tilstreber å unngå sjelelig smerte og uro. Vi ønsker å leve et liv i overskudd og balanse. Når vi merker et indre trykk eller en gryende mistrivsel i livet, forsøker vi gjerne å ignorere det. Istedenfor å undersøke det psykologiske ubehaget, ser vi en annen vei. Istedenfor å dykke ned i Robert Blys «psykologiske tjern», trekker vi oss unna.

Ken Wilber (2001) er en kjent amerikansk filosof og psykolog som mener at vi ofte misforstår lidelsens vesen. En gnagende misnøye med livet blir ofte tolket som tegn på psykiske lidelser, sosiale tilpasningsproblemer eller forstyrrelser i personligheten. Ken Wilber påstår at slike fortolkninger ofte representerer en grov feiltakelse. I kjernen av det ulykkelige livet gjemmer det seg en voksende intelligens eller erkjennelse i følge Wilber. Han snakker om en gryende innsikt som presser seg på vår eksistens og skaker vår tilværelse. Det føles ubehagelig og vi begynner å kjempe imot. Det indre ubehaget begraves under tyngden av vår egen frykt, skam og sosiale fordømmelse.

I forlengelse av dette kan man si at mennesker som begynner å kjenne på ubehaget ved livet, samtidig er i ferd med å våkne opp til en dypere erkjennelse. Lidelsen er en hammer som kan slå våre illusjoner i stykker. Spørsmålet er om en slik teori representerer en slags glorifisering av smerte, eller om den poengterer noe viktig.

På dette punktet finner vi et slags skille i psykologisk teori og selvhjelpslitteratur. På den ene siden tenker man at psykiske plager er noe man kan og bør forandre på ved å modifisere sine egne mentale mønster. Terapeuter i denne tradisjonen fungerer som «psykologiske mekanikere». Målet er å hjelpe mennesker til å justere psykiske feilkoblinger som fører til angst, depresjon og mangel på livskvalitet. Ideen er at man relativt raskt kan gjøre endringer i mentale mønster slik at man lever bedre. Psykisk smerte oppstår fordi vi tolker feil, og så snart fortolkningsfeilen er rettet opp, kan vi leve videre uten symptomer. Dette kan føre til en litt mekanisk forståelse av mennesket som demper den mystikken som gjemmer seg i det mørke tjernet til Robert Bly.

*Spørsmålet er om vi skal betrakte vårt indre liv som «psykologiske koblinger» av tanker og følelser i overenstemmelse med nerveceller og elektrokjemiske forbindelser i hjernen, eller om vi skal betrakte menneskets indre liv som et dypt hav av bevissthet. Skal vi se på lidelse som feilkoblinger, eller som eksistensielle beskjeder fra dypet?*

«Dybdepsykologen» bruker et annet språk og tilnærmer seg menneskets indre liv gjennom metaforer, kunst og mytologier. Innenfor en slik tradisjon ser man ikke på smerte som noe feil, men snarere som et signal eller en budbringer. Smerte er ikke noe vi skal fjerne med «psykoteknikk», men noe vi skal gå inn i og forstå. Campbell vil si at smerten er vår mulighet til å være en helt. Vi skal dykke ned i smerten, undersøke den, leve den og leve «forbi» den. I dette kapittelet er det først og fremst den sistnevnte ideen vi skal forfølge. Vi skal se på lidelse som en mulighet, ikke som et tegn på «mentale kortslutninger». Samtidig er jeg av den oppfattelsen at begge «skoler» har litt rett på hver sin side, noe som sannsynligvis vil skinne igjennom i dette kapittelet, og sannsynligvis i hele boken, for den saks skyld.

I de neste passasjene vil jeg forsøke og utforske lidelsens muligheter ved hjelp av et ganske hverdagslig eksempel. Her er det ikke snakk om drager og glupske hvaler, men snarere en streng sjef og utbrenthet.

## Jesper møter veggen

Jesper er en mann på 35 år. De siste 10 årene har han jobbet i et prestisjetungt konsulentfirma med høye krav til arbeidsinnsats og kvalitet. Sjefen i firmaet er høyt respektert og kjent for sin tøffe lederstil. Han går rett på sak og forlanger hele tiden det beste av sine ansatte. Jesper elsket sjefens oppmerksomhet når han presterte godt på jobb. I 10 år ofret han mye for arbeidsplassen, men likevel fikk han en del påpakninger fra sjefen med jevne mellomrom.

En dag mister Jesper all motivasjon for å gå på jobb. Han lammes av en slags apati hvor han nærmest stranguleres av negativt tankegods. Han har en sterk følelse av å ha feilet. Han føler seg dårligere enn sine kollegaer på nesten alle områder. Han føler seg dum, malplassert, talentløs, uvitende og mislykket. Han føler han har levd på en løgn de siste ti årene. Han har forsøkt å være noe han ikke er. Han har lurt alle sine medarbeidere til å tro at han er flink i sin jobb, men nå er han overbevist om at alt sammen er løgn og bedrag. Han er dypest sett helt udugelig, og det eneste han kan tenke seg er å synke ned i sofaen og aldri stå opp.

For utenforstående er det tydelig at Jesper er flink på jobb. Han betraktes også som en god kollega og en god venn. Når han «møter veggen», er det derfor ikke så lett å forstå hvorfor.

Jesper har kjempet i mange år for sjefens anerkjennelse og ros. Mye av meningen med livet har vært forankret i jobb og prestasjoner. Da han vokste opp var det farens oppmerksomhet han var ute etter for å føle seg verdifull. Senere var det sjefens oppmerksomhet som ble viktig for hans egen selvfølelse. Både faren og sjefen kunne være ganske utfordrende og kritiske i perioder, og Jesper hadde en følelse av at han aldri kunne hvile, hvis han skulle bli god nok. Han måtte fortsette å prestere for ikke å miste sin betydning.

## Hva er galt med Jesper?

Jesper lar seg påvirke av sjefens kommentarer og kritiske innspill. Etter hvert blir sjefens kritiske stemme en del av Jespers «identitet» eller «selvforståelse». Han tenker på seg selv som dårligere enn andre, og disse tankene tror han forteller sannheten om ham selv. De negative tankene antenner negative følelser og fanger ham i et nett av håpløshet. Istedenfor å se at de negative tankene er et oppgulp av sjefens ubarmhjertige lederstil, identifiserer han seg med den kritiske røsten, og han lar det selvdevaluerende tankegodset definere ham som person. Slik kan vi forstå Jespers problem, og slik kan vi forstå hans depresjon, men det har ikke alltid vært slik.

I begynnelsen var Jesper veldig glad i jobben. Han elsket å prestere godt og han følte stor tilfredsstillelse ved gode resultater. Sjefens strenghet fungerte mer som en motivasjon enn som press. Det var nesten som om de gode tilbakemeldingene fra sjefen veide tyngre når det ikke var hverdagskost. Slik var det i mange år, men så plutselig møter han veggen. Hva er det som skjer? Hvor kom denne depresjonen fra, og har den noen funksjon eller mening?

## Lidelsens funksjon

Sett utenfra virket Jesper lykkelig frem til han møtte veggen. Kanskje var det en prosess hvor depresjonen og følelsen av å feile lurte i skyggen av hans bevissthet, men han kan ikke si at han har opplevd store vanskeligheter i livet før han «traff veggen». Kanskje var det slik at Jesper ikke «eide» sin egen motivasjon, men at motivasjonen stammet fra et «underskudd» hvor Jesper var avhengig av noe utenfor seg selv for å føle seg god nok (sjefens anerkjennelse). Når vi hviler vår selvfølelse i forhold utenfor vår egen kontroll, blir livet anstrengende. Vi er sårbare og usikre på en måte som langsomt kveler vår selvfølelse. Det kan hende at Jesper ikke var klar over dette på et «bevisst» nivå, men at han likevel hadde en mer ubevisst anelse om at han levde på uheldige premisser.

Det kan også hende at Wilber har rett når han snakker om lidelse som en «trang fødsel» hvor nye erkjennelser presser seg på vår bevissthet. Jesper har altså følt seg tilfreds med livet, men depresjonen og den indre smerten slår følelsen av lykke til jorden. Spørsmålet er dernest om Jesper skal strebe etter å komme tilbake til det livet han hadde før, eller om smerten baner vei for noe nytt.

Ken Wilber mener nettopp at ubehaget ved livet er noe som innvarsler en ny mulighet. Det plager oss fordi vi innser at livet ikke lenger er tilfredsstillende. Livet er ikke nødvendigvis mindre tilfredsstillende fordi ytre forhold i livet har forandret seg, men fordi vi har kommet til en dypere erkjennelse og innsikt i oss selv. Smerten slår i hjel våre fantasier om oss selv og virkeligheten, og den kan tvinge oss til å leve annerledes. Smerten kommer som et resultat av en gryende evne til å tenke og føle dypere, eller rett og slett merke oss selv og vårt liv på en måte vi tidligere har ignorert eller fornektet. I forlengelse av dette påstår Wilber at lidelsen er «den første nåde». Han setter det enda mer på spissen og antyder at man egentlig bør glede seg over lidelsen fordi det markerer ankomsten av en dypere og mer kreativ innsikt.

## Å stirre lidelsen i hvitøyet

Forståelsen av lidelse som en mulighet representerer sannsynligvis bare en omtrentlig sannhet. Ofte er lidelse noe som fester seg til livet som en vampyr. Det finnes også fortvilte sjeler som klamrer seg til lidelsen, og bærer den som en byrde på sine skuldre livet igjennom. Kanskje kjenner man seg selv best som lidende, og derfor våger man ikke å sette fra seg lidelsen eller leve annerledes. Man møter ikke lidelse med oppmerksomhet, men lever i pakt med lidelsen på en måte som gjør livet til en lang martyraktig og selvfornektende krampetrekning.

Lidelse er noe vi verken bør ignorere, unngå, forakte, glorifisere, klamre oss til eller dramatisere. Når vi ikke møter lidelse med oppmerksomhet, flykter vi fra de psykiske realitetene og ansvaret. Kanskje forsvinner lidelsen ut av syne, men den vil fortsette å jage oss. Det er ofte i flukten fra problemene at smerten kronifiseres.

Likevel er det slik at de færreste av oss ønsker smerten velkommen. Vi opplever sjelden at psykiske spenninger og indre uro er tegn på noe bra. Det er slettes ikke åpenbart at den indre smerten forårsakes av nye livsorienteringer som presser seg på. Å revurdere sine livsanskuelser er heller ingen enkel oppgave. Det er nesten som å gjøre det slutt med kjæresten. Ofte vegrer vi oss for dette, og derfor unnviker vi beskjedene som gjemmer seg i det indre ubehaget. Hensikten med mental trening er nettopp å oppøve evnen til å løfte opp nye erkjennelser. Noen sier at forandring fryder, men forandring skaper også mer angst. Enten det dreier seg om store forandringer i det ytre liv, eller forandringer i vårt indre liv, er forandringer forbundet med tiltagende uro. Vi kan ikke lenger forholde oss på samme måte eller møte utfordringer med våre innøvde strategier. Dette kan oppleves ubehagelig fordi det øker vår usikkerhet og alarmberedskap. Forandring er sånn sett forbundet med krise, og når vi står ovenfor forandringer av eksistensiell karakter, spiller angsten på parti med konservative krefter som motsetter seg videreutvikling. Dermed blir mange låst fast i en slags «psykologisk limbo» hvor gamle mønster virker utilfredsstillende, mens det nye er ukjent og skremmende. Hvis mental trening er en brukbar metafor, handler det blant annet om å styrke vår toleranse for sterke følelser og tanker, mot til å møte eksistensielle utfordringer og fleksibilitet nok til å endre seg.

Når Jesper møter veggen og plages av apati og depresjon, er ikke det en god ting i seg selv, men det kan være et godt tegn. Lidelsen kan kanskje være en indikasjon på at han begynner å innse at han har levd et liv diktert av forventninger, ideer og negative tankerekker som dypest sett hindret ham i å utvikle seg videre. Hans løsning på livet ville aldri føre ham til en mer tilfredsstillende form for selvrealisering fordi han hentet sin følelse av egenverd utenfor seg selv.

Men hva skal Jesper egentlig gjøre med sin depresjon? Han er sengeliggende, utmattet og opplever tilværelsen som strippet for mening. Mange som rammes av depresjon, kommer ikke ut på andre siden som et rikere menneske. Noen får medikamentell behandling, andre biter tennene sammen, og noen tar tiden til hjelp og stabler seg på bena når det åpner seg en liten mulighet. Problemet er kanskje at vi kvier oss for å gå inn i smerten og forstå den. Vi kvier oss for å dykke ned i det «dunkle tjernet» som Robert Bly beskriver, og når vi plutselig befinner oss i depresjonens mørke, har vi liten erfaring med denne siden av oss selv. Ofte tar vi ikke konsekvensene av det signalet smerten bringer, men ser en annen vei. Vi forsøker å unnvike på alle mulige måter. Med andre ord løper vi fra vår mulighet til vekst, fordi det gjør (vokse)vondt.

Dersom Jesper skal komme seg opp av sengen, må han forstå dybden og konsekvensen av denne setningen:

*«Jeg er Jesper, og jeg avhengig av anerkjennelse for å føle meg verdifull. Jeg gjør ikke ting for meg selv, men for at andre skal like meg.»*

Han må innse at denne setningen er en del av hans «psykiske operativsystem» (se kapittel 11), og at denne setningen representerer en slags misforståelse av hans egentlige verdi som menneske. Setningen sørger for at han er i overkant avhengig av andres anerkjennelse for å føle seg god nok. Han hviler ikke i seg selv, men bekreftes gjennom andre, og det er en av de viktigste årsakene til lav selvfølelse.

Dersom Jesper forsøker å unnvike problemet ved å spille data, se TV-serier, drikke alkohol eller gjøre noe annet som kan gjøre livet litt lettere der og da, mister han muligheten til å forstå den beskjeden som gjemmer seg i smerten. Det faller oss naturlig å unngå smerte. Ofte strekker vi oss langt for å fjerne vonde følelser fra sinnet. Dersom Jesper skal komme styrket ut av situasjonen, må han sannsynligvis gå imot sine instinkter. Han må være interessert i smerten, ønske den velkommen og lytte til hva den har å si. Kanskje han innser at han har basert sin egenverdi på andres anerkjennelse, og det er en viktig innsikt for Jesper, men neste problem er sannsynligvis verre. Hvem er han nå? Jesper står på bar bakke og må redefinere sin verdi som menneske. Å forlate seg selv, for å finne seg selv på nytt, er kanskje noe av det mest skremmende vi gjør. Lidelse innvarsler ofte en slik forandring, og derfor er lidelsen på samme tid et onde og en mulighet.

Dersom Jesper ikke makter å møte smerten med «åpne øyne», men begynner med andre ting for å distrahere seg selv, risikerer han en rekke tilleggsproblemer, som på sikt vil forverre sitasjonen ytterligere. Når vi er avhengige av noe utenfor oss selv for å oppnå balanse på «innsiden», er vi sårbare for noe vi umulig kan ha full kontroll på. God selvfølelse betinger at vi føler oss kompetente til å leve ved hjelp av egen kraft, og i den grad vi er prisgitt omgivelsene, risikerer vi at selvfølelsen får en brist. En overordnet betegnelse på slike symptomer, som følger i kjølevannet av denne typen selvfølelsesproblematikk, er avhengighet. Det er tema i de neste avsnittene.

# Avhengighet

Langt de fleste mennesker sliter med en eller annen uvane eller avhengighet. Tradisjonelt sett snakker vi om avhengighet i forhold til alkohol- og narkotikamisbruk, men det finnes en rekke andre destruktive vaner som kan etablere seg som avhengigheter i menneskelivet. Blant disse er tobakk, gambling, trening, shopping, sex, mat, videospill, internett og jobbavhengighet. Statistikker om avhengighet er sjeldne og til dels upresise, blant annet fordi mange av menneskers destruktive uvaner kanskje enda ikke regnes som avhengighet av offentligheten. Årsaker til dette er sannsynligvis at et samfunn i utvikling og endring vil innebære stadig nye symptombilder, og i visse henseende kan det virke som om avhengigheter er på fremmarsj. Blant annet gjelder dette spille- og internettavhengighet. Disse er foreløpig ikke rangert på linje med alkohol- og rusmisbruk, men de representerer likevel et omfattende problem for mange mennesker verden over.

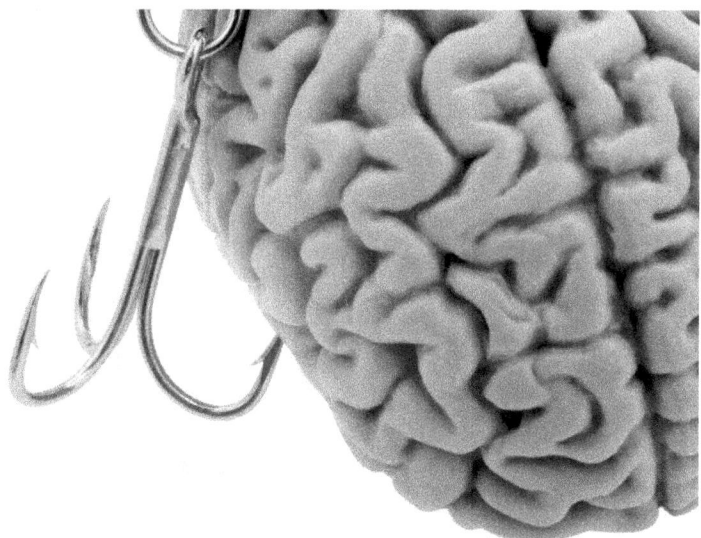

Kanskje kan vi forstå et økende antall avhengighetsskapende uvaner i sammenheng med holdningen vi har til smerte. Hvis smerte er noe vi hele tiden forsøker å unngå, kan det hende at vi henfaller til favorittstrategier for å komme utenom ubehaget, og således fanges i avhengighetsmønstre. En slik forståelse betyr at avhengigheten egentlig kanaliserer et underliggende problem. Vi henfaller simpelthen til vaner eller bestemte strategier for å unngå en slags sjelelig smerte. Vi kan for eksempel stagge følelsen av ensomhet ved å ha mange tilfeldige seksualpartnere, eller vi kan dempe en følelse av tomhet, mangel på nettverk og sosiale forbindelser gjennom gambling eller internett.

Dersom vi føler at våre evner ikke strekker til og vi mangler arenaer for mestring, kan vi sikkert finne et dataspill som vi mestrer. Avhengigheten blir en strategi for å kompensere for en mangeltilstand eller smerte. Det blir noe vi tyr til på flukt fra de faktiske forholdene. Det kan hende at en viss porsjon dataspill eller et vorspiel før en fest kan skape en situasjon hvor vi opplever mestring og tiltro til egne evner, men så snart det blir noe vi må ha for å tilkjempe oss det vi mangler, har vi lagt inn på en sti hvor vi ofrer selvfølelse for hvert skritt vi tar.

I vår kultur har det også dukket opp en relativt ny lidelse som av og til blir kalt den fjerde spiseforstyrrelsen. Mens anoreksi refererer til lite vekst, refererer ortoreksi til riktig vekst (ordet orthos betyr «korrekt eller riktig», og *orexis* står for «appetitt»). Her ser man et overdrevent fokus på sunnhet. For de fleste er fokus på kosthold og trening en god ting, men noen blir så opptatt av enkelte dietter og ulike sunnhetsregimer at dette okkuperer hele livet. Livslyst og livsbevissthet overskygges av treningstider, vedlikehold av kosthold og korrekt livsførsel.

I følge sosialmedisineren, Per Fugelli, handler dette om Vestens frykt for døden, og i så fall er det nok et aspekt ved tilværelsen vi ikke våger å møte ansikt til ansikt. Igjen løper vi fra en uunngåelig erkjennelse, og gjennom kosthold og trening forsøker vi å vinne ekstraliv eller udødelighet, men i vår streben kan det hende at vi går glipp av livet her og nå (Fugelli, 2010).

I terapi er det ofte et mål at klienten skal tåle, forstå, ta ansvar for og våge følelsesmessig ubehag, og det kan innebære et møte med de eksistensielle grunnvilkårene. Dersom vi legger frykten for døden, meningsløshet, frihet og ensomhet i fanget på Gud, eller trener så mye at døden ikke slipper til, eller drikker så mye alkohol at vi glemmer hele greia, er vi sannsynligvis inne på en type unnvikelsesmanøver vi ikke er tjent med på lengre sikt.

Generelt sett kan man fristes til å si at vår flukt fra ubehag kommer til å bite oss i baken. Den berømte, kontroversielle og alkoholiserte forfatteren, Jens Bjørneboe, noterte seg følgende under en innleggelse på Blåkors i forhold til egen alkoholavhengighet: *«Det er en grov forenkling å dele menneskeheten inn i alkoholikere og ikke-alkoholikere. Trangen til å innta slike giftstoffer kommer av at mennesket av en mengde ulike årsaker ikke orker å bære sin egen virkelighet.»*

Å bære sin egen virkelighet i medgang og motgang krever mental styrke. Moderne mennesker skal fylle mange roller. Forventningene kan være høye både på arbeidsplassen, hjemme, i parforholdet og blant venner. Vi lever i overflod og har alt vi trenger, men likevel er vi ofte misfornøyde med egen livssituasjon. Kravene pisker oss videre i livet, og innenfor psykisk helse registrerer man at stemningslidelser er det psykiske symptombilde som vokser raskest over hele verden. Depresjon, angst og utbrenthet er blant våre største helseproblemer, og vi demper ubehaget med blant annet beroligende og antidepressive medisiner. Rusmisbruk er for øvrig også blant våre mest utbredte helseproblemer. Istedenfor å gå inn i oss selv og lytte til smertens beskjeder, er vi på utkikk etter noe vi kan hente inn i livet utenfra for å utkonkurrere smerten. Det finnes et helt spekter av avhengigheter som kan fungere som avledningsmanøvrer fra selve livet. Prisen i kroner og øre varierer fra den ene avhengigheten til den andre, men prisen vi betaler i selvfølelse er som regel ganske konstant. Min erfaring er at det uansett er dyrt med tanke på det psykologiske regnskapet.

Et mentalt treningssenter kan fungere som en motgift mot slike tendenser. Den mentale treningen som foreslås gjennom denne boken, handler mye om å utvide vår bevisste tilstedeværelse i livet her og nå, og ikke alltid galoppere videre på tanker og ønsker om at ting skal være annerledes. I et psykologisk treningsstudio er målsetningen en bedre forståelse av seg selv. Det handler om å forstå hvorfor vi tenker, føler og handler som vi gjør. En slik innsikt oppnår man ved å være åpen og oppmerksom på det som foregår i bevisstheten. Den Vestlige psykologien gir oss teoretiske redskaper, mens mindfulness meditasjon kultiverer åpenhet og gjør at man kvitter seg med behovet for stadig søken etter noe mer utenfor seg selv. I så henseende er det kanskje den beste «medisin» mot avhengighet.

## Den fysiske smerten

Så langt har vi snakket om hvordan vi er nødt til å konfrontere psykisk ubehag for å leve mest mulig autentisk uten skylapper. Det samme prinsippet gjelder også for fysisk smerte. Det er sannsynlig at den fysiske smerten, som rammer de fleste av oss i løpet av et liv, ikke er en fastlåst størrelse, men noe vi til en viss grad kan påvirke. Smerte er ikke bare noe som skjer med oss, men også noe vi må fortolke og tillegge en mening, en verdi og en valør (Koyama et. al, 2005). En retning som kalles positiv psykologi, har vært opptatt av hvordan våre holdninger påvirker vår opplevelse av smerte.

*Forskning illustrerer i stadig større grad hvordan tanker påvirker biokjemi i hjernen, avfyring av synaptiske forbindelser og andre fysiologiske sekundanter som assosieres med smerteopplevelser i forhold til blant annet muskelspenning, blodtrykk og pust. Alle våre opplevelser fortolkes i vårt «psykiske operativsystem», og denne fortolkningsprosessen påvirker opplevelsen av smerte. Å møte smerte med bevissthet betyr at vi også kan påvirke denne prosessen.*

En studie fra *Stony Brook University* oppdaget at positive pasienter med kroniske smerter hadde det langt bedre enn pasienter med en negativ innstilling. Pasienter som hadde mestringsstrategier basert på optimisme og høy selvtillit (en av hovedkomponentene i god selvfølelse), opplevde mindre alvorlig smerte, mindre forstyrrelser i livet på grunn av smerten og mindre depresjon enn pasienter som ikke var optimistiske eller slet med lavere selvtillit (Cannella et. at, 2007, Jones, 2006). Poenget er altså at vår mentale innstilling eller holdning spiller en rolle.

Andre studier konkluderer med at våre forventninger til smerten også er svært avgjørende i forhold til vår håndteringsevne og smerteopplevelse. Forskere fra *Wake University* arrangerte en studie, hvor de på forhånd påvirket deltakerne, slik at de kom til å forvente lav, moderat eller høy grad av smerte (med ulike nivåer av anvendt varme) i henhold til bestemte signaler. Da forskerne begynte å forveksle signaler og nivåene av varme på en overlagt måte, rapporterte deltakerne fremdeles smertenivåene i henhold til det signalet de registrerte, og ikke i henhold til det faktiske nivået på varmen som ble brukt. Ved bruk av *functional Magnetic Resonance Imaging* (fMRI), fant forskerne at en redusert forventning om smerte korresponderte med redusert aktivitet i bestemte sensoriske og emosjonelle områder av hjernen. Forventning om lavere smerte reduserte opplevelse av smerte med 28 % i følge studien, noe som tilsvarer en dose morfin (Koyama et. al, 2005).

Nyere forskning arbeider med å oppspore de fysiologiske effektene av positiv tenkning på smerte. Det er på sett og vis ganske åpenbart, men også litt underlig at våre tanker kan påvirke kroppen på en helt fysisk måte. Tanker er på sett og vis noe abstrakt og ikke-fysisk, men de har likevel en effekt på den konkrete kroppslige fysikken.

I en slik kontekst kan den selvransakende formen for psykologi fungere som et viktig redskap i møte med smerte. Hvordan våre forventninger, våre følelser og våre indre mentale dialoger påvirker våre liv og erfaringer, er noe som ofte unngår vår oppmerksomhet.

Ulike former for psykoterapi undersøker nettopp våre tenkemåter, holdninger, selvforståelse og eventuelt ubevisst «psykologisk bagasje», og hensikten er hele tiden å utvide vår bevissthet, eller gjøre det ubevisste bevisst, slik Freud formulerte det for over hundre år siden. Med økende bevissthet kommer økt kontroll, og plutselig dukker fri vilje eller valg opp som en avgjørende faktor i vår oppfatning av smerte. På sett og vis opparbeider vi oss en slags bestemmelsesrett eller definisjonsmakt når hjernen skal avgjøre hvor vondt kroppen har det.

Når vi har vondt, går vi gjerne til fastlegen for å anmode om adekvat behandling og eventuelt smertelindrende medisiner, og det skal vi ikke slutte med. Men det kan hende at man i tillegg skal være litt mer oppmerksom på smerten som et sendebud eller et signal. Selv om smerten eventuelt kan medisineres bort, kan det hende at vi ignorerer et underliggende problem. Kroppen er unektelig en verdifull ressurs som kan fortelle oss mye om hvordan vi egentlig har det, men poenget til blant andre Kabat-Zinn og Ken Wilber er at mange av oss «glemmer» å lytte innover.

I beskrivelsen over, sikter den Vestlige psykologien igjen på forholdet mellom positive og negative tanker, og hvordan innholdet i tankene er med på å bestemme graden av smerte i kroppen. Det representerer en slags motsats til tradisjonell medisin som ofte setter opp et skarpt skille mellom kropp og psyke. Den britiske fysikeren og biologen, Francis Crick (1994, 1997), er kjent for den såkalte forbløffende hypotesen hvor han påstår at mennesket ikke er noe annet enn nevroner: *«You`re nothing but a pack of nevrons»*. I et strengt naturvitenskapelig perspektiv betraktes mennesket som en avansert biologisk organisme.

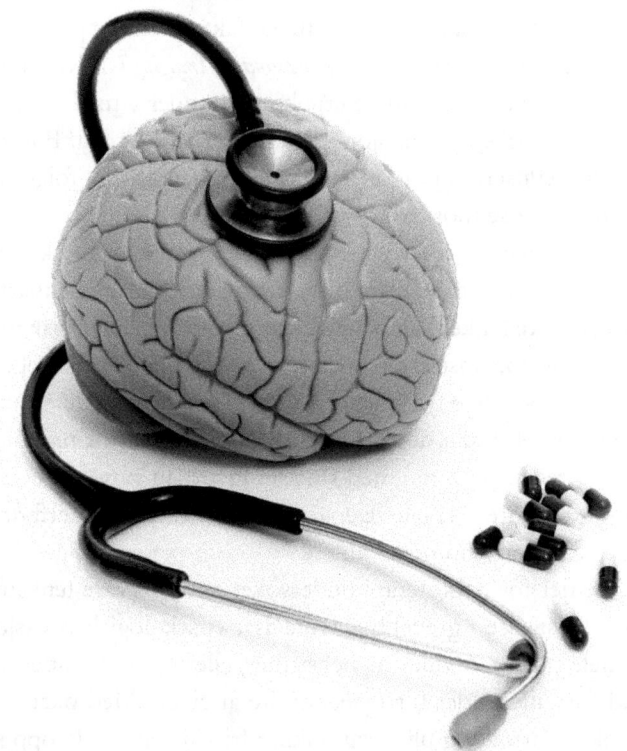

*I et strengt naturvitenskapelig perspektiv behandles mennesket som biologi. For de «mykere vitenskaper» representerer dette en grov reduksjonisme hvor mennesket strippes for sin unike opplevelsesverden, kreativitet og «åndelighet». Gang på gang anklager de naturvitenskapene for arroganse og en slags megaloman forestilling om at verden kan regnes ut i formler og kontrollorte studier. Mennesket er mer enn summen av delene, roper representanter for et mer helhetlig menneskesyn, og kanskje har de rett?*

Her avskriver man fri vilje og tenker at mennesket handler på automatikk i forhold til de erfaringene som gjøres i møte med livet. At de fleste mennesker tenker på seg selv som kreative, åndelige og elskende, er bare en illusjon i følge denne tradisjonen. Hjernen vår er kompleks, og denne kompleksiteten gir oss en følelse av å være noe mer enn bare instinkt og biologi, men «sannheten» er at vi bare er biologisk mekanikk. Dette er et litt dystert syn på mennesket som stripper det for alle sine subjektive og «åndelige» kvaliteter. Et slikt perspektiv vil hele tiden behandle menneskets kropp, og være mindre opptatt av vår psykologi. Ved sykdom vil man intervenere med medisiner, operasjon eller andre fysiske intervensjoner, mens man vier lite oppmerksomhet mot individets opplevelse av å være syk. Dette perspektivet har en tendens til å glemme at våre tanker, følelser og holdninger også spiller en helt sentral rolle. Det er som om det subjektive perspektivet undergraves fordi tanker og følelser ikke kan veies på en vektskål eller synes på røntgenbilder og blodprøver.

Mange av de store visdomstradisjonene og de mer humanvitenskaplige tradisjonene tenker imidlertid litt annerledes på mennesket. Tanker, følelser, holdninger og tro er ikke bare metafysiske størrelser, men noe som har en helt reel påvirkningskraft. En slik erkjennelse gjør at vi selv kan spille en mye mer aktiv rolle i eget liv. Sykdom lar seg påvirke av vår innstilling, og det gir oss mange flere muligheter. Når sykdom rammer, er det ofte uklokt å sette seg til, basere seg utelukkende på medisiner og vente på bedring.

Til og med kreftdiagnosen, en ukontrollert celledeling, har en åpenbar psykologisk komponent. Dersom vi faller ned i følelsesmessig resignasjon i det øyeblikket legen konstaterer kreft, er prognosene dårligere. Filosof og skribent Daniel Goleman (2002) refererer til flere studier som antyder at det forholder seg nettopp slik. Når menneskers mentale kraft er preget av pessimisme, påvirker det hele systemet og kan i verste fall spille på lag med sykdom til døden. Goleman (2002) presenterer studier som viser at kreftpasienter som deltar i samtaleterapeutisk gruppeterapi, har en atskillig bedre prognose enn kreftpasienter som ikke deltar i noen form for psykoterapeutisk behandling. Psykoterapi ved fysisk sykdom handler mye om å være mer bevisst våre holdninger, samtidig som en god relasjon til et lyttende og forståelsesfullt medmenneske er kurativt i seg selv. Ulike former for gruppeterapi bidrar også med en fellesskapsfølelse hvor man blir mindre alene med sine utfordringer. Alle disse faktorene spiller inn på et sykdomsforløp.

Poenget er hele tiden at kropp og psyke er uløselig forbundet. Poenget er også at fysisk smerte påvirkes av måten vi tenker på. Dersom vi inntar en mer aktiv rolle i forhold til egne tankerekker, kan vi få mer kontroll på smerten. Istedenfor å være et offer for smerten, klarer vi å bære vår egen virkelighet, slik Bjørneboe uttrykte det. Forholdet mellom å resignere som et offer for smerten, og innta en posisjon hvor vi aksepterer smerten, men også har en viss innflytelse på hvordan den oppleves, reflekterer forholdet mellom god og dårlig selvfølelse. Det er sannsynligvis også slik at dette årsaksforholdet går begge veier; Med lav selvfølelse blir vi lett et offer for smerte, men dersom vi oppøver vår evne til å håndtere smerten, vil det i neste omgang styrke vår opplevelse av mestring, som igjen styrker selvfølelsen.

Mindfulness meditasjon er også en praksis som fokuserer på det uløselige forholdet mellom kropp og sinn. En slik praksis handler i første rekke om å være til stede i kroppen og dermed oppleve øyeblikket fullt ut. Det handler om å unngå tanker som vandrer til ubehageligheter fra fortiden (depresjon) eller bekymringer for fremtiden (angst), og isteden forankre seg i øyeblikkets her og nå. Mange meditasjonsteknikker fokuserer på kroppen eller pusten for å forankre seg i øyeblikket. Kroppen er alltid her og nå, mens tankene ofte er et helt annet sted. Umiddelbart kan det synes motstridende å vende oppmerksomhet mot egen kropp når den pines av smerte, men meditasjon har likevel smertelindrende effekt (Egeland, 2010, pp.48-52).

Det handler blant annet om å investere mindre oppmerksomhet i tanker, og mer oppmerksomhet i øyeblikket. Tankene får mindre innflytelse, og i forhold til smerte er det spesielt katastrofetankene som gjør vondt verre. Katastrofetenkning er en overdrevet og fryktelig måte å forholde seg til smerter på. Katastrofetanker forverret hodepine hos unge voksne, rapporterer en studie fra *John Hopkins University*. Ved å lære deltakerne teknikker hentet fra kognitiv atferdsterapi for å redusere bekymringer vedrørende smerten, viste det seg at intensiteten og frekvensen av hodepine ble redusert. I møte med smerte fungerer negative tanker som en slags katalysator på smerteopplevelsen, og mindfulness meditasjon er blant de teknikkene som mest effektivt avvæpner tankenes negative innflytelse (Buenaver et. al, 2008 & Sullivan et. al 2001).

## Opprør mot smerten gjør den verre

Meditasjon er også en øvelse i aksept. I kapittelet om sosial angst så vi hvordan mange begynner å krige med seg selv når de blir ukomfortable i en sosial situasjon. Å gå i krig med seg selv forverrer situasjonen, men dersom vi klarer å akseptere følelsene uten å stritte imot, vil angsten som regel avta. Litt på samme måte er det med fysisk smerte.

Motstand påvirker i høy grad hvordan vi oppfatter smerte. Vi bør minnes ordtaket som sier at: *«Det eneste vi har å frykte er frykten selv».* Forsøk på å stanse strømmen i en flytende elv er en håpløs oppgave. På samme måte er det nytteløst å kjempe imot smerten, og det eneste man oppnår, er at smerten (eller elven) øker sin styrke ved motstand. Når du aksepterer smerteopplevelsen, oppgir de negative forventningene, frykten og spenningen, gir du smerten mulighet til å flyte gjennom deg som en stille elv, og ikke som en rasende foss. Noen refererer til dette som «å gå inn i smerten».

På tilsvarende måte spiller pusten en sentral rolle i mange meditasjonsteknikker. Pusten betraktes som selve bindeleddet mellom kropp og sjel, og en jevn og rolig pust gir oss en opplevelse av kontroll over kropp og sinn. Når vi kjemper imot smerten, spenner vi muskler og pusten blir ofte anstrengt og overfladisk. Istedenfor å la smerten og pusten flyte uhindret gjennom kroppen, lager vi en motstand som forsterker smerteopplevelsen. Å finne tilbake til en jevn strøm av pust, kan derfor være et viktig element i håndtering av smerte.

En annen teknikk baserer seg på en form for progressiv avspenning. Det handler om å stramme og deretter slappe av i én og én muskel på en systematisk måte. Kombinasjonen av å spenne opp muskelen og slappe av øker kroppens bevissthet, noe som videre kan bidra til å øke velvære. I det man lærer seg slike teknikker, styrkes vår påvirkningskraft og følelsen av kontroll og herredømme overtar for hjelpeløshet og resignasjon. Det vil også være direkte utslagsgivende i forhold til selvfølelse på en positiv måte.

En litt mer uortodoks innfallsvinkel til sykdom og lidelse finner vi hos Hunter Doherty «Patch» Adams. Han er en kjent sosialaktivist og en «morsom» lege. Han har blant annet arrangert årlige turer hvor frivillige mennesker kler seg ut som klovner og besøker barnehjem, pasienter og andre mennesker som lider. Men det er ikke bare Hunter Adams som bruker humor for å bekjempe sykdom og lidelse. Flere og flere studier støtter de helbredende kreftene av latter. Man har blant annet oppdaget at latter demper smerte, reduserer stress og styrker immunforsvaret. Latter utløser dessuten endorfiner, øker oksygenopptaket og senker blodtrykket. Det er i tillegg vanskelig å ikke ha et positivt syn på tilværelsen i øyeblikk av lek og latter.

Fysisk og psykisk smerte henger sammen, og mange av teknikkene i møte med smerte handler om evnen til å observere seg selv. Å skrive dagbok, eller opprette en slags journal på seg selv, kan hjelpe til å identifisere negative tanker og oppfatninger, gjenkjenne fysiske og emosjonelle triggere for smerte, oppdage andre mønstre i smerten og deretter etablere nye strategier som bidrar til økt bevissthet og bedre håndtering av smerte.

## Kroppsbevissthet

Har du en kropp eller er du en kropp? Hva vi svarer på dette spørsmålet reflekterer vår innstilling til kroppen. Uten kroppsbevissthet kan kroppen oppleves som et tilholdssted for den du egentlig er, og ikke en del av deg. Kroppen kan være en maskin som vi bruker for å oppnå våre mål. Motsatt kan kroppen være en vesentlig del av vår «jeg-opplevelse». Jeg tror at kroppsbevissthet er et viktig element i god selvfølelse. Som psykolog snakker jeg mye med mennesker som lider av lav selvfølelse, og slike samtaler kan ha en viss effekt. Men de som både jobber psykoterapeutisk med seg selv, og samtidig trener kroppen, synes å ha en langt bedre effekt.

Mye av denne boken dreier seg om å oppnå mer innsikt i oss selv. Det fokuseres mest på å styrke vår oversikt over tanker og følelser for å få mer kontroll og innflytelse på egne opplevelser. Denne typen oversikt viser seg å styrke vår tillit til oss selv og vår selvfølelse. Mye av den kroppsorienterte psykoterapien og mindfulness tradisjonene vil hevde at det forholder seg på samme måten i forhold til kroppen. Ubevisste og fortrengte psykiske plager gir seg ofte til kjenne i kroppen. Ved å være mer oppmerksomme på kroppens signaler kan vi løse opp i smerten. Det kan gi en fysisk lindring så vel som en psykisk lindring.

Innenfor mindfulness tradisjonen ivaretar man også dette aspektet, spesielt gjennom det som kalles for kroppsskanning. Dr. Andries Kroese (2003, 2005) er spesialist i hjerte- og karkirurgi og ledende innenfor oppmerksomhetstrening i Norge. Han skriver at kroppsskanning er blant de mest effektive avspenningsøvelsene han kjenner til, og sånn sett er det et godt eksempel på hvordan økt kroppsbevissthet automatisk fører til avspenning og stressreduksjon. Kroppsskanning er en øvelse hvor man skal gjennomlyse hele kroppen med oppmerksomhet. Man skal kjenne etter vibrasjoner, stikking, kløe, pulseringer, temperatur eller andre fornemmelser i hver kroppsdel på en systematisk måte. Poenget er å legge merke til kroppen som et nøytralt vitne. Man skal unngå vurderinger av de fornemmelsene som oppstår, men la de være slik de er uten fortolkninger. Det handler om å kultivere tilstedeværelse i egen kropp.

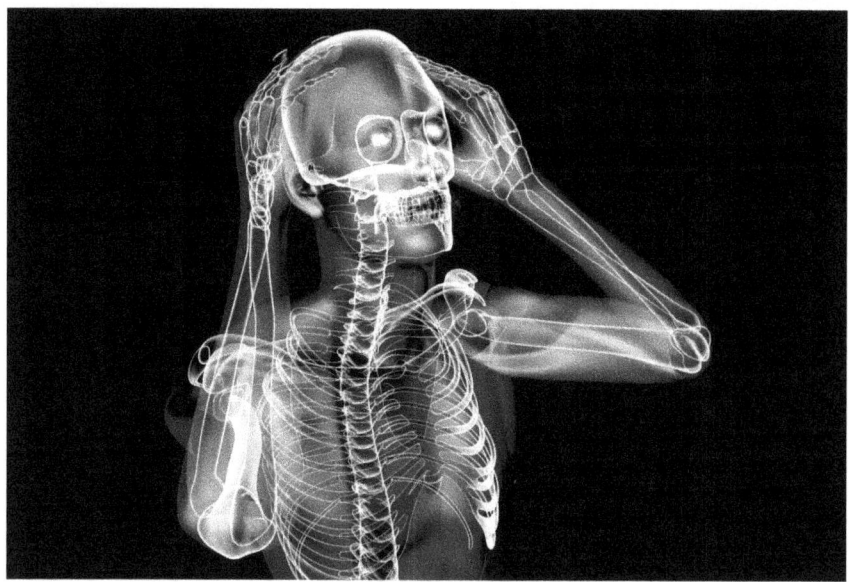

Kroppsbevissthet handler om å sanse muskelspenninger, kroppsbevegelser og deres emosjonelle aspekt, samt følelser og holdninger til egen kropp. Å bli godt kjent med sin egen kropp har en rekke helsebringende effekter.

Når vi kjenner etter i egen kropp uten å bedømme kroppens signaler, fungerer vi som et nøytralt vitne. En hypokonder kjenner som regel etter i kroppen hele tiden, men problemet er gjerne at hypokonderens observasjoner er ladet med katastrofetanker. Tankene har en tendens til å tvinge våre observasjoner inn i bestemte kategorier, og det er derfor mye av den meditative praksisen handler om å observere og akseptere uten å bedømme. Det er også derfor måter å tenke på er avgjørende for vår livskvalitet, noe vi kommer tilbake til i kapittel 12.

Jeg er overbevist om at god selvfølelse ikke bare handler om å være i god kontakt med sitt indre liv, men også i god kontakt med sin egen kropp. Jeg har gjentatte ganger vært vitne til at mennesker som rapporterer lav selvfølelse har vokst mye på styrketrening av forskjellig slag. Når man opplever at kroppen fungerer, adlyder og tåler en støyt, avstedkommer det en form for kroppslig trygghet som innvirker på selvfølelsen. Motsatt kan vi vie kroppen minimalt med oppmerksomhet, slurve med vedlikehold og fylle den med ulike preparater eller matvarer som gir en umiddelbar behovstilfredsstillelse på bekostning av sunnhet i et litt lengre perspektiv. Forsømmelse av egen kropp vil koste oss selvfølelse på sikt, mens et bevisst forhold til egen kropp og dens signaler vil være et viktig element i god selvfølelse.

## Å møte smerten ansikt til ansikt

Hele denne boken handler om å finne nye perspektiver som kan hjelpe oss å forstå mer av oss selv. Noen tviholder på en bestemt forståelse av seg selv gjennom et langt liv, men de fleste blir nødt til å endre seg underveis. Store endringer i vårt psykologiske liv kaller vi ofte for identitetskriser. I begynnelsen av dette kapittelet møtte vi Jesper som lot sjefens kritikk infiltrere hans egne tanker om seg selv. Han identifiserte seg med sine selvdevaluerende tanker og trodde at tankene definerte ham som person. Han oppdaget ikke at tanker er noe som kommer og går, som påvirkes av hundrevis av faktorer hele tiden og korrumperes av andres meninger og krav. Jesper trodde han var sine tanker, og tankene var farget med håpløshet og speilet ham som udugelig, inkompetent og mislykket. Jespers identitet var forankret i falske premisser, og det var det depresjonen ville fortelle ham.

Ideen er altså at smerte er noe vi må møte ansikt til ansikt. Den fysiske smerten kan avhjelpes med blant annet avspenningsøvelser og kroppsbevissthet. Denne typen kontroll over smerten vil styrke selvfølelsen fordi vi unngår å resignere som offer for smerten. Kroppsbevissthet er ikke nødvendigvis noen enkel oppgave, men det er langt på vei mer konkret enn dybdepsykologisk selvransakelse.

Det siste spørsmålet i dette kapittelet blir følgelig hvordan vi kan møte den psykiske smerten med bevissthet. Innledningsvis nevnte jeg den «mørke innsjøen» i menneskets psykologiske liv. Poenget var at vår bevissthet har en større dybde som vi bør utforske. Vi kan leve på overflaten og ignorere de dypere lagene i vårt indre liv, men vi risikerer å leve på flukt (angst og uro), eller plutselig bli trukket ned i dypet uten forvarsel (depresjon).

Hvordan dykker vi ned i vår egen «mentale innsjø»? Det spørsmålet har jeg tenkt mye på, og snakket med mange om, og ulike mennesker har forskjellige strategier. Jeg vil også påstå at et stort antall mennesker ikke helt vet hvordan de skal komme under overflaten på seg selv. Personlig synes jeg det er en vanskelig og litt diffus oppgave, og jeg er takknemlig for de rådene jeg har fått på min egen vei. Her vil jeg kort nevne noen innfallsvinkler som andre har brukt for å «lodde dybden» i seg selv, og deretter utfordre deg til å finne din egen vei.

Simon var en mann i 30 årene som kom i behandling for depresjon. Han var far til to barn, gift og jobbet som IT-ansvarlig på en høyskole. Simon virket ikke deprimert når jeg møtte ham, og når alt kom til alt var han vel heller ikke deprimert. Han hadde dårlig samvittighet fordi han ble sint i rollen som far. Han følte at han alt for ofte kjeftet og ble høylytt sammen med barna. Ofte skjedde det på morgenen når de hadde dårlig tid. Simon ble oppfarende, kjeftet, leverte barna i barnehagen og hadde dårlig samvittighet resten av dagen. Dette var et mønster han ikke kom ut av, og jeg tror ikke at terapi hjalp ham, men han klarte å hjelpe seg selv. Jeg lurte på hvordan han hadde gjort det.

*En egen skole innenfor psykologi, med røtter tilbake til Carl Gustav Jungs teorier om arketyper, mener at menneskesinnet er koblet til dypere lag i bevisstheten som taler til oss i form av bilder og myter.*

Simon forklarte at han først og fremst hadde jobbet med å akseptere seg selv.

«Så lenge jeg gikk rundt med kronisk dårlig samvittighet, hatet jeg meg selv. Jeg ble depressiv og lei meg, og det virket som om jeg ble mer irritabel. Det var en negativ spiral hvor jeg følte meg som et dårligere og dårligere menneske. Nå er jeg litt rausere ovenfor meg selv for å ha litt mindre dårlig samvittighet, men det betyr ikke at jeg synes det er greit å bli sint. Faktisk ble jeg mindre sint når jeg sluttet å klandre meg selv så hardt.»

Det Simon forteller understøtter hovedpoengene i kapittelet om selvaksept. Det var en slags forutsetning for at han i det hele tatt kunne klare å jobbe med seg selv. Det neste skrittet Simon tok, for å komme seg ut av et destruktivt mønster, er interessant i forhold til poengene i dette kapittelet.

«Jeg ble nødt til å konfrontere mitt eget sinne. Jeg måtte gå dypt inn i meg selv for å bli bedre kjent.» Det var tydelig at Simon på sett og vis hadde en idé om at han måtte møte sine «indre demoner». Simon hadde funnet en vei ned i det «mørke tjernet» og kommet opp igjen som en sterkere person.

«Hvordan gjorde du det?» var mitt spontane spørsmål. Istedenfor å svare, tok Simon opp telefonen sin. Han satte på en sang og ba meg lytte til teksten. Det var en låt av den norske artisten, Tommy Tokyo, og den handlet om sinne.

*«Du er som en demon du*
*når tingene går deg imot*
*da går du fra å være snill*
*til å bli en fortapt idiot*
*du snakker høyt og banner*
*du mørkner og svartner totalt*
*og vi som har deg rundt oss*
*er redde for å si noe galt*
*er redde for å bli slått og kvalt*
*ååh som vi ønsket deg fred og fordragelighet i sola*
*men du fikk aldri det for ditt sinn var svart som bek*
*og din vilje fjern og vek*
*hilsen alle dem du svek…»*

Simon fortalte at han aldri hadde vært voldelig, men han identifiserte seg med det destruktive raseriet i sangen til Tommy Tokyo.

«Mitt mørkeste rom er min aggresjon. Det var denne siden ved meg selv jeg måtte bli kjent med for å få mer kontroll. Istedenfor å kjempe imot raseriet, bite tennene sammen, mislykkes i tide og utide og gå rundt å hate meg selv, måtte jeg konfrontere mitt sinne. Jeg har hørt på denne sangen om og om igjen, gjerne mens jeg har gått tur i skogen på kveldstid. Den får meg til å gråte, skjelve og noen ganger var jeg nær ved å kaste opp. Du har sagt at raseri er en viktig kilde til livskraft dersom vi kan kanalisere denne følelsen på en god måte. Nå tror jeg at det er mulig for meg. Jeg har ikke vært sint på barna på mange uker. Jeg føler meg lettere, men også mer kraftfull».

Gjennom sangen til Tommy Tokyo hadde Simon funnet veien inn til sine egne «demoner». Selv om det var skremmende og ubehagelig, hadde Simon en følelse av at det var viktig å holde ut.

Simon fant noe viktig i musikken som hjalp ham videre i livet. Jeg tror at både musikk, litteratur og annen kunst kan ha en slik funksjon. Mange av våre kulturelle uttrykksformer inneholder arketypiske fortellinger om menneskets muligheter og utfordringer. De mytiske karakterene i folkeeventyr og legender konfronteres med problemer som de må løse, og gjennom historiene får vi ideer om hvordan vi kan håndtere våre egne liv. Den amerikanske professoren, Joseph Campell, har vært opptatt av hvordan mytologier kan fungere som veivisere dersom vi forstår eller «føler» budskapet som formidles. Han sier at ingen kan føle seg alene i mytologiens verden. I de store fortellingene finner vi en slags universal veileder for den menneskelige ånd, eller et kart over alle livets sykluser. Campbell mente at mytologiene var «universets sanger» som tusenvis av mennesker og kulturer hadde vært med på å utforme. Ved hjelp av myter kan alle opplevelser få en mening og en dybde som gjør oss sterkere, mens uten denne dybden kan livet oppleves som en meningsløs serie av nedturer og oppturer.

Campbell snakker om mytologier, men poenget er at ulike former for kunst og litteratur har muligheten til å berike og veilede oss. Når vi skal lodde dybden i oss selv, kan det hende at nøkkelen finnes i mer kunstneriske uttrykksformer. Simon var på jakt etter sitt raseri, og fant det hos Tommy Tokyo. Den dystre og intense sangen ble et tøft møte, men samtidig en bekreftelse på at han ikke var alene i verden. Aggresjon er et fellesmenneskelig tema. Det var en følelse Simon måtte møte ansikt til ansikt, men nå hadde han noen å gå sammen med. Han var ikke lenger alene, og tema hadde fått en stemme og en melodi. I kapittel 1 beskrev jeg hvordan Knausgård hjalp meg på lignende vis med problemer knyttet til maskulinitet. Jeg tror at veien ned i våre indre liv kan gå via kunstneriske uttrykk som musikk, film, litteratur, drama og lignende. Det kan også hende at drømmene våre kan fortelle oss viktige ting, men det krever at vi husker dem og klarer å fortolke dem på en fruktbar måte.

## Å danse med døden

På jobb har jeg en kollega som fortrinnsvis jobber med mennesker som har ganske konkrete fobier. Noen har edderkoppfobi, noen er redd for heiser, mens andre er redde for folkemengder. Min kollega hjelper disse menneskene med det som kalles for eksponeringsterapi. Det dreier seg om refleksjon rundt egen frykt kombinert med eksperimenter hvor man møter utfordrende situasjoner i passe doser. Jeg kom til å nevne for henne at jeg var redd for å dø, og da tok hun meg med til en kirkegård og lurte på hvordan det føltes å stå blant hundrevis av døde mennesker. Poenget var at jeg skulle møte døden, istedenfor å leve et liv på flukt fra mannen med ljåen, men dette eksperimentet hadde ingen effekt på meg. Jeg føler ikke ubehag på en kirkegård, og jeg er ikke redd for å dø i morgen, men jeg er redd for døden som fenomen. Kloke mennesker sier at døden er en nødvendig ramme rundt livet som sørger for mening i våre små og store livsprosjekter, men for meg virker det motsatt. For meg er det vanskelig å akseptere at døden er enden på alt, og samtidig har jeg problemer med religiøse forestillinger om et liv etter døden, eller teorier som sier at vi skal rykke tilbake til start og «spille på nytt» (reinkarnasjon). Siden jeg er såpass uavklart med døden, kan dødsangst overmanne meg og flekke tenner på en måte som drenerer livet for farge og mening i noen korte øyeblikk, før jeg vrir meg unna og tenker på noe annet. Jeg vet at jeg burde møte døden for å bli bedre kjent med ham og meg selv, men såkalt eksponeringsterapi på kirkegården hadde ingen effekt. Jeg måtte finne andre måter å møte døden på.

*Konfrontasjoner med døden kan skape dramatiske perspektivforandringer, både for den som er døden nær og de pårørende. Av og til er det ved livets ytterpunkt at vi klarer å skape viktige forandringer eller vinne nye «åpenbaringer». Den eksistensielle psykoterapeuten, Irvin Yalom, skriver følgende: Å lære å leve riktig er å lære og dø på en god måte, og lære å dø på en god måte er å lære og leve riktig.*

Tanker om døden er noe mange mennesker systematisk fornekter. Men på samme måte som alle andre trusler eller følelser som fornektes, har det en angstprovoserende virkning. Følgene av våre fornektelser kan også få store konsekvenser på sikt. Så lenge vi har noe uoppgjort med våre eksistensielle grunnvilkår, vil vårt forhold til livets realiteter være svekket, og det er som tidligere nevnt en veldig viktig faktor i lav selvfølelse.

Man kan enten akseptere eller fornekte døden. Hvis man ser til psykologisk teori og praksis virker det som om mennesket har størst utviklingspotensial dersom det våger å akseptere følelser og realiteter på en mest mulig autentisk måte. Av og til er vi ikke i stand til å ta innover oss alt det livet kaster vår vei, og vi makter ikke å kjenne på de tilhørende følelsene, og da har vi et psykisk forsvar som ofte beskytter oss mot dette, noe som var tema i kapittel 2. Men fornektelse av følelser, realiteter og døden, har som nevnt sine psykologiske omkostninger. Verken fornektelse eller aksept pleier å være total. Mennesket beveger seg ofte i spenningsfeltet mellom disse to polene, og hvor vi til enhver tid befinner oss på dette kontinuumet, avhenger av både fysiske og psykologiske faktorer. Det handler også om hvor villige vi er til å dykke ned i det «mørke tjernet».

Når døden viser seg for mennesket, og vissheten om dens nærhet erkjennes, oppleves det som et sjokk for dem som gjennom hele livet har fornektet dødens realitet. *Memento mori* er et latinsk begrep som gjerne oversettes med *«husk, du skal dø»*. Dette begrepet navngir en sjanger av kunstneriske uttrykk som har en felles hensikt: Nemlig å minne mennesket på sin dødelighet. Det er denne veien jeg måtte gå for å komme nærmere døden. Døden og jeg er ikke gode venner, men forfattere som Per Fugelli (2010) som skriver *«Døden, skal vi danse»*, Irvin Yalom (2015) som skriver om å *«Stirre på solen – Om å overvinne frykt for døden»* og Joseph Campell (1991) som snakker om sitt forhold til døden mot slutten av *«The power of myth»*, har hjulpet meg i riktig retning. Det er modige mennesker jeg har lent meg på for å våge og åpne ukjente dører i mitt eget indre liv.

## Et dypere menneske

Forfatteren og psykoterapeuten, Thomas Moore (1992), har skrevet boken *«Care of the soul – A guide for cultivating depth and sacredness in everyday life»*. Han foreslår at mennesker kan fylle sin tomhet ved å leve mer «åndelig». Vi kan frigjøre vår individualitet ved å akseptere våre særegenheter og mørke sider.

Moore sin hypotese er at moderne mennesker mangler mystikk. Han vil bringe fantasien tilbake til de områdene av livet som har mistet sin magi. Han vil at vi skal tenke på nytt om alle de tingene vi allerede tror vi vet. Gode relasjoner, spennende jobber, kreativitet, vitalitet, kjærlighet, selvfølelse og mental ro er i følge Moore noe som kommer fra det han kaller «sjelen», men siden vår moderne verden har avskrevet dette begrepet, har mange aspekter ved livet mistet sin dybde eller kvalitet. Han peker på en overfladisk kultur som mangler verktøy for å kultivere sitt indre liv, og dermed vil de «åndelige» aspektene undergraves, mens konsekvensene av man-

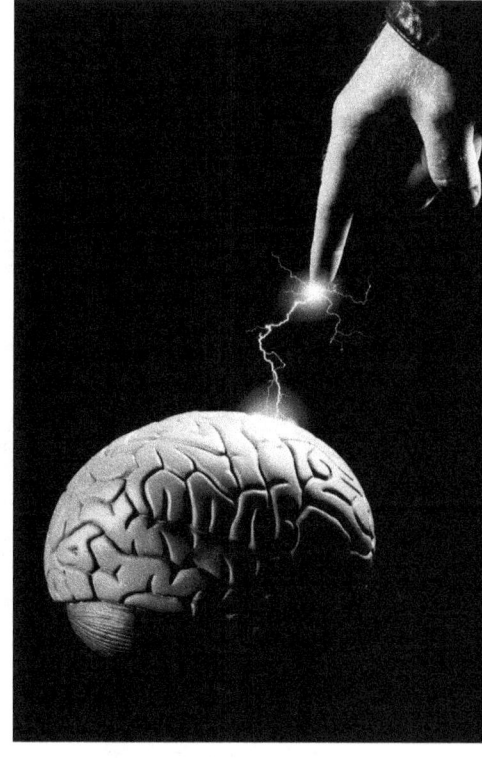

*I følge Thomas Moore kan ikke sjelen trives i en tidsklemme. I et liv på høygir vil sjelen overkjøres. Sjelen krever at vi lar oss berøre, er oppmerksomme, tar ting innover oss og smaker på det, og den prosessen krever tid.*

gel på «åndelig vedlikehold» komme til overflaten som fysiske symptomer, angst, tomhet og generell misnøye.

Når Robert Bly snakker om å dykke ned i vårt indre liv, snakker Thomas Moore om en form for åndsarbeid. Det er to sider av samme sak, og i følge Moore er det ganske enkelt. Ofte føler vi oss bedre bare ved å akseptere og gå dypere inn i den tilsynelatende misnøyen, enten det er knyttet til jobb, ekteskap eller et sted. Istedenfor å forsøke å fjerne vonde følelser eller opplevelser fra sinnet med medisiner eller psykoteknikk, er det altså bedre å møte ubehaget ansikt til ansikt for å høre hva det har å si. Vi går glipp av «sjelens beskjeder» dersom vi avviser smerten. Å hjelpe noen betyr altså ikke at vi skal si fortrøstningsfulle ting som demper eller fjerner den andres vonde følelser, men snarere hjelpe den andre til å gå dypere inn i smerten. Moore påpeker at selvhjelp og psykoterapi tradisjonelt sett handler om å løse problemer. Åndsarbeid skal derimot ikke løse noe som helst, men kun legge merke til smerten og undersøke den.

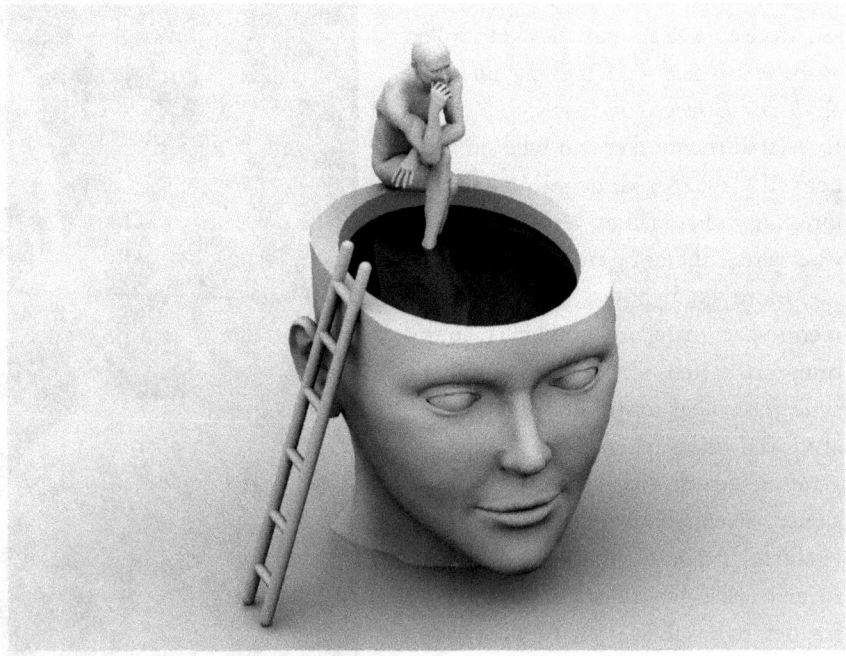

Thomas Moore poengterer videre at ingen mennesker er utelukkende normale og rasjonelle, men også sammensatt av tilfeldige raptuser, galskap og vanvidd. Dersom vi forsøker å eliminere våre mindre attraktive egenskaper, kanskje ved hjelp av ulike terapimetoder eller medisiner, som skal gjøre oss «normale», har vi lagt inn på en vei som gjør at vi mister oss selv til fordel for konformitet.

Den stakkars mannen er i ferd med å fjerne psykisk ubehag med en sugekopp. Jeg tviler på at det er mulig, men om det likevel skulle fungere, er det kanskje en dårlig løsning.

## Den modige hjelperen

Når vi skal støtte en venn, en kollega eller et familiemedlem som har det vanskelig, ser vi det ofte som vår oppgave å «fjerne» den vanskelige følelsen. Kanskje er vi for raske til å si at «det går bra» eller «du må ikke tenke slik» og så videre. Faren er at vi ikke gir rom til de følelsene som faktisk er til stede, men isteden ivrer så mye etter å avhjelpe den andres smerte at vi rett og slett undergraver den andres opplevelse. Kanskje er det en form for flukt fra følelsesmessig ubehag som karakteriserer den «dårlige hjelperen», mens den «gode hjelperen» i større grad tåler følelser. Kan hende det er slik at den «gode hjelperen» illustrerer hvordan man kan være i følelsen, undersøke den og akseptere den uten å gå til grunne. Den gode hjelperen tar ingen lette utveier, tilbyr ingen «quick fix», unngår ikke problemet eller flykter fra følelsene som er på spill, men utviser et følelsesmessig mot som gir den andre trygghet og styrke til å stirre problemene i hvitøyet, kjenne på smerten, akseptere smerten og leve forbi den.

## Øvelse 11 — Åndsarbeid

Robert Bly, Thomas Moore, Per Fugelli, Ken Wilber, Jon Kabat-Zinn og Joseph Campbell føyer seg inn i rekken av «kloke hoder» som mener at vi må møte vårt indre liv med bevissthet og mot for å leve fullt og helt. Dersom vi ikke går inn i oss selv, kommer vi til å leve i frykt for å bli dratt inn i «mørket» uten å være forberedt. I oversatt betydning handler dette om lav selvfølelse. Man kan ikke være trygg på seg selv dersom man går rundt med en diffus frykt for det som skjuler seg under overflaten. I denne øvelsen vil jeg at du skal tenke gjennom ditt eget liv. Hvordan kan du møte ubehag med mindre unnvikelse og mer bevissthet? Hva kan du gjøre for å komme i kontakt med dybden i din egen «sjel»? Er det en sang, en type musikk, en bok, en litterær sjanger, et tema, et sted, en reise eller et annet menneske som kan fungere som din «åpning» til dypere nivåer i deg selv? Tenk gjennom dette, og skriv ned minst tre forslag på skrivebrettet. Neste utfordring er å teste det ut over litt tid.

## Strategier for å komme i dybden på meg selv

Hvordan vi forandrer vår forståelse av oss selv gjennom livet er blant psykologiens mest interessante spørsmål. Vår identitet, hvem eller hva vi er som menneske (eller håper at vi er), er noe av det mest fundamentale ved vår person. Alt det vi tror om oss selv og vår egen betydning, er ikke nødvendigvis en sannhet. Vår vurdering av egen verdi ligger til grunn for vår selvfølelse, men denne vurderingen er sjelden noe vi har gjort uten innflytelse fra omgivelsene. Det som kalles den psykodynamiske skole innenfor psykologi er opptatt av hvordan den vi er i dag, er et resultat av erfaringer gjennom oppveksten. I dette kapittelet har vi gått «dybdepsykologisk» til verks, og det skal vi fortsette med i neste kapittel, men denne gangen skal vi tilbake i tid for å undersøke hvordan fortiden har påvirket den selvfølelsen vi lever med i dag.

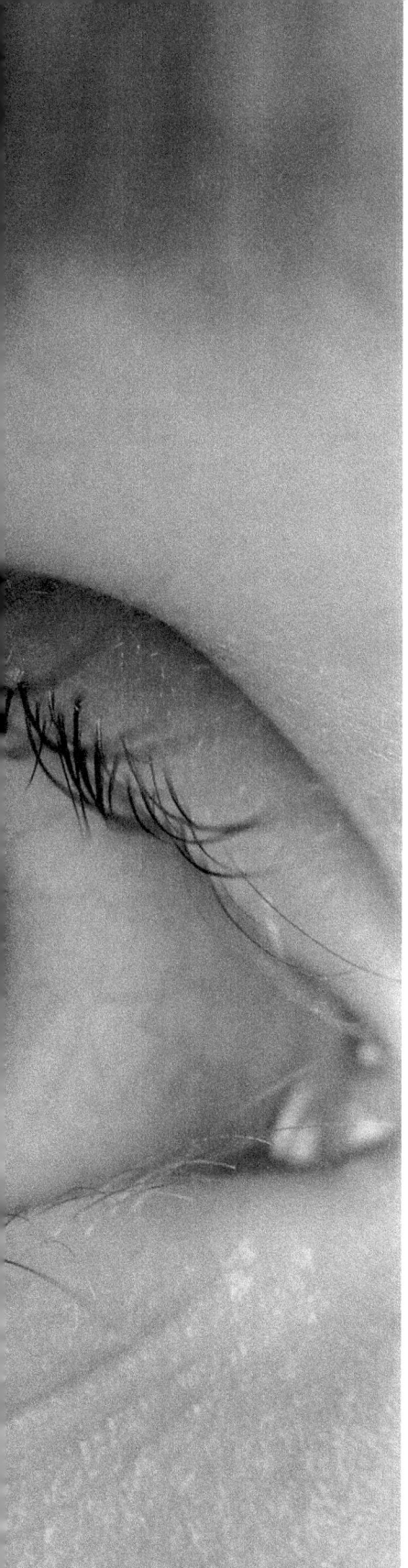

KAPITTEL 9

# Vi påvirkes av fortiden

Gjennom andres øyne lærer vi å kjenne oss selv, og kontakten med viktige omsorgspersoner gjennom oppveksten kan bli toneangivende for vår egen selvoppfattelse senere i livet. Det er som om våre tidligste relasjoner legger seg som en slags mal på hvordan vi relaterer oss til andre senere i livet. Våre holdninger, selvfølelse og livsperspektiver er sterkt influert av andre mennesker, og spesielt de som har stått oss nærmest. Av og til må vi tilbake i tid for å få innsikt i den vi er i dag.

## En kritisk og selvopptatt mor

Rakel er 64 år og føler seg ensom. Hun synes hun får lite besøk og sitter mye hjemme alene. Når datteren ringer henne for å høre hvordan det går, svarer Rakel på en ganske mismodig måte:

*«Vel, jeg vet at du er opptatt med barna og jobben. Du har ikke tid til en gammel dame som meg. Selv har jeg viet hele mitt liv til deg. Du skal bare vite hvor mye jeg har gitt opp for å sørge for deg, og nå sitter jeg her helt alene. Hva har jeg egentlig igjen for alt jeg har ofret?»*

Lisa, Rakels datter, synes det blir vanskeligere og vanskeligere å ringe sin mor. Når hun besøker henne, er det enda verre. Rakel har en tendens til å slenge rundt seg med kritiske bemerkninger. I forhold til sine barnebarn har hun en egen evne til å finne feil og mangler. Enten er de skitne, bråkete, uoppdragne, bortskjemte, forstyrrer henne med høy lyd på TV-en og lignende. Rakel setter fingeren på noe hele tiden, og Lisa blir nedbrutt og oppgitt. Likevel vil Rakel at Lisa skal komme oftere.

*For barn er foreldrenes ansikt som en bok hvor de leser om seg selv. Dersom man vokser opp med et ansikt som stadig uttrykker kritikk og misnøye, kommer dette til å berøre barnets selvfølelse.*

I tillegg klager Rakel på Lisas mann. Hun sier rett ut at han er lat, og klager på at han ikke har fast jobb. Hun kan ikke forstå hvorfor Lisa holder sammen med en mann som ikke bidrar med annet enn problemer. Faktum er at Lisas ektemann er fantastisk flink med barna, og akkurat nå har de blitt enige om at han skal være hjemme en periode og prioritere familien før han finner seg en ny jobb. Rakel mener derimot at menn skal være på jobb og sørge for en stabil inntekt, og dette uttrykker hun på bitende vis. For Lisa er det vanskelig å forholde seg til morens holdninger. Kommentarene sårer henne og anstifter hele tiden en indre uro. Lisa er glad i sin mann og vet at denne følelsen er gjensidig. Han gjør en god jobb hjemme, samtidig som han påtar seg småjobber for å bidra økonomisk til husholdningen. Dessuten tjener Lisa så godt at familien uansett klarer seg greit, og barna stortrives med pappa hjemme.

Det blir stadig vanskeligere for Lisa å ta med seg familien på besøk til Rakel. Barna og ektemannen foretrekker å bli hjemme. Lisa føler at hun blir strukket i alle retninger. Morens meninger og hennes egne følelser er stadig i konflikt, og det skaper en indre forvirring. Overfor mannen forsvarer hun sin mor, mens overfor moren våger hun ikke å si så mye. Det blir hele tiden vanskeligere å balansere mellom forholdet til moren og mannen, og på hjemmebane krangler de mer og mer.

En dag ringer Lisa og forteller moren at hun kommer på besøk for å bli en hel uke. Lisa kommer alene fordi mannen og barna foretrekker å tilbringe uken ved stranden. Rakel blir svært tilfreds og glad for å ha datteren for seg selv en hel uke.

Så snart Lisa setter sin fot innenfor dørstokken, begynner moren å forvente oppvartning. Siden hun er så innstilt på å bli ivaretatt av datteren, legger hun ikke merke til at Lisa har det veldig vondt. Lisa står faktisk ovenfor et samlivsbrudd, noe moren ikke ser fordi hun har fokus på seg selv. Hun forventer at Lisa stiller opp hele dagen, og dermed finner ikke Lisa en anledning til å fortelle om skilsmissen før helt på slutten av uken.

Moren reagerer med tilfredshet på Lisas sørgelige budskap. Lisa snakker litt om barna som nå er 9 og 12 år. De har selv uttrykt at de ønsker å bo hos sin far, men Lisa er ganske sikker på at hun vil få omsorgsretten siden hun tjener mest penger. Rakel virker fornøyd med datterens valg og tenker at hun endelig kan få datteren tilbake for godt. Men da forteller Lisa at hun har planer om å flytte utenlands for en periode på 2 år.

«*Utenlands! Hvorfor det?*» utbryter Rakel.

«*Jeg trenger tid til å tenke. Du fortalte meg hele tiden at han ikke var god nok, og etter hvert begynte jeg også å føle det sånn. Den siste tiden har vi kranglet mer og mer, og i forrige uke fortalte han at han ikke elsket meg mer. Han sier at jeg har blitt akkurat som deg. Han opplever at jeg er krevende og selvsentrert. Barna velger ham fremfor meg. Jeg vet ikke en gang om de liker meg mer. Da jeg oppdaget at barna trekker seg unna, skjønte jeg plutselig at jeg er i ferd med å bli som deg. Du har alltid terpet på hvor mye du gjør for andre, men faktum er at du ikke gir andre annet enn skyldfølelse og krever at de skal ta vare på deg. Du er egoistisk. Du ser bare deg selv. Jeg er redd for å bli enda mer som deg, derfor vil jeg vekk.»*

Rakel er sjokkert. Etter alt det hun har gjort for sin datter, ender hun opp med den verste utakknemlighet. Hun blir sittende helt perpleks, uten å få frem ett eneste ord.

Rakel er fanget i et livsmønster som er etablert gjennom årenes løp. Hun har blitt vant til å betrakte seg selv som offeret, og derfor krever hun oppmerksomhet fra andre uten tanke for deres behov og følelser. Hun er konstant kritisk og negativ overfor sine nærmeste, og hun binder datteren til seg gjennom en blanding av kritikk og skyldfordeling. Hun er ulykkelig, og hun forventer å bli tatt vare på, selv om hun sprer sin egen ulykkelighet ut på andre gjennom sårende bemerkninger og harde ord.

I sine yngre dager var Lisa flinkere til å ignorere morens bemerkninger, samtidig som hun unngikk mye av morens misnøye ved å opptre på en lydig og oppofrende måte. Lisa var en mønsterelev på skolen, med gode karakterer, og hun etterlevde morens forventninger så langt det lot seg gjøre. I barndommen var Lisa mye sammen med sin mor. Moren hadde få venner fordi hun ofte mente at andre mennesker ikke var gode nok, intelligente nok eller ikke passet for hennes selskap. Hun likte aldri datterens venner heller. På mange måter kan vi si at Rakel lider av en slags «holdningssykdom». Det dreier seg om en holdning som har hindret henne i å åpne sitt hjerte og sinn for nye mennesker og nye situasjoner. Siden Lisa alltid har føyet seg etter sin mor, har moren sjelden opplevd å bli satt på plass – før nå.

Nå, som Rakel føler seg gammel og innskrenket, fortsetter hun å kontrollere tilværelsen ved å opptre dømmende og negativt. Faktisk er det slik at Rakel har blitt mer og mer innbitt med årene. Det er som om kampen for å tvinge verden til å ha omsorg for henne blir mer og mer intens etter hvert som hun selv blir eldre og skrøpeligere. Og på sett og vis fungerer denne strategien. Lisa er blant dem som lenge har gjort sitt ytterste for å tilfredsstille hennes krav, men nå setter også hun endelig grenser for morens urimelige oppførsel.

Rakel klarer ikke å se hvordan hennes væremåte påvirker andre. Hun ser ikke hvordan hun sårer og trykker andre ned med sine harde ord. Hun har selv et stort behov for å bli sett, og det gjør henne navlebeskuende og blind for andres behov. Selv når datteren står ovenfor et samlivsbrudd, har hun ikke overskudd til andre enn seg selv.

Lisa har ikke tatt til motmæle mot morens holdninger. Gjennom årenes løp har morens negativitet også blitt en del av Lisa. Naturlig nok vil barn farges av foreldrenes holdninger, og det er gjennom foreldrenes øyne barnet lærer å kjenne verden. En form for sosial arv har sørget for at Rakels nedslående og selvsentrerte fokus har avleiret seg i Lisa. Det fører til at Lisa ikke klarer å glede seg over alle de positive sidene ved sitt ekteskap, men henger seg opp i det negative. Samtidig blir Lisa eksplisitt farget av morens meninger, og etter hvert tenker hun at mannen er nødt til å tjene penger for at ekteskapet skal bestå. Slik undergraver hun betydningen av relasjonen til fordel for et slags «prinsipp» som dypest sett stammer fra moren: «Mannen skal tjene penger, hvis ikke er han udugelig.»

Gradvis ser Lisa seg selv i sin mor, og blir skremt av likhetene. Dermed bestemmer hun seg for å flytte langt av sted for å skape avstand og gi seg selv tid til å tenke. Hun oppdager at hun ikke klarer å se klart når morens perspektiv hele tiden står i veien. Hun føler seg tung til sinns og ulykkelig, akkurat som sin mor. Hun føler ikke at hun er elsket, og synes ikke at noen setter pris på henne, akkurat som sin mor. Dette skjer selv om Lisa gjennom hele livet har sverget på at hun ikke skal bli som sin mor.

Dessverre er det slik at moren stjeler Lisas energi og setter datteren i et slags «psykisk underskudd». Datteren forsøker å tilkjempe seg tiltrengt støtte og oppmerksomhet fra sin familie, men bruker morens egosentriske strategier, noe som ødelegger hennes relasjon til andre mennesker. Resultatet er ensomhet, blandet med en følelse av urettferdighet og svik.

Det at barna foretrekker sin far fremfor henne, var sannsynligvis det som fikk Lisa til å innse at noe var fryktelig galt. Hun så at barna trakk seg unna, unngikk å være alene med henne og ønsket seg ferier hvor hun ikke var med. De gikk til sin far med alle sine problemer og behov, noe hun tidligere hadde innfunnet seg med, siden hun var så travel med jobb og så videre. Nå ser hun at det kjølige forholdet til barna ikke bare dreier seg om jobben eller hennes tid borte fra hjemmet, men om måten hun er på. Hun husker den gangen hun var sengeliggende fordi hun hadde forstuet ankelen. Da krevde hun at barna skulle være i nærheten hele tiden, og hun forlangte at de forsaket fotball og lek til fordel for henne. Hun husket at skolen hadde klaget på barnas oppførsel i en bestemt situasjon, og hun hadde automatisk kjeftet dem huden full uten å sjekke fakta. Hun var ikke til stede for barna på en innlevende måte, og dermed klarte hun ikke å se dem og deres behov.

Hun hadde hele tiden en følelse av å gi masse uten å få noe tilbake, men så oppdager hun at det egentlig stiller seg motsatt. Hun krever og kjefter uten tanke for andres behov, og resultatet er at ingen trives i hennes selskap. Mannen hennes har ikke forlatt henne, men det er først og fremst fordi han ikke klarer å være uten sine barn.

Lisa må innse at hun innerst inne klandrer sin mor for den skyggen som har lagt seg over livet hennes, og at dette naget plasserer henne i en offerposisjon. Følelsen av å være urettferdig behandlet og ignorert blir en gjennomgående følelse som utspiller seg i stadig flere relasjoner. Den har sitt utspring i morens jerngrep, men er nå i ferd med å forpeste Lisas liv. Hun blir som sin mor. Hvis det skal skje en forandring, må Lisa selv ta ansvar for dette. Så lenge hun lever på en følelse av å være offeret, vil situasjonen låse seg mer og mer. Hun er nødt til å ta ansvar for å skape endringer i seg selv.

Rakel har ikke levd et tilfredsstillende liv, og Lisa er i ferd med å falle inn på samme vei. Når foreldre sliter med underskudd, bitterhet eller andre «holdningssykdommer», er det lett for at dette smitter over på barna, men det trenger ikke å være sånn. Lisa er nødt til å arbeide videre med å skape mer bevissthet og innsikt i hvordan hun selv oppfører seg, og hvordan det henger sammen med hennes relasjon til moren.

Lisa har levd store deler av sitt liv i skyggen av morens holdninger. Det representerer en uhyre sterk påvirkning som kan ødelegge modning og sunn vekst. Hva Lisa bør gjøre er ikke så lett å svare på, men sannsynligvis hjelper det lite å kritisere moren og deretter forlate henne. Lisa kan ikke endre sin mor, men hun må innta rollen som aktiv agent i egne atferdsmønstre og stadig være oppmerksom på egne holdninger og hvordan hun selv påvirker sine medmennesker. Kanskje bør hun gi ekteskapet en ny sjanse og virkelig se hvordan mannen og barna hele tiden bygger og vedlikeholder kjærlige relasjoner seg imellom.

Hvis Lisa lærer seg «livets kunst» og vinner tilbake fortrolighet og nærhet til sin familie, kan det hende at nye og mer «hjertevarme» livsanskuelser «smitter» over på moren. Psykisk forandring handler veldig ofte om å øke bevisstheten om seg selv og sine relasjoner, og på bakgrunn av større innsikt skape nødvendige endringer i eget liv. På den måten kan man få nødvendig balanse i seg selv, noe som videre gjør en mer fleksibel og «moden» i relasjon til andre.

Hvis Lisa ikke klarer å bearbeide seg selv på denne måten, risikerer hun å bli mer og mer bitter, selvmedlidende og skyldbetynget – Med andre ord: Alt det hun ikke vil være.

Hvis hun derimot klarer å ta ansvar for eget liv og holdninger, kan hun frigjøre seg selv fra destruktive bindinger til moren og skape ny varme i relasjonen til familien. Deretter kan hun kanskje bli den personen moren trenger for å endre sine egne nedslående innstillinger til livet. Det er de sterke, emosjonelt ansvarsfulle og selvbevisste menneskene som med sitt rause nærvær kan forandre andre. Det er mennesker med god selvfølelse som har evnen til å bygge andre opp. Det handler ikke om at man aktivt skal forsøke å forandre andre, blidgjøre dem eller oppfylle deres krav, men om en subtil forandring som spres til andre i kraft av sterke menneskers indre ro. Vi kan kalle det «livets kunst», men i bunn og grunn vil jeg påstå at det er en kvalitet som er knyttet til god selvfølelse.

Den spansk-amerikanske filosofen George Santayana har sagt at de som ikke husker fortiden, er dømt til å gjenta den. Kanskje handler det mer om at vi må erkjenne hvordan fortiden har formet oss. Dersom Lisa skal endre seg, krever det at hun lever mer bevisst, slik at fortidens erfaringer ikke får lov til å styre henne. Et gjennomgående poeng i denne boken er at vi lever mye på autopilot og gjentar vaner for tenkning, følelser og relasjoner. På den måten vet vi hvem vi er, og vi vet hva vi kan forvente, og det føles på sett og vis trygt. Forandring krever at vi går bort i fra de gjenkjennelige mønstrene og skaper nye. Selv om forandring er til det positive, vil det som regel skape usikkerhet. Derfor krever endring at vi tar et målrettet og bevisst valg om å skape grunnleggende forandringer. Vi er dømt til å gjenta fortidens tabber og arven fra foreldre og besteforeldre hvis ikke vi gjør en overlagt og varig innsats for å endre på det. Vi må være mer bevisst til stede i eget liv, undersøke våre reaksjonsmønstre, tenkemåter og følelser og dernest tilstrebe og møte vanskelige situasjoner på nye måter. Selvfølelsen vil alltid lide når vi er bundet av fortiden og ikke lever fritt.

Når vi skal forstå oss selv i lyset av vår fortid, kan den dynamiske psykologien være til stor hjelp. I de neste avsnittene skal vi se hvordan små og store konflikter gjennom oppveksten er med på å skape karaktertrekk som styrer oss i voksen alder.

## Våre indre konflikter

Karen Horney var en tysk psykoanalytiker som skrev boken «*Our inner conflicts*» i 1945. Det er en gammel bok, men likevel full av verdifull innsikt om menneskets utvikling og personlighet. Karen Horney viser oss hvordan små og store konflikter i oppveksten tvinger frem ulike mestringsstrategier hos barnet. Som liten er man sårbar for følelser av hjelpeløshet og avvisning, hvorpå barnet gjør alt det kan for å tilkjempe seg nødvendig trygghet, ut fra de forutsetningene som er gitt. Noen barn har alt de trenger av empatiske omsorgspersoner, kjærlighet og grenser, mens andre barn opplever mangler i kortere eller lengre perioder. De fleste av oss har uansett enkelte «indre konflikter» som kommer til å følge oss inn i voksen alder. Problemet oppstår når våre tidligere strategier i møte med livet dukker opp på nytt, uten at vi er oppmerksomme på det. Det vil si at vi reagerer på «autopilot» og gjentar fortidens reaksjoner, uten at vi oppdager hva som foregår.

Horney skriver om ulike forhold som sørger for å gjøre barn grunnleggende usikre på seg selv, og hvordan dette er med på å gi grobunn for uheldige mestringsstrategier og lav selvfølelse. For lite kjærlighet, for mye kjærlighet, mangel på grenser, inkonsekvente regler, lite kontakt med andre barn, fiendtlig atmosfære i familien, overdrevent dominante eller kontrollerende foreldre også videre, er eksempler på forhold som kan føre til problematiske livsmønstre i barnet som henger med inn i voksen alder.

Horney identifiserer tre grunnleggende trekk som er mer eller mindre til stede i de fleste av oss. Det handler om å knytte seg til andre mennesker, sette seg opp mot andre mennesker eller unngå andre mennesker. I følgende skal jeg forsøke å synliggjøre menneskelige karaktertrekk ved å beskrive dem på en litt overdreven måte. Jeg håper at overdrivelsene kan hjelpe oss å forstå den psykologiske dynamikken, og kanskje hjelpe oss til å gjenkjenne noen lignende tendenser i oss selv.

De aller fleste av oss har med noen mønstre fra oppveksten som ikke tjener oss så godt i voksen alder, men dersom vi klarer å identifisere dem, kan vi strippe dem for muligheten til å styre vårt liv. Noen vil kjenne seg igjen i flere av beskrivelsene under, og det er det vanligste, mens andre vil kjenne seg best igjen i én kategori. Dersom du ikke ser deg selv i noen av beskrivelsene, er det sannsynlig at du ikke er fanget av «fortidens mønster», men snarere er psykologisk fri til å vurdere nåtiden på nytt, uten å la gamle erfaringer diktere dine tanker, følelser og handlinger.

## Den avhengige personligheten

Den litt voldsomme varianten av å knytte seg til andre mennesker grenser ofte opp mot avhengighet. Man føler seg som et barn i en voksenverden, og søker hele tiden mot andre som potensielle støttespillere. Den avhengige personen klamrer seg til andre i frykt for å være «alene i verden». Denne «personlighetstypen» følte seg ofte forlatt, isolert, redd eller ensom i oppveksten. Det kan hende man har opplevd ulike grader av omsorgssvikt. Noen har levd i familier med aggressive foreldre, mens andre har vokst opp under forhold hvor utryggheten var mer subtil. Det kan altså dreie seg om forhold som har skapt utrygghet i familien over en viss periode, enten det var skilsmisse, dødsfall, sykdom, åpenlyst uvennskap eller foreldre som av ulike årsaker ikke fungerte godt nok som omsorgspersoner. Det kan også handle om forhold i barnehage eller på skole, hvor man har følt seg ekskludert eller mobbet. For å unngå frykten forbundet med ensomhet, forsøkte barnet å «vinne» andres oppmerksomhet og omsorg ved å opptre på en «lydig», medgjørlig eller ettergivende måte. De utvikler seg som «snille» og «føyelige» personer for å få det de hadde behov for fra andre.

*Den avhengige personen er passiv og lener seg på andre for støtte. De har problemer med å ta valg, liker ikke å være alene og har ofte en engstelig fremtoning. Noen klamrer seg til andre i frykt for å bli forlatt. I verste fall er det nettopp den anspente tilknytningen som sørger for at andre føler seg kvelt og trekker seg unna.*

Som voksne vil deres behov for andres omsorg og medfølelse komme til uttrykk som et inderlig behov for en venn, kjæreste eller livspartner som kan «fullbyrde alt de forventer av livet». De kjemper ikke for et likestilt forhold til en partner, men de kjemper om et menneske som kan fungere som en slags livsforsikring eller en trygg base. De er mer fokusert på egen trygghet enn på partneren, og de vil ofte tilkjempe seg sin utkårede uansett hva denne personen måtte føle for dem.

Andre mennesker, som ikke er i personens omgangskrets, oppfattes ofte som fremmede og «truende», og noen de må vinne over. Ved å opptre som mer eller mindre underdanig, føyelig, tilsynelatende omsorgsfull, varm, sensitiv og avhengig ovenfor sine nærmeste, kan andre oppleve å bli «kvalt av vennlighet».

Fokuset på å bli elsket, akseptert, tatt vare på og veiledet blir så altoppslukende at de mister fokus på den andre parten. Selv om de fremstår som varme og sensitive, har de en tendens til å bruke andre mennesker som «krykker». Deres sterke behov for å høre til og ikke bli forlatt, fører ofte til at de feilvurderer andre mennesker og havner i vanskelige relasjoner.

For denne typen er det vanskelig å sette grenser, være kritisk og hevde sine meninger, da de er redde for å bli forlatt eller avvist dersom de yter noen form for motstand. Dette gir dem en «stakkars lille meg» utstråling, og en mentalitet som gradvis gjør dem svakere. Dersom de ved en sjelden anledning uttrykker sin mening med styrke og selvhevdelse, eller opptrer bestemt og litt «myndig», er det ikke uvanlig at andre liker dem bedre på denne måten. Ulempen ved å være så ettergivende er at andre oppfatter dem som «kjedelige». Det blir lite dynamikk og spenning i relasjonen, og de kan risikere å bli «glemt» eller «tatt under vingene» til noen med et stort behov for å være viktig for andre.

### Den avhengige

1 – Av og til er jeg så redd for å bli forlatt at jeg klamrer meg til andre mennesker
2 – Jeg redd for å miste andre mennesker fordi jeg føler meg avhengig av dem
3 – Hvis jeg føler at viktige personer i mitt liv mister interessen eller trekker seg unna, blir jeg desperat
4 – Jeg er ganske sårbar for avvisning
5 – Jeg synes ofte det er vanskelig å ta farvel eller skilles med venner, selv i dagligdagse situasjoner
6 – Det hender at jeg føler meg som et «barn i en voksenverden»
7 – Innerst inne synes jeg det er vanskelig å klare seg på egenhånd i hverdagen
8 – Jeg stoler ikke på min egen fornuft og dømmekraft
9 – Jeg syns det er vanskelig å velge på bakgrunn av egne vurderinger
10 – Jeg tror jeg er litt dårligere til å løse hverdagslige problemer og takle livets utfordringer enn «folk flest»
11 – Jeg tror at hvis jeg gjør som jeg ønsker, ber jeg om bråk
12 – Jeg føler på sett og vis at jeg er nødt til å gjøre som andre vil. Jeg må gi etter for andres ønsker, ellers vil de slå tilbake eller avvise meg
13 – Jeg lar som regel andre ta styringen
14 – Ofte lar jeg andre ta valg for meg, noe som fører til at jeg egentlig ikke vet hva jeg selv vil
15 – Jeg har store vansker med å kreve at mine rettigheter blir respektert og at mine følelser blir tatt hensyn til (Young og Klosko, 1993)

## Den mistenksomme personligheten

Mens noen forsøker å innsmigre seg hos andre og klamre seg til sine medmennesker for å stange en underliggende følelse av utrygghet og hjelpeløshet, er det noen som velger motsatt strategi. Når det her er snakk om å «velge strategi», handler det sjelden om et bevisst valg, men noe som påtvinges barnet som følge av situasjonen. En slik «psykisk strategi» er sjelden noe man velger bevisst, men noe som utvikles på bakgrunn av medfødte disposisjoner og miljøet rundt. I utrygge omgivelser kan enkelte barn reagere med motstand og rebelsk oppførsel for å «tilkjempe seg sin plass» i verden. Dersom dette blir en iboende del av barnets personlighet, risikerer man at voksenlivet blir vanskelig.

Typisk for et mer ampert mønster er at man innerst inne higer etter kjærlighet, men går glipp av andre mennesker fordi man går inn i nye relasjoner iført en «rustning av mistillit». Denne typen personligheter fremstår ikke som åpne fordi de har lært at åpenhet og tillit gjør en sårbar for avvisning. De møter andre mennesker med en type «vaktsomhet» som skaper avstand istedenfor nærhet.

*Utrygghet i oppveksten kan avstedkomme en grunnleggende mistillit. Man tør ikke å stole på noen, og man må alltid være på vakt. Trusselen og farene kan dukke opp når som helst. Denne innstillingen kan være rettet mot hele verden, eller kun mot en bestemt type mennesker. I parforhold hender det at denne typen mistillit gir grobunn for sjalusi. Man har lite erfaring med at andre mennesker vil en vel, og dypest sett tviler man på at man er verdt å elske. Dermed blir forholdet en usikker affære, og noen leser tegn på svik og utroskap inn i enhver situasjon.*

Den mistenksomme personen møter altså livet i en *«survival of the strongest»*-modus. De relaterer seg til andre som om de fleste situasjoner er en konkurranse, og de ser på andre som konkurrenter, snarere enn venner. De møter verden med mistillit og skepsis, og det er selvfølgelig slitsomt å bevege seg rundt i livet på en slags «alarmberedskap».

Et anstrengt oppvekstmiljø fører til at de utvikler en grunnleggende skepsis i møte med andre. De har ofte en klar forventning om at andre har skjulte og lumske motiver. Deres grunnleggende innstilling er at verden er et fiendtlig sted, men en del av dem har utviklet en sosialt akseptabel «takt og tone» som gjør at de omgås andre på en grei måte, så lenge den andre føyer seg og ikke uttrykker for mye motstand. Denne typen er like fryktsomme og usikre som den avhengige typen (som føyer seg etter andre for å ikke bli forlatt), men istedenfor å knytte seg til andre for å unngå følelsen av hjelpeløshet, har de valgt en annen vei. Her er det «hver mann for seg selv», og verden er en usikker jaktmark hvor man skal overleve og vinne sine kamper.

Denne personlighetstypen misliker svakhet, spesielt hos seg selv. De strever ofte hardt for å oppnå suksess, prestisje, status og anerkjennelse. Hvis man skal oppsummere denne psykologien i én setning, blir det omtrent slik: *«Ikke stol på noen, og vær alltid på vakt».*

Når det gjelder den mistenksomme typen, kan fokus på egne behov, egen vinning og «overlevelse» overskygge omtanke for andre. Noen utvikler tendenser i retning av å manipulere, utnytte eller kontrollere andre i selvopprettholdelsens tjeneste.

I mindre ekstreme varianter finner vi de menneskene som på et eller annet tidspunkt i livet har følt seg sårbare, trengt noe fra andre, men blitt avvist og kanskje følt seg ydmyket. Det kan hende de bestemmer seg for at de aldri skal ha behov for andre mennesker. De vil aldri vise at de trenger noe, og de gjør seg harde for å ikke bli knust.

**Den mistenksomme**

1 – Jeg havner ofte i diskusjoner eller argumentasjoner hvor det blir en litt amper stemning
2 – Jeg føler meg stadig på vakt. Tror alltid at noe galt kommer til å skje
3 – Jeg har problemer med å stole på andre
4 – Jeg aksepterer sjelden å være nest best. Jeg må være best i det aller meste av det jeg gjør
5 – Ofte føler jeg at jeg må forsvare meg mot andre, ellers vil de prøve å skade meg, lure meg eller på en eller annen måte utnytte meg
6 – Jeg mistenker ofte at andre har onde hensikter eller vil meg vondt
7 – Jeg forventer å bli sviktet. Det er bare et spørsmål om tid før folk forråder meg
(Young og Klosko, 1993)

## Den unnvikende og reserverte personligheten

Den tredje og siste «personlighetstypen» i Horneys beskrivelser er han eller hun som helst vil være for seg selv. Istedenfor å jobbe hardt for å høre til, eller krige for å vinne kontroll og føle seg trygg, har denne typen mennesker opplevd at forholdet mellom dem og andre har vært for tett. Her er det ikke nødvendigvis snakk om et bråkete og utrygt oppvekstmiljø, men en oppvekst preget av overinvolvering og barn som ikke får den distansen til sine foreldre som trengs for å utvikle selvstendighet og individualitet. I mangel på grenser flykter de inn i en hemmelig verden av leker, bøker og håp for fremtiden. Når familie og omsorgspersoner er for tett på, er fantasien det eneste stedet de kan være i fred.

Som voksne har disse menneskene en sterk trang til isolasjon og avstand. De ønsker å koble seg ut av den sosiale tilværelsen på en måte som er kvalitativt annerledes enn de som bare ønsker litt fred og ro, eller kobler av i eget selskap for å «hente seg inn». Denne typen tilbaketrekning er også annerledes enn den som relaterer seg til følelsesmessige forbindelser. Mange er redde for å involvere seg emosjonelt i en konflikt eller et kjærlighetsforhold, og velger derfor å holde en viss avstand, mens her snakker Horney om en mye mer grunnleggende form for tilbaketrekning.

Denne personlighetstypen kan likevel komme godt overens med andre på en overfladisk måte så lenge den «magiske sirkelen» rundt deres private sfære ikke blir brutt. Ofte tilstreber de å leve så simpelt som mulig for å unngå å gjøre seg avhengig av andre. Å være avhengig av andre vil de oppleve som et katastrofalt «kontrolltap». De ønsker å være både fysisk og psykisk selvforsynt så langt det lar seg gjøre. Enkelte føler at de er overlegne andre. På grunn av følelsen av å være et hakk over «folk flest», er denne typen livredde for å tvinges inn i en eller annen form for gruppe. De hater situasjoner som krever at de er «selskapelige», og de frykter å havne i sosiale settinger som krever småprating om «vær og vind».

I tillegg til ovennevnte karaktertrekk har de et påtrengende behov for privatliv, autonomi og selvstendighet. De hater alt som involverer tvang og forpliktelser, som for eksempel ekteskap og lån i banken. Disse menneskene har det likevel best når de er elsket av noen, men samtidig unngår de forpliktelser ovenfor denne personen. Siden de er såpass avskåret fra andre og «isolerte» i sin natur, opplever de ofte en slags følelsesmessig nummenhet. Følelser er ofte noe som oppstår mellom mennesker, og det er nettopp dette de ønsker å ta avstand fra. Resultatet er at de ofte har problemer med å avgjøre hva de egentlig føler, noe som videre skaper en slags ambivalens og usikkerhet i forhold til å ta valg.

> **Den unnvikende og reserverte**
>
> 1 – Jeg er ofte eller alltid på utkikk etter skjulte baktanker
> 2 – Jeg er en person som ikke passer inn
> 3 – Jeg er veldig annerledes enn alle andre
> 4 – Jeg hater «*small talk*»
> 5 – Jeg misliker å være del av en gruppe
> 6 – Noen ganger tenker jeg at jeg er bedre enn andre og klarer meg best uten andres innflytelse
> 7 – Kanskje er jeg vanskelig å samarbeide med fordi jeg liker å kjøre mitt eget løp
> (Young og Klosko, 1993)

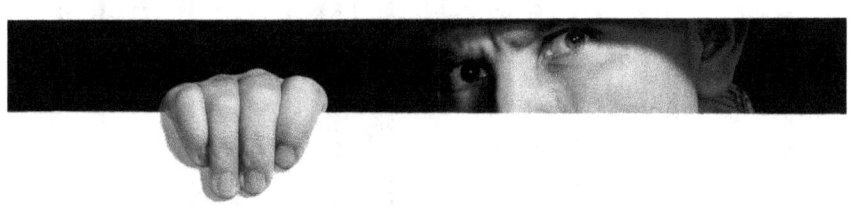

## Gamle mønster kan ødelegge selvfølelsen

Karen Horney identifiserer altså tre ulike strategier i møte med livet. Noen kjemper for å bli likt og høre til ved å være ettergivende og føyelige. Andre møter livet som om det er en kamp, mens den tredje varianten trekker seg unna og tilstreber å være «psykologisk selvforsynt». Et «psykologisk sunt menneske» er skrudd sammen som en kombinasjon av disse mønstrene. Det vil si at man av og til strekker seg langt for å bli inkludert og akseptert, mens andre ganger møter man situasjoner med større grad av selvhevdelse og bestemmelsesrett, samtidig som man kan vurdere å trekke seg litt unna når det virker tiltrengt. Når man kan velge sine strategier ut fra det som passer best i den pågjeldende situasjonen, er man psykologisk fri og herre over sin frie vilje. Det er sunt.

Når Karen Horney snakker om nevrotiske trekk og den mer «patologiske» personligheten, refererer hun til situasjoner hvor mennesket ikke lenger har muligheten til å velge sin strategi, men reagerer impulsivt. Så lenge man kan utøve en viss grad av bevisst kontroll over sine reaksjoner i møte med livet, er man fri, men så snart man reagerer på autopilot med underkastelse, kamp eller tilbaketrekning i situasjoner hvor den automatiske responsen ikke passer inn, er man fanget av fortidens mestringsstrategier.

Poenget er at psykisk automatikk tar overhånd og sørger for at vi «mister oversikt over oss selv». Vi ser ikke mekanismene i vårt psykiske liv, noe som gjør at vi mister muligheten til å påvirke og justere oss i takt med omgivelsene.

Når man gradvis mister seg selv, blir man tiltagende avhengig av andre. Det vil si at andres vurderinger og meninger får altfor stor innflytelse. Istedenfor å legge merke til hva som foregår i oss selv og sinnets bevegelser, slik at vi kan gjenvinne kontroll og selvfølelse, har vi plantet vårt fokus og mentale energi utenfor oss selv. Vi vurderer oss selv gjennom andre, istedenfor å kjenne etter i oss selv. Dette er veien inn i lav selvfølelse, angst og depresjon.

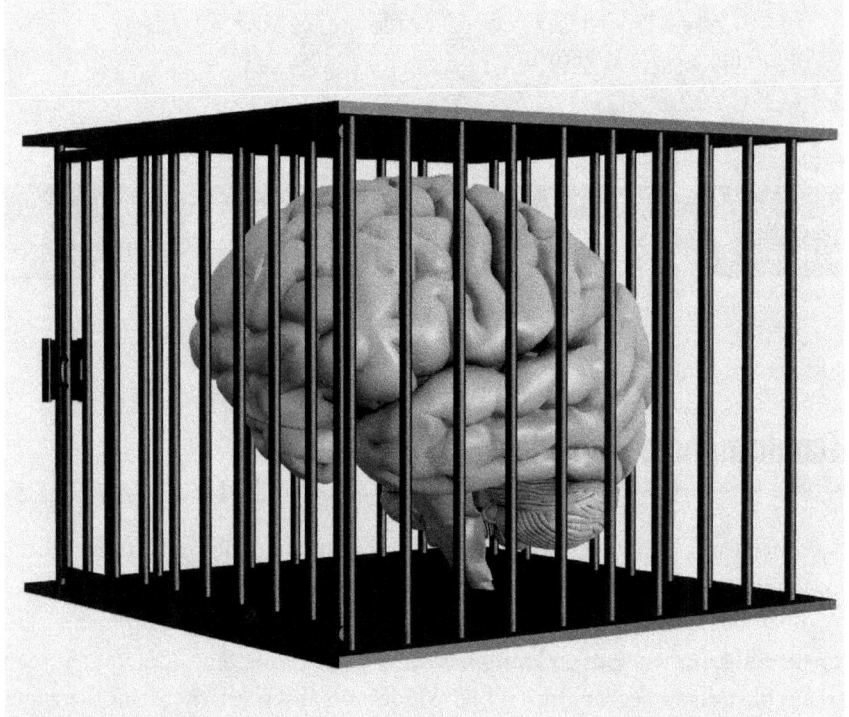

*Spørsmålet om fri vilje handler altså om hvorvidt mennesket er fritt til å velge blant handlingsalternativer. Fri vilje har figurert blant filosofiens største spørsmål i lang tid. Som psykoterapeut tenker jeg av og til at selvutvikling handler om å utvikle mer fri vilje. Det vil si at man ikke er et offer for sosial arv, men står fritt til å bryte med innlærte mønster.*

Uansett om man klamrer seg til sine nærmeste, eller lever som om livet var en konkurranse mot alle andre, eller trekker seg følelsesmessig unna det sosiale landskapet og gjør seg «psykologisk selvforsynt», er man til en viss grad avhengig. Så lenge våre karaktertrekk eller psykiske tendenser utspiller seg på autopilot, som en nødvendighet for å tilkjempe seg en følelse av trygghet, har vi ingen psykologisk frihet. Mennesker med en solid selvfølelse er ikke drevet på denne måten. De er snarere motivert av behovet for å uttrykke sine talenter på en så fullstendig måte som mulig. De tilstreber å yte sitt beste på områder som virkelig interesserer dem, enten det er jobb eller privatliv, og de søker etter å elske andre på en stadig dypere måte. De er inspirert av muligheter og har en sterk opplevelse av å være «agent i eget liv», i motsetning til den desperasjonen som oppstår når man har «mistet seg selv».

*Erfaringer skriver seg inn i vår personlighet som mer eller mindre rigide og ureflekterte handlingsmønster. Det er som om våre tidligste relasjoner legger seg som en slags mal på hvordan vi relaterer oss til andre senere i livet. Samtidig vil våre holdninger, selvfølelse og livsperspektiver være sterkt influert av andre mennesker, og spesielt betydningsfulle omsorgspersoner. Det er som om vi blir programmert til å tenke, føle og handle på en bestemt måte, mens innslag av fri vilje gjør oss i stand til å bryte med «forhåndsprogrammeringen» dersom den ikke tjener oss vel.*

## Bryt ut av negative mønster

Dersom god selvfølelse handler om å «elske seg selv», ha tillit til seg selv og ha et realistisk forhold til seg selv og verden, er det åpenbart at gamle mønster ikke tjener oss. I begynnelsen av kapittelet møtte vi Lisa som hadde en del avhengige trekk. Hun hadde forsøkt å adlyde sin krevende mor hele livet, noe som underminerte hennes egen utfoldelse. Samtidig hadde morens forbitrede væremåte farget hennes syn på tilværelsen. Hun følte seg stadig urettferdig behandlet, maktesløs, negativ og irritert. For å bryte dette mønsteret gikk Lisa tilbake i tid. Når hun hadde mer innsikt i fortiden, ble det lettere å forstå egne reaksjoner i nåtiden.

Når Horney snakker om de menneskene som lever tilfreds og fullbyrder sitt potensial, ligger hun tett på det Abraham Maslow (1976) kaller det «selvrealiserte mennesket». Hennes filosofi er både enkel og komplisert. Hun mener at menneskets viktigste misjon i livet er å bli seg selv fullt og helt. Hun mener at alle mennesker har en iboende kraft og muligheten til å bli fri. Våre nevrotiske tendenser er simpelthen en maske vi bruker for å ikke vise oss som den vi egentlig er, og i langt de fleste tilfeller er denne masken unødvendig. Som barn var det kanskje nødvendig å bli hard og avvisende for å takle følelsen av hjelpeløshet i mangel på adekvat omsorg, men som voksne har vi egentlig krefter nok til å stå på egne ben. Nå er den «avvisende masken» det som sørger for at vi ikke oppnår det vi ønsker i form av nære relasjoner og et avslappet forhold til oss selv. Våre impulsive reaksjonsmønstre er etablert for å beskytte oss mot en innbilt fare. Som voksne er barndommens farer i fortiden, og ikke lenger aktuelle, men mønstrene kan likevel fortsette, og det hindrer oss i å leve fritt og utvikle oss selv. Det hindrer god selvfølelse.

*Noen tok på seg en maske i barndommen for å føle seg mindre sårbare. Som voksen kan denne masken være vår største hindring for å være fri og åpen. Samtidig er det slik at det sosiale livet er fullt av koder og spilleregler. Ofte bruker vi mye energi på å være slik vi tenker at andre mener vi burde være. Noen blir så fanget av det sosiale spillet at de glemmer å kjenne etter på hvem de er bak masken. Mye av utfordringen i selvutvikling handler om å bli mer seg selv, istedenfor å leve som en «sosial refleksjon», eller leve med gamle masker som iscenesetter fortidens mønster om og om igjen.*

# Øvelse 12 — Ut av fortidens klør

Gå tilbake til boksene med setningene som kjennetegner de ulike personlighetene. Dersom du kjenner igjen noen av personlighetstrekkene hos deg selv, hvor har du de fra? Hvordan påvirker de deg i dag? Hva kan du gjøre for å bryte mønstrene?

. . . . . . . . . . . . . . . . . . . . . . . . . . . . . . . . . . . . . . . . . . . . . . . . . . . . . . . . . . . . . . . . . . . . . . . . . . . .

. . . . . . . . . . . . . . . . . . . . . . . . . . . . . . . . . . . . . . . . . . . . . . . . . . . . . . . . . . . . . . . . . . . . . . . . . . . .

. . . . . . . . . . . . . . . . . . . . . . . . . . . . . . . . . . . . . . . . . . . . . . . . . . . . . . . . . . . . . . . . . . . . . . . . . . . .

**Avhengighet:** Dersom du stadig lener deg på andre for hjelp og støtte, må du gå gjennom dine tidligere forhold og finne avhengighetsmønstre som går igjen. Tving deg selv til systematisk å takle hverdagssituasjoner, gjøremål og avgjørelser uten å be om hjelp. Husk på ordtaket som sier at det man elsker, må man slippe fri. Dersom det kommer tilbake, er det ditt for alltid. Det gjelder også din partner.

. . . . . . . . . . . . . . . . . . . . . . . . . . . . . . . . . . . . . . . . . . . . . . . . . . . . . . . . . . . . . . . . . . . . . . . . . . . .

. . . . . . . . . . . . . . . . . . . . . . . . . . . . . . . . . . . . . . . . . . . . . . . . . . . . . . . . . . . . . . . . . . . . . . . . . . . .

. . . . . . . . . . . . . . . . . . . . . . . . . . . . . . . . . . . . . . . . . . . . . . . . . . . . . . . . . . . . . . . . . . . . . . . . . . . .

**Mistenksomhet:** Dersom du møter livet med skepsis, må du være klar over at andre lett oppfatter din holdning, og selv blir mistenksomme. Det vil være med på å skape ytterligere avstand i dine relasjoner. Forsøk å møte mennesker med mer åpenhet. Forsøk å stole på folk, og kom deg tettere innpå dem som fortjener det.

. . . . . . . . . . . . . . . . . . . . . . . . . . . . . . . . . . . . . . . . . . . . . . . . . . . . . . . . . . . . . . . . . . . . . . . . . . . .

. . . . . . . . . . . . . . . . . . . . . . . . . . . . . . . . . . . . . . . . . . . . . . . . . . . . . . . . . . . . . . . . . . . . . . . . . . . .

. . . . . . . . . . . . . . . . . . . . . . . . . . . . . . . . . . . . . . . . . . . . . . . . . . . . . . . . . . . . . . . . . . . . . . . . . . . .

**Unnvikende og reservert:** Når man hele tiden holder en armlengdes avstand til andre, ikke lar de komme helt inn, lever man i en slags følelsesmessig ensomhet. Lytt til andre mennesker. Se etter likheter mellom dem og deg. Forsøk å finne ut hva de føler.

. . . . . . . . . . . . . . . . . . . . . . . . . . . . . . . . . . . . . . . . . . . . . . . . . . . . . . . . . . . . . . . . . . . . . . . . . . . .

. . . . . . . . . . . . . . . . . . . . . . . . . . . . . . . . . . . . . . . . . . . . . . . . . . . . . . . . . . . . . . . . . . . . . . . . . . . .

. . . . . . . . . . . . . . . . . . . . . . . . . . . . . . . . . . . . . . . . . . . . . . . . . . . . . . . . . . . . . . . . . . . . . . . . . . . .

# Livserfaringer

Se for deg en skje som ligger urørt i kjøkkenskuffen. Den blir plutselig tatt ut og brukt til å røre med i en kopp varm te. Når jobben er gjort, fjernes den og blir liggende alene ved siden av koppen. Litt senere blir den plukket opp og vasket energisk, hvorpå den blir brukt til kakespising før den blir lagt i kjøkkenvasken. Senere blir den satt inn i en fullstappet oppvaskmaskin, for siden hen å ende opp forlatt i en boks med sukker. De forskjellige oppgavene og situasjonene skjeen utsettes for endrer ikke verdien av skjeen. Uansett hvor mye skjeen er brukt og utsatt for hardhendthet, varme eller kulde, er det fortsatt en skje. Dersom skjeen ble brutt ned i sine bestanddeler, ville den endre form og ende opp som biter av metall, noe som igjen kan formes til andre støpninger. Noen ganger er hånden som holder skjeen ustø eller skjeen er for liten eller for stor til formålet. Men dette tar ikke bort nytteverdien og evnen som skjeens struktur nettopp har. Dersom skjeen skulle utvikle et sinn eller en psyke og på bakgrunn av en subjektiv opplevelse vurdere de ulike erfaringer i forhold til hvilke som var «gode» og «dårlige» eller på annen måte bedømme sine opplevelser, ville den da ha vært i stand til å fungere hver dag?

Ved å anvende fysiske lover på vår mentale tilstand, kan vi åpne for et vell av informasjon og forståelse. Vi vil oppdage at vi i realiteten påvirkes av forskjellige krefter hele tiden, og at vår egenverdi langt på vei dikteres av disse kreftene. Vi blir som skjeen i ovenstående eksempelet. Noen skjeer brukes daglig og har dermed høy status, mens andre skjeer blir gjemt bort bak i skuffen eller plassert i en pakke med sukker og glemt. Skjeene er i utgangspunktet like, uavhengig av hvor mye de blir brukt eller hvor de befinner seg. Dette poenget underbygger et gjennomgående tema i denne boken: Jo mer vi forankrer vår selvfølelse i indre styrke, jo mindre kan eksterne krefter påvirke vår tilstand av likevekt. Skjeen har kanskje den fordelen at den ikke er utstyrt med opplevelser og psykologiske problemstillinger. Dersom skjeen hadde opplevelser, kan det hende at den bortgjemte skjeen hadde følt seg oversett, mislykket, gradvis blitt deprimert og til sist suicidal.

Hvordan vi som mennesker utvikler en identitet i samspill med miljøet og krefter som påvirker oss i ulike retninger, er et tema vi ikke kommer utenom når det er snakk om selvfølelse.

Fra vi er født til vi dør utsettes vi for et kvantum av tilfeldigheter og forskjellige opplevelser. Hvorvidt vi vurderer de som «gode» eller «dårlige» er forskjellig fra person til person, og det varierer sannsynligvis med dagsform og mange andre faktorer. Det vi opplever er med på å gi oss det vi betegner som livserfaringer. Disse livserfaringene gir oss muligheten til å bruke erfaringene eller evnene våre i fremtidige gjøremål. På en måte er vi hele tiden et resultat av våre erfaringer, og nye erfaringer farges av de gamle. Vi opplever verden med bakgrunn i våre tidligere erfaringer. Dersom vi har opplevd en krisesituasjon i en båt i ung alder, vil man kanskje føle ubehag hver gang man er i befatning med båtliv senere i livet, mens de fleste andre opplever båtliv som en gledelig og positiv affære forbundet med ferie og fritid.

Våre oppsamlede erfaringer kan også være med på å gi oss en følelse av verdi. Derfor vil det mange ganger være slik at mennesker får bedre selvfølelse og oppnår mer sinnsro ettersom årene går og erfaringene øker. Ungdommer og unge voksne vil derfor ofte streve mer med svekket selvfølelse enn eldre voksne. Dessverre er det ikke alltid slik at flere livserfaringer gir styrket selvfølelse. Spesielt ikke i situasjoner hvor individet har opplevd mye vondt, og derfor møter verden med engstelse og usikkerhet. Det vil svekke personens alminnelige evner, og i mange sammenhenger føre til flere opplevelser av ubehagelig karakter, eller situasjoner som ender med nederlag og dermed ytterligere usikkerhet.

I Vestlig psykologi foreligger det enorme mengder litteratur om hvordan vår selvfølelse er et resultat av våre erfaringer. I tradisjonene som følger etter Sigmund Freud, er man spesielt opptatt av forholdet mellom våre tidligere erfaringer og våre nåtidige følelser og tanker om oss selv. Man tenker at våre oppvekstsvilkår er avgjørende for dannelsen av selvfølelse. Kort sagt må man bli elsket av andre for å elske seg selv.

Jeffrey Young og Janet Klosko (1993, 2003) er to teoretikere som snakker om at negative erfaringer ofte blir omdannet til negative selvdefinisjoner (kapittel 10). Young og Klosko kaller det for negative leveregler. En negativ grunnleggende leveregel er et mønster som starter i barndommen og får gjenklang utover hele livsløpet. Det begynte med at noen i familien eller andre barn gjorde noe med oss. Vi ble forlatt, overbeskyttet, mishandlet, ekskludert eller fratatt noe – vi fikk en skade. Etter hvert blir leveregelen en del av oss. Lenge etter at vi har forlatt hjemmet vi vokste opp i, fortsetter vi å skape situasjoner hvor vi blir dårlig behandlet, ignorert, sett ned på eller overstyrt – situasjoner hvor vi ikke er i stand til å nå våre innerste mål. Negative grunnleggende leveregler styrer måten vi tenker, føler, handler og relaterer oss til andre på. De setter i sving sterke følelser som sinne, sorg og angst. Mennesker som sliter med negative leveregler, som en slags stille og nesten ubevisst stemme i «sjelen», har ofte et vanskelig liv med mange store svingninger i følelseslivet. Det er slitsomt å leve på denne måten, og det går ofte ut over forholdet til andre mennesker.

Svekket selvfølelse kan altså være noe som oppstår hvis man har mange erfaringer med avvisning i oppvksten. Ofte vil mennesker som har opplevd gjentatte svikt håndtere de vonde følelsene ved å trekke seg unna sosiale sammenhenger og isolere seg. På den måten opprettholder de et perspektiv på seg selv som annerledes fra de andre. Selv om personen har et ønske om følelsesmessig tilknytning og nære relasjoner til andre mennesker, er det tilbaketrekningen som får forrang. Frykten for å oppleve nye avvisninger blir altomfattende, og det overgår ønsket om nærhet. Paradoksalt nok frykter disse menneskene å bli ensomme og forlatt i så stor grad at de unngår andre, eller kutter kontakten for å komme avvisningen i forkjøpet, og resultatet er selvfølgelig at de blir ensomme.

Psykologen og psykiateren, John Bowlby, er kjent for å ha tydeliggjort betydningen av et solid emosjonelt bånd mellom mor og barn. Dette båndet blir sett på som en base som muliggjør utviklingen av en solid selvfølelse hos barnet. I det som kalles tilknytningsteori fremheves det også at kvaliteten på båndene til foreldrene er avgjørende for utviklingen av en sunn selvfølelse, og for utviklingen i sin helhet. Rent biologisk er det funnet at stresshormonet kortisol er høyere hos spedbarn som er stresset og ikke blir godt nok ivaretatt, hvilket kan føre til en rekke bio-kjemiske ubalanser som kan vanskeliggjøre regulering av seg selv senere i livet (Gerhardt i: Plummer & Harper, 2007).

*Mindsight (sinnsyn) er et begrep som beskriver vår evne til å «se innover» slik at vi kan forstå våre indre liv med mer klarhet, integrere opplevelser og styrke våre relasjoner til andre. Mindsight er også utgangspunktet for empati og selve byggeklossene i vår bro inn til barnet. Når vi selv er i balanse og har en god kompetanse på eget indre liv, er det et avgjørende utgangspunkt for empatisk innlevelse i barnet. Foreldre med gode evner til mindsight vil klare å speile barnet på en måte som gir barnet en god forståelse og oppmerksomhet på eget indre liv. Det vil videre styrke barnets evne til å regulere egne følelser, reflektere over vanskelige situasjoner og beholde ro og balanse i møte med motstand.*

I en slik forståelsesramme kan man si at den kjærligheten og den oppmerksomheten vi får av våre foreldre utgjør grunnmuren i vår selvfølelse. Mye kjærlighet betyr trygghet og gode evner til å regulere seg selv i ulike situasjoner. Man vinner kontroll over sine følelsessvingninger fordi man besitter en solid selvfølelse og en slags indre ro. Mennesker som ikke mottar tilstrekkelig omsorg, får tilsvarende problemer med å regulere seg selv på grunn av en manglende tro på egne evner og egen verdi. De blir dermed rammet hardere av motstand og belastninger nettopp fordi de mangler en indre trygghet og en solid selvfølelse som tåler motvind.

God selvfølelse kan forstås som et resultat av omsorgspersonenes empatiske evne og kjærlige tilstedeværelse gjennom oppveksten, men det handler også om det totale miljøet som barnet vokser opp i. Eksempelvis vil erfaringer fra barnehage, skole, fritidsaktiviteter og så videre spille en avgjørende rolle.

Negative grunnleggende leveregler, som Young og Klosko snakker om, kjenner du igjen på at det er mønster som dukker opp gang på gang i livet. Konsekvensen av negative grunnleggende leveregler er at vi gjenskaper de mest skadelige forholdene fra barndommen også i voksenlivet – uten å være oss det bevisst! Noen vokser opp med mye kritikk eller mobbing, og de lærer å kjenne seg selv som mislykkede. Senere i livet søker de mer eller mindre ubevisst situasjoner hvor de nettopp ender opp som mislykkede. På den måten bekreftes en lav selvfølelse, og man vet hvem man er. Når ytre omstendigheter reflekterer vår grunnleggende selvfølelse, føler mennesket en viss kontroll og balanse. For mennesker med lav selvfølelse kan det være skremmende å lykkes (!)

Grunnlaget for lav selvfølelse er ofte at barn som har opplevd en oppvekst preget av omsorgssvikt og neglisjering, tror at de er ansvarlige for mangelen på den omsorg og den kjærlighet de ikke har fått. Når de kommer i tenårene vil gjerne valg av venner, seksualpartnere og utdannelse stå i overensstemmelse med følelsen av å være lite verdt, og dermed opprettholdes den lave selvfølelsen. Som voksen kan rollen som ektefelle, partner eller forelder lett preges av en offerposisjon hvor vedkommende ser seg selv som et offer. Men dypest sett har personen selv foretatt «valgene» og handlingene som opprettholder status quo. Vedkommende har i bunn og grunn selv ansvaret for at situasjonen forblir uendret. Problemet er at valgene er tatt på bakgrunn av en lav selvfølelse. De er farget av vedkommendes tidligere erfaringer. Valgene er tatt på grunn av «forræderske psykologiske disposisjoner» bygd på manglende omsorg og støtte gjennom oppveksten. Mye av poenget med selvutvikling er å synliggjøre disse subtile valgene som hele tiden forsterker en negativ spiral og en dårlig selvfølelse. Gradvis må man ta ansvar for sine valg, forstå at det kun er en selv som kan endre situasjonen og selvfølelsen, og ikke minst avsløre at valgene hittil har vært «falske» og diktert av manglende tro på egne evner, fundert i utilfredsstillende oppvekstsvilkår eller vonde erfaringer.

Men også barn fra omsorgsfulle, støttende og lykkelige familier kan oppleve å ha lav selvfølelse. Vi vet jo blant annet hvilke fatale konsekvenser vedvarende mobbing kan ha for selvfølelsen. Men også det å stå overfor høyt faglig trykk eller press på jobben, uventede økonomiske utfordringer eller svikt i betydningsfulle relasjoner som vennskap eller kjærlighet, kan svekke selvfølelsen. Folk som ser ut til å «ha alt», har ofte et naturlig behov for å opprettholde dette. Dersom noe av dette plutselig forsvinner, som eksempelvis å miste arbeidet, alvorlig sykdom eller at noe går galt med familiemedlemmer (spesielt egne barn), kan det medføre at enkelte plutselig setter spørsmålstegn til sin egen verdi, og videre kan hensettes til en opplevelse av å være et «null» eller mislykket. Skyld, skam, sjenanse og frykt er andre følelser som kan følge i kjølevannet av en plutselig endring i livsvilkårene.

For dem som er vant til stadig smiger, ros og bekreftelser i tidlig alder, kan det fort oppleves som svikt i selvfølelse når innsatsen deres går ubemerket hen. Både overdrevne bekreftelser og mangel på disse kan begge være med på å utvikle det man i en psykiatrisk sjargong kaller narsissistiske tendenser. Her vil man ifølge en av Freuds eminente etterfølgere, Heinz Kohut (1959), være avhengig av andres bekreftelser og aksept for å føle at man er et «sammenhengende selv». Når livet blir en kontinuerlig jakt etter andres anerkjennelse og aksept, blir det anstrengende å leve, og det fører ofte til problemer i relasjon til andre. De mellommenneskelige problemene oppstår fordi ansvarsfraskrivelse, skyldplassering og misunnelse ofte er nærliggende når man har en svak selvfølelse.

Spørsmålet er om vi er avhengige av andres aksept for å utvikle en god selvfølelse. Neste spørsmål er om kritikk eller avvisning vil svekke vår selvfølelse. Vil anerkjennelse og ros ha en varig verdi i forhold til selvfølelse? I hvilken grad har utfordringer kraft nok til å vippe oss av pinnen? En del av disse spørsmålene har vi allerede drøftet i tidligere kapitler, og jeg mener at de Østlige visdomstradisjonene har mye å bidra med på dette punktet.

La oss se på det innledende eksempelet med skjeen igjen. Det er ment som et bilde på hvordan den Østlige psykologien forstår lav selvfølelse. Buddhismen ser på usikkerhet og lav selvfølelse som forvrengninger. Denne tradisjonen mener at slike selvbildeforvrengninger er beslektet med forfengelighet og innbilskhet (Dresser, 1996). Rubin (1996) fremhever det buddhistiske budskap som handler om en bevegelse bort fra vår selvsentrerte tilværelse for å være i stand til å oppleve vårt eget liv og vår egen frihet *in extenso*.

Ofte betrakter man selvfølelse som en fornemmelse som oppstår fra et dyp inne i en selv. Mange Østlige tekster handler om at selvet må avgrenses eller skånes fra hverdagslivets mer eller mindre tilfeldige oppturer og nedturer. Dersom man skal involvere seg med «hud og hår» i alle situasjoner, blir det raskt følelsesmessig utmattende og det tapper oss for verdifull mental energi. Dersom man klarer å skjerme sitt ego eller sitt selv fra «livets turbulens», har man mulighet til å dyrke frem en mer autentisk og solid selvfølelse som danner grunnlaget for mental balanse og sinnsro. Essensen er at uansett hva som skjer av situasjoner, og uansett hvilke uheldige handlinger vi kan komme til å foreta oss, må vår innerste følelse av verdi forbli uberørt. Vi må ikke investere vår egen verdi i det som foregår rundt oss, de følelsene som kommer og går, tilfeldige krumspring i vårt psykologiske apparat eller det vi gjør og foretar oss i arbeidsliv og fritid. Selvfølelse er ikke noe som bør identifiseres med synlige eller manifeste aspekter ved vårt liv, men snarere noe som ligger forankret i kjernen av vårt vesen. Hvis skjeen er den samme uansett om den står i en bortgjemt sukkerskål eller brukes daglig i frokostblandingen, kan vi kanskje si at vi også er like verdifulle på tvers av suksess og nederlag.

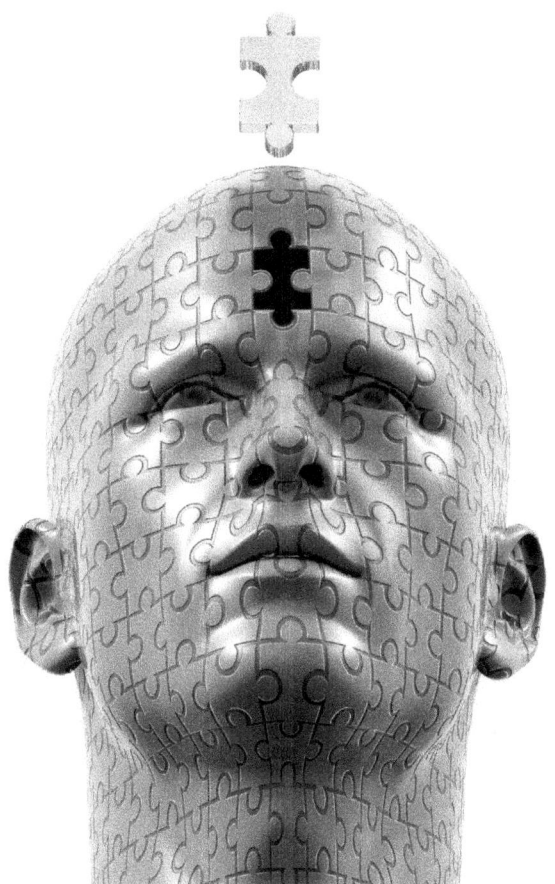

## Ikke la fortiden styre deg

I dette kapittelet har vi sett på hvordan vi kan spore våre psykologiske mønster til barndommen, men det er også viktig å poengtere at vi må akseptere og innse hvordan de nevrotiske trekkene utspiller seg i nåtid. Det vil si at mennesker må se sammenhengen mellom fortid og nåtid og deretter ta ansvar for å bryte sine destruktive mønster. Vi kan ikke gjemme oss bak ideen om at «*Dette er slik jeg er på grunn av det som skjedde med meg*». Det er heller ikke slik at alle må tilbake til fortiden for å leve bedre i nåtiden, men for mange kan det fungere som en kilde til nødvendig innsikt.

Den såkalte «kognitive psykologien» er en skole som skjøt fart på 60-tallet, og her tillegger man fortiden mindre vekt. Den kognitive psykologen mener at det er måten vi tenker på som avgjør vår livskvalitet. Og den gode nyheten er at vi kan endre måter å tenke på, selv om vi er mer eller mindre fastlåst i ubevisste mønster med røtter i fortiden.

I de neste kapitlene skal vi derfor bevege oss litt opp av det «psykologiske dypet» og se litt nærmere på våre tanker. Vi er hele tiden på jakt etter mekanismene bak selvfølelse, og det neste spørsmålet er hvordan tankene definerer oss. Det er ikke nødvendigvis snakk om de eksplisitte tankene vi tenker når vi skal løse et problem, men snarere de stilltiende tankene vi ikke alltid hører, men som likevel gjennomsyrer våre følelser og handlinger. Allerede i 1902 skrev den britiske forfatteren James Allen (1998) at noble tanker skaper en nobel person, mens negative tanker skaper en miserabel person.

# KAPITTEL 10
# Selvdefinisjoner

Hvordan du beskriver deg selv, er avgjørende for hvordan du lever ditt liv. Mange er låst fast i destruktive beskrivelser av seg selv, beskrivelser som styrer måten de tenker, føler og handler på. Mange av våre selvbeskrivelser har ikke rot i virkeligheten, men blir virkelige fordi vi tror på dem. Ofte lever vi i pakt med selvbeskrivelser som ikke er så tydelig definert, men som likevel styrer oss. Dersom du tydeliggjør dine beskrivelser av deg selv for deg selv, kan det hende du kan endre dem, og eventuelt erstatte de som styrer livet i feil retning.

## Dette er meg

Gjennom livet inkorporerer vi noen bestemte forestillinger om hvem vi er, hva vi er og hvor vi hører til. Disse forestillingene er ikke nødvendigvis bevisste, men de ligger gjerne som en slags «stille stemme» bak det vi foretar oss. Vi har en identitet, en selvforståelse, en selvfølelse eller et ego som gjerne dikterer mye av måten vi tenker, føler og handler på. Følgende er noen hverdagslige eksempler på hvordan mennesker definerer seg selv, og hvordan ulike selvdefinisjoner kan bestemme vårt liv. Personene vi møter her er en slags syntese av mennesker jeg har møtt i terapi. Akkurat disse menneskene eksisterer ikke, men det eksisterer antakeligvis mange som dem.

Terje jobber hos et regnskapsfirma. Han jobber hardt, men føler ikke at han får anerkjennelse for sin innsats. Mye av tiden føler han seg oversett. Ovenfor kollegaer kan Terje virke overlegen. Når han streber etter sjefens oppmerksomhet, blir kollegaene ofte stående i skyggen.

Siri ønsker at folk skal legge merke til henne. Hun elsker andres beundrende blikk. Hun bruker mye tid på hårpleie og innkjøp at moteriktige klær. På fest ler hun høyt og hjertelig. Hun er smilende, og man legger merke til Siri når hun kommer inn i rommet. Når hun er alene, har hun tidvis en ubehagelig følelse eller uro, men det går over når hun oppdaterer profilen sin på Facebook. En studie fra Sverige har antydet at kvinner bruker i gjennomsnitt 81 minutter på sosiale medier hver dag, men Siri ligger over dette gjennomsnittet. Mange «likes» gir en god følelse, men innerst inne føler Siri seg likevel tom og trist.

*«Jeg elsker kjæresten min så høyt! Hvis han går fra meg, kommer jeg til å dø».* Slik snakker Andrea om sitt kjærlighetsforhold. Kjæresten har ingen jobb, og derfor er han i konstant pengenød. Når han først får penger, har han også en tendens til å sløse dem bort på uvesentlige ting. Andrea har likevel gitt ham full tilgang til sine konti. Andrea sine tidligere forhold har endt i tragedie, og nå har hun en forestilling om at hun må gi mer av seg selv og sine goder for å beholde kjærligheten. Hun forsvarer sitt liberale syn på kjæresten med utsagn som *«Kjærlighet betyr mer enn penger», «Så lenge vi har kjærligheten, er alt annet uviktig»*, *«Penger er ikke alt»*. Andrea vil ikke være alene, og hun vil være elsket.

Hva kan vi si om psykologien i de korte vignettene om Terje, Siri og Andrea? Vi kan forstå de tre fortellingene med utgangspunkt i Vestens psykologiske teorier, eller vi kan forsøke å se historiene i lyset av Østens filosofi.

Teoriene fra vår Vestlige psykologi vil fortelle oss at problemene til Terje og Siri sannsynligvis er forankret i selvusikkerhet. Andrea har problemer med å stå på egne ben. Hun er avhengig av en kjærestes fortrolige tilstedeværelse for å føle seg trygg. Hun finner seg i mye for å «beholde» kjærligheten, og det gjør henne på sett og vis til en avhengig person som ikke hevder sine grenser og dermed lar seg utnytte. Et slikt mønster vil stadig forsterke hennes følelse av ikke å mestre livet på egenhånd.

Dersom vi ser til psykologien forankret i Østlige visdomstradisjoner, vil vi få en litt annen innfallsvinkel til problemene. Her vil man si at problemene til både Terje, Siri og Andrea dypest sett handler om at de identifiserer seg med en underliggende lav selvfølelse. Slik det beskrives her, kan man også si at de identifiserer seg med et ego i underskudd.

I samtale med Terje får man et visst inntrykk av hvem han er, på bakgrunn av hans selvbeskrivelse. La oss se litt på hvilke ord Terje bruker for å beskrive seg selv: Hardt arbeidende, ærlig, pliktoppfyllende, oppriktig, hater unnasluntrere, kan ikke utstå idioter, hans prestasjoner blir altfor ofte ignorert, og derfor må han tilkjempe seg oppmerksomhet.

Siri vil sannsynligvis beskrive seg selv som eventyrlysten, levende, vital og sosial, mens Andrea kanskje vil beskrive seg selv som ensom, mindre attraktiv, ikke-elsket, mislykket med svake personlige egenskaper.

Det neste spørsmålet er hvor disse selvbeskrivelsene egentlig kommer fra. Hva refererer de til, og hvordan begrunnes de? Er vi født med et bestemt sett av adjektiver som beskriver oss? Fra forrige kapittel vet vi at fortiden som regel har en finger med i spillet. Ofte er det slik at våre omgivelser dikterer mye av måten vi ser oss selv på. Samtidig er det slik at omgivelsene legger føringer for hvordan vi helst ønsker å bli beskrevet. Når vi beskriver oss selv, er det sånn sett ikke «oss selv» vi beskriver, men snarere en sosial konstruksjon basert på en rekke psykososiale faktorer. Dette mentalt konstruerte bilde av oss selv er ofte det vi kaller for ego, og det er likeledes en sentral mekanisme i selvfølelse.

Terje baserer seg i så henseende på en selvdefinisjon som oppfyller hans ønske om å føle seg vellykket og rettferdig. Siri tilslører sin underliggende følelse av usikkerhet ved å identifisere seg med populærkultur og mote. Følelsen av tomhet blir borte i skyggen av et glinsende selvbilde. Forskjellen mellom den indre følelsen av tristhet og den ytre fasaden blir stor, og det er anstrengende å fremstå på en måte som man egentlig ikke finner belegg for, dersom man virkelig kjenner etter. Andrea tror at hun må ha en mann i sitt liv, hun må ha en nær og forpliktende forbindelse til en kjæreste for å føle seg hel; *«Det er normalt å være i et forhold»* eller *«Det er forferdelig å være ensom».* Dette er bare noen få av de tankene som ligger til grunn for den måten Andrea håndterer sitt liv på.

Å ha stemmer i hodet høres ut som en alvorlig sinnslidelse, men de fleste mennesker har interne dialoger med seg selv gjennom hele dagen. Vi småsnakker med oss selv, men det er ikke sikkert vi legger merke til det. Likevel er innholdet og holdningene i denne skravlingen avgjørende for selvfølelsen og hvordan vi lever livet. Går vi rundt og snakker oss selv ned, krisemaksimerer, forventer det verste eller tviler på vår egen kompetanse, kommer dette til å gjennomsyre vår personlighet. Noen sier at man blir det man spiser, mens andre vil påstå at man blir det man tenker. Måten du tenker på definerer deg, og da er det godt å vite at vi faktisk har muligheten til bestemme hva slags holdninger denne «mentale skravlingen» skal fylle oss med. Lev Vygotskij er en kjent skikkelse fra den sovjetiske psykologitradisjonen, og han snakker om at vi blir mennesker ved å internalisere den dialogen vi har med våre omsorgspersoner og medmennesker. Det er i samhandling og dialog med andre vi forstår oss selv, og det er i dialog med andre vår evne til refleksjon utvikles. Samtalene med andre er på sett og vis byggesteinene i våre egne «mentale dialoger». Det andre mennesker har fortalt oss at vi er, kommer vi til å gjenta for oss selv. I dette kapittelet ser vi nærmere på hvordan «stemmene i hodet» styrer oss.

## Øvelse 13 — Hvordan beskriver du deg selv?

I denne øvelsen skal du bruke en blyant. Det er viktig at det er en blyant. Forsøk og formuler noen av dine egne selvbeskrivelser i enkle setninger. Inkluder både de positive og eventuelle negative selvbeskrivelser og formuler det som definisjoner av deg selv: «*Jeg er...*» Noter ned de mest sentrale selvbeskrivelsene på skrivebrettet (der hodet skulle vært). Ikke la det bli over 10 setninger. Bruk gjerne de selvdefinisjonene som faller deg først inn. La beskrivelsene stå. De skal brukes senere.

# De Vestlige perspektivene

Det er ingen tvil om at Vestlig orientert psykologi har mye å bidra med i forståelsen av Terje, Siri og Andrea. Våre tradisjonelle psykologiske teorier vil på ulike måter forsøke å kartlegge de mentale mønstrene som styrer måten vi tenker, føler og handler på. Man vil synliggjøre de negative selvbeskrivelsene og peke på hvordan de hemmer livskvalitet og videre utvikling. I tillegg til å kartlegge og synliggjøre de negative mønstrene, vil man også forsøke å forstå deres opphav. Hvorfor har man begynt å definere seg selv som underlegen, mindreverdig, enfoldig og så videre?

I en slik terapeutisk sammenheng vil Terje innse at hans tendenser til å vise seg frem, og samtidig undergrave kollegaenes betydning, fører til at han fremstår som upålitelig og selvsentrert. Når han fremstår på denne måten, vil kolleger respondere med motstand og negativitet, noe som igjen vil øke Terjes grunnleggende usikkerhet. Behovet for å fremstå som fortreffelig vil øke, og de selvsentrerte tendensene forsterkes. I terapi vil han motiveres til å se seg selv «utenfra» og andre «innenfra». Målet er å oppdage hvordan hans egen holdning og atferd forstyrrer den følelsesmessige kontakten han har til andre mennesker, både i jobb- og privatliv. Han vil innse hvordan hans egen oppførsel skriver seg fra en underliggende usikkerhet som kanskje er knyttet til tidlige erfaringer hvor han har følt seg forlatt, ignorert, ydmyket eller fratatt noe. Med andre ord kan det hende at han fikk en skade som siden har anstiftet et livsprosjekt preget av en utrettelig kamp for å føle seg verdifull. Han vil forstå opphavet til sin indre usikkerhet, innse hvordan det påvirker hans personlige stil på en negativ måte og deretter oppdage hvordan dette ødelegger hans relasjoner til andre mennesker. Det bakteppet av ensomhet han har følt hele livet, finner en mulig forklaring i den terapeutiske prosessen, og denne innsikten kan fungere som en plattform for endring.

I en lignende terapeutisk prosess vil Siri innse at hun høster andres oppmerksomhet, men at hun ikke blir tatt seriøst. Hennes selvbeskrivelse som munter, frisk og trendy bekjemper de negative følelsene som truer i periferien av hennes bevissthet, men de flatterende adjektivene hjelper henne ikke til å ta sunne veivalg. Siri spiser minimalt for å beholde en slank figur. Mange av diettene er et sjansespill med egen helse som innsats.

I terapi kan det hende at Andrea blir oppmerksom på hvordan hun gjennom barndommen ble hensatt til å føle seg inkompetent hvis hun forsøkte å gjøre noe på egenhånd. Kanskje var foreldrene både overbeskyttende og kontrollerende. Når Andrea forsøkte å stadfeste sin selvstendighet, ble hun både overkjørt og underminert. Mange av de Vestlige psykologiske teoriene er opptatt av å hjelpe mennesker til å forstå sine følelser, reaksjoner og eventuelle negative selvdefinisjoner med bakgrunn i personens liv og erfaring. I forhold til Andrea vil man eksempelvis tenke at hennes problematikk først og fremst handler om mangel på autonomi. I psykologisk forstand handler autonomi om uavhengighet, evnen til å leve på egenhånd, frigjøre seg fra foreldre og partnere, ha et eget liv, en identitet, et eget mål og en retning som ikke baserer seg på støtte fra andre. Vestlig kultur har satt individualitet og personlig frihet som et ledende ideal, og Andrea er kanskje blant dem som ikke klarer å leve opp til en slik grad av selvstendighet. Hun føler seg til dels inkompetent og utrygg i livet, og dermed blir hun avhengig av andre. Noen hjem oppfordrer til autonomi og lærer barnet å klare seg på egenhånd, ta ansvar og utøve god dømmekraft.

Det finnes også en del familier som fostrer overdreven tilknytning og avhengighet. Det kan hende at Andrea ikke lærte ferdigheter til å klare seg selv, men isteden ble «hjulpet», noe som undergraver hennes forsøk på å mestre ting alene. Det kan også hende at Andrea føler seg usikker på egenhånd fordi hun har lært at verden er et farlig sted. Foreldre som selv er engstelige, har en tendens til å «overføre» en lignende frykt på sine barn. De advarer stadig mot mulige farer eller sykdom, noe som selvfølgelig hemmer barnets naturlige impulser og innskytelser. Fordi barnet i første rekke forstår seg selv og verden gjennom foreldrenes øyne, blir barnet vitne til en verden full av risiko. Det hindrer barnet i å utforske seg selv og sin plass i tilværelsen.

I den terapeutiske prosessen vil Andrea utforske sine tidligste erfaringer og innse hvordan dette har påvirket henne som person. Hun ser at hun har en tendens til å inngå i uheldige parforhold hvor hun stadig havner i en oppofrende posisjon. Hun knytter seg til sterke personer, blir avhengig av dem og lar dem styre livet sitt. Ofte går hun på alvorlige kompromisser med egne behov og ønsker. Hennes selvbeskrivelse som «sårbar» og «hjelpeløs» antenner en stadig sterkere følelse av frykt for å bli forlatt. I et typisk terapiforløp vil Andrea få hjelp til å se sammenhengen mellom tidlige erfaringer og nåværende reaksjonsmønster. Samtidig vil et godt terapiforløp ha fokus på støtte og aksept for å styrke hennes selvsikkerhet til et nivå hvor hun føler seg komfortabel og trygg på at hun takler livets utfordringer. Kanskje vil hun anbefales å arbeide med seg selv og oppøve en viss grad av selvstendighet før hun innleder et nytt forhold.

Denne typen terapeutiske innfallsvinkler er svært hjelpsomme på mange måter. Selvinnsikt kan styrke vår identitet og vår indre trygghet. Det kan videre hjelpe oss å ta sunnere avgjørelser i livet. Det kan også anspore til mer refleksjon før vi handler, slik at vi unngår å handle impulsivt og uklokt. Noen terapeutiske retninger ser på personens symptomer og plager i forhold til tidlige erfaringer, mens andre fokuserer mest på aktuelle tankemønstre som hindrer personlig vekst. Noen terapeutiske retninger forsøker å bytte ut negative selvdefinisjoner med positive. Det kalles av og til for affirmasjoner, og det fungerer som et slags positivt mantra man skal gjenta for seg selv. Hensikten er å redefinere sin selvforståelse ved å avsløre negativt tankegods og samtidig kontre negative tanker med langt mer oppbyggelige selvbeskrivelser.

I forrige kapittel var vi inne på det som gjerne kalles en dynamisk form for psykoterapi. I denne tradisjonen er man spesielt opptatt av forholdet mellom våre tidligere erfaringer og våre nåtidige følelser og tanker om oss selv. Man tenker at våre oppvekstsvilkår er avgjørende for dannelsen av vårt eget selvbilde. Kort sagt må man bli elsket av andre for å elske seg selv. Vi var inne på Jeffrey Young og Janet Klosko (1993, 2003) som nettopp snakker om hvordan negative erfaringer ofte blir omdannet til negative selvdefinisjoner. Young og Klosko kaller det for negative leveregler. Det handler om at gjentatte vonde erfaringer skriver seg inn i vårt mentale bibliotek og påvirker vår selvfølelse på en negativ måte. Episodene har gjerne vært så utslagsgivende at de blir til en slags psykologisk skade. I vårt mentale maskineri omgjøres de negative erfaringene til negative leveregler eller selvdefinisjoner, og lenge etter at skaden har skjedd, fortsetter vi i en eller annen grad å føle oss mindreverdige. Vonde opplevelser kan med andre ord bli til negative selvbeskrivelser som ligger dypt forankret i oss, kanskje helt utenfor bevisstheten.

## Å føle seg mislykket

La oss illustrere dette med et konkret eksempel. Jørgen jobber i et anerkjent produksjonsselskap. Når vi ber ham skrive inn sine mest fremtredende selvdefinisjoner på skrivebrettet, som i denne boken er et slags «stedfortredende hode», skriver han følgende:

*«Jeg er mislykket»*
*«Jeg er ikke like flink i min jobb som de andre»*
*«Når andre sier at jeg gjør en god jobb, er det fordi jeg har lurt dem til å tro at jeg er flink»*
*«Jeg er falsk og udugelig, og det er kun spørsmål om tid, før det blir oppdaget»*

Hans selvdefinisjoner er svært negative, og de handler om å være mislykket.

Men i virkeligheten er Jørgen en flink produsent i et anerkjent TV-selskap. Det vil si at kollegene og sjefen mener at han er flink, men Jørgen føler seg totalt inkompetent. Hvordan henger dette sammen? Her kan en dynamisk orientert psykologi kanskje gi oss en større forståelse. Vi er altså ute etter opphavet, eller røttene, til Jørgens nedslående selvfølelse, og da leter vi i hans livshistorie.

Jørgen vokste opp med en far som var lege. I farens øyne var det kun doktorgjerningen som var av betydning. Han ville at Jørgen skulle ta medisinstudiet, men Jørgen hadde i mye større grad anlegg for humanistiske fag og kunst. Gjennom oppveksten malte han mange flotte bilder til farens store bekymring. «*Dersom du fortsetter med kunst, kommer du til å ende på fattighuset*». Det var slike kommentarer som stadig gav Jørgen et ubehag ved kunsten, og det anstiftet en usikkerhet i ham. Det han likte, og det han kunne, var ikke verdifullt nok. «*Å male tåpelige bilder er ikke noe annet enn en egotripp – totalt nytteløst og fåfengt!*». Faren var krass i sin kritikk og lot Jørgen få vite at det kun var medisin som befestet noen verdi i verden. Jørgen hadde ingen som oppfordret ham til å følge sine kunstneriske talenter, og på grunn av farens utrettelige motstand, valgte han en annen retning.

*Kollegaer og venner mener at Jørgen er meget dyktig i sin jobb. Selv føler han seg mislykket. Han føler seg falsk og forventer å «bli avslørt». Livet er en kamp mot følelsen av utilstrekkelighet. Noen føler seg mislykkede på jobb, sosialt eller i nære relasjoner. Ingen er født mislykkede, men mobbing, kritikk, kjeft eller avvisning kan likevel gi oss denne opplevelsen, og det er selvfølgelig en opplevelse som setter en effektiv stopper for ethvert tilløp til god selvfølelse.*

Selvdefinisjoner

Etter mange års utdannelse, vakling og usikkerhet, endte Jørgen opp som produsent i et TV selskap. Han forsøkte seg på medisin, men avsluttet studiet fordi farens stemme og makt føltes så uoverkommelig tung i møte med det medisinske fakultet. Journalistikk var på sett og vis et mer kreativt fag sammenlignet med medisin, og det var på den måten Jørgen havnet som produsent i TV.

Som produsent gjør Jørgen en fremragende jobb. Han får skryt av sjefen og kolleger, og alle hans produksjoner høster gode kritikker. Alle, bortsett fra Jørgen selv, kan se at han gjør en solid jobb. Jørgen føler derimot at han bare har flaks. Egentlig er han udugelig og inkompetent. At programmene hans har blitt godt mottatt, handler om tilfeldigheter og lykketreff, snarere enn hans talent. Hver dag på jobb føles tung. Han går med en konstant uro og en kronisk frykt for å bli «oppdaget». Han forventer at kollegene når som helst kommer til å avsløre ham som en «bløff». Hans opplevelse er at han ikke mestrer sin jobb, og hver dag er en kamp. Ofte kvier han seg for å stå opp om morgenen, men presser seg likevel inn på kontoret. Forskjellen på hvordan Jørgen opplever seg selv, og hvordan andre opplever ham, er himmelropende.

Jørgen lider under selvbeskrivelser som definerer ham som mislykket. Mange mennesker har det på samme måte som Jørgen, og mange tror så dårlig om seg selv at de ikke engang forsøker videre utdannelse eller våger å sette seg karrieremessige mål. Noen unngår alle livets utfordringer på grunn av en indre stemme som sier at *«du får det ikke til, uansett»*. Muligheter og utfordringer som kunne ført til personlig vekst, unnvikes fordi man forventer fiasko. På den måten er det selve unnvikelsen som gjør følelsen av å være mislykket til virkelighet. Når vi lever i pakt med våre negative selvdefinisjoner, blir de ofte til virkelighet. Negative tanker blir til noe vi lever ut og dermed gjør til virkelighet. Jørgen er i så henseende en litt atypisk variant, fordi han tross alt går på jobb. Vanligvis unngår mennesker med tilsvarende negative leveregler både ansvar og utfordringer, men Jørgen tvinger seg til å gå på jobb på tross av ubehaget ved å føle seg utilstrekkelig og talentløs.

Faktum er at Jørgen på ingen måte er talentløs, men alle følelsene og tankene hans er «kodet» på en måte som gir en konstant følelse av å være mislykket. Kanskje vil han alltid føle seg mislykket så lenge han sviktet farens forventninger. Han kunne gitt etter for farens strenge føringer og utdannet seg til doktor, men da er det sannsynlig at han hadde gått på et kraftig kompromiss med seg selv. Kanskje ville han ikke følt seg vel som lege. Kanskje ville et liv som lege oppleves som et liv i farens tjeneste, eller som et pliktløp hvor hans egentlige ønsker og mål er undergravd av farens egenrådige vilje.

En kunstnerkarriere hadde kanskje vært Jørgens beste valg, men det valget var egentlig ikke en mulighet. Dersom Jørgen hadde trosset farens strenge holdninger så formidabelt, og blitt kunstner, hadde uroen sannsynligvis blitt så stor at han ikke hadde maktet å føle seg fri på noen måte. Kanskje ville det også lagt en demper på hans kreativitet og følelse for kunsten.

Jørgen kan lage mange hypoteser om sitt liv, men det viktigste er at han klarer å avsløre sine negative selvdefinisjoner, eller i alle fall løse litt på deres destruktive grep. I følge den mer dynamiske psykologien, som er opptatt av hvordan fortiden har formet oss, bør Jørgen undersøke bakgrunnen for sin uberettigede følelse av å være mislykket. Han er deprimert og føler seg verdiløs. På jobb føler han seg falsk fordi andre mener han gjør en god jobb. Jørgen må avsløre sine negative selvdefinisjoner for å gjenvinne et godt liv. Han må innse hvordan følelsen av utilstrekkelighet ikke handler om inkompetanse, men om farens nedslående kritikk og underminering av hans interesser gjennom oppveksten. En negativ selvdefinisjon er rett og slett et «mentalt monster» som styrer hvordan vi tenker, føler og handler, og psykoterapi handler ofte om å se sine egne mønstre, og deretter gi dem mindre innflytelse på vårt liv og vår selvfølelse.

Jørgen har en følelse av at han er mindre suksessrik, begavet eller intelligent enn de han omgås og jobber med. Denne typen problematikk skriver seg som regel alltid fra en underliggende lav selvfølelse. God selvfølelse er fornemmelsen av å være verdt noe i vårt personlige, sosiale og profesjonelle liv. Vi har sett at den dynamiske psykologien kobler vår selvfølelse til våre erfaringer og oppvekstmiljø. Denne innfallsvinkelen til menneskets psykiske liv vil, overordnet sett, anta at en god selvfølelse stammer fra en følelse av at vi har blitt elsket og respektert som barn av familie, venner og på skole. En oppvekst preget av respekt, aksept, ros og suksess fostrer en god selvfølelse. Motsatt vil en oppvekst preget av kritikk og avvisning fostre en følelse av at det man foretar seg, ikke er akseptabelt, noe som videre anstifter en følelse av at man ikke er verdt å like, beundre eller anerkjenne. Som person føler man seg lite attråverdig og underlegen andre. Når vi identifiserer oss med våre negative selvdefinisjoner, er det vår grunnleggende selvfølelse som blir lidende.

I første del av Jørgens terapeutiske prosess, skrev han ned sine mest fremtredende selvdefinisjoner i noen korte setninger. Disse setningene ble gjort til gjenstand for en grundigere undersøkelse. Fortellingen over er en oppsummering av Jørgens bevegelse mot en større innsikt i egne problemstillinger. Hans neste oppgave er å lage en litt lenger selvbeskrivelse som inkluderer noen refleksjoner rundt opphavet til sine selvdestruktive tenkemåter. Slik blir hans nye selvbeskrivelse:

*«Jeg føler meg alltid mislykket fordi jeg ble kritisert og overstyrt. Pappa hadde noen fastlåste meninger om hvilke holdninger som var de eneste riktige, og jeg ble tvunget inn i*

*hans verdisystem. Da mistet jeg litt av meg selv, og jeg mistet kunsten. Jeg forsøkte å leve opp til hans krav, men når jeg ikke fant meg til rette i disse rammene, falt jeg utenfor og følte meg mislykket. Denne følelsen har fulgt meg helt frem til i dag. Jeg føler meg alltid dårligere enn andre, tenker at jeg er udugelig og har nesten ingen selvtillit igjen. Tankene om meg selv er farget av pappas holdninger og kritikk, men nå har de blitt mine egne selvkritiske tanker. Jeg må lære å tenke annerledes, eller tenke uten pappas innflytelse.»*

Mye av den ledende psykoterapien handler om å se seg selv utenfra og andre innenfra. Jørgen må ta et skritt tilbake og se litt på hvordan han oppfatter seg selv og tilværelsen. Han er fanget i sitt negative perspektiv, og psykoterapiens målsetning er å innta et litt større perspektiv, som kan virke forløsende.

*Når det gjelder psykologisk utvikling, er det flere teorier som direkte eller indirekte sier at barn har behov for ubetinget kjærlighet, omsorg og ros for å utvikle indre trygghet og solid selvfølelse. På sett og vis må man bli elsket av andre for å elske seg selv. Å elske seg selv handler i så henseende om en sunn tro på sin egen verdi og egne evner, noe som avler trygghet og selvtillit og dermed overskudd til å skape et meningsfullt liv for seg selv og andre. Kritikk, kjeft og stadig poengtering av feil og mangler, kan ha den motsatte effekten. Når vi snakker med oss selv om vår egen verdi, gjentar vi på sett og vis de samtalene vi har hatt tidligere i livet. Når våre indre dialoger er preget av negativitet og usikkerhet, er det en avgjørende faktor i lav selvfølelse. Selvutvikling handler i så henseende om å gå i dialog med seg selv på nytt.*

*Jeg antar at det «sitter mellom ørene», og spørsmålet er om du klarer å nøste opp i de dialogene som gir deg et realistisk forhold til deg selv og verden, i motsetning til de stemmene som plaprer usannheter og destruktive repetisjoner. Hvilke indre stemmer skal du lytte til, og hvilke bør du la gå inn det ene øret og ut det andre?*

## Øvelse 14 — Hvordan ble du den du er?

Bla tilbake til siden med dine egne selvdefinisjoner. Forsøk å sette deg inn i en dynamisk psykologisk tankegang. Hvordan har din oppfattelse av deg selv blitt til? Hvem har vært med å påvirke hvordan du ser på deg selv? Er det noen spesielle hendelser som har vært sentrale? På dette skrivebrettet vil jeg be deg om å skrive ned en litt lenger selvbeskrivelse hvor du inkluderer refleksjoner rundt opphavet til måten du betrakter deg selv på.

## De Østlige perspektivene

Det finnes veldig mange ulike strategier og terapiformer innenfor vår Vestlige tradisjon, og den teoretiske grunnforståelsen og terapeutiske praksis kan variere ganske mye. Vår Vestlige psykologi har, på tross av forskjelligheter, ofte et felles siktemål, nemlig å styrke strukturene i menneskets selvfølelse eller ego. På sett og vis antar man at et sunt selvbilde er roten til lykke og velvære, og det representerer sannsynligvis en slags omtrentlig sannhet. Østens psykologi har imidlertid et litt annet perspektiv på psykisk sunnhet, og ved første øyekast kan Østens visdomstradisjoner nærmest stå i motsetning til den Vestlige psykologien.

*Mange av tankene våre repeterer seg selv mer eller mindre på automatikk. Det virker nesten som om det å tenke er noe som hender med oss, snarere enn noe vi selv iverksetter av egen kraft. På folkemunnet kalles dette fenomenet for «tankekjør», og hvis vi studerte oss selv (og andre) nøye nok, så ville vi med en gang legge merke til at vi forføres, overtales og påvirkes av denne tvangsrepeterende tankevirksomheten. Mental støy har en tendens til å kreve at vi løper raskere og raskere på livets tredemølle, skaffer oss flere ting og lurer oss til å tro at lykken kommer rundt neste sving eller etter neste prestasjon eller neste lønnsforhøyelse. Dette er fellen de Østlige tradisjonene advarer oss mot.*

Østens psykologi har mye av sin forankring i Buddhisme, Zen og Hinduisme. I tillegg baserer den seg på filosofiske retninger med røtter i gamle yogatradisjoner. Mens den Vestlige psykologien forsøker å utkonkurrere negative oppfatninger av oss selv ved hjelp av selvinnsikt og positive reformuleringer, er den Østlige tradisjonen langt mindre intellektuell både i teori og praksis. Istedenfor å bygge et sterkt ego fundert på positive selvbekreftelser, handler det om å rense sin indre verden for «mental støy». Målet er å etablere en indre stillhet hvor galopperende tanker og labile følelser ikke får lov til å forstyrre oss. Målet er å ikke la seg anstrenge av bekymringsfulle tanker om fremtiden (angst) eller anklagende minner fra fortiden (depresjon og bitterhet). Det handler om å forankre seg i nåtiden og være til stede i livet uten egoets utrettelige behov for noe mer. Dermed er ikke fokuset først og fremst på balanse i egoet, men snarere på en tilværelse hvor egoet får mindre innflytelse. Noen vil si at det handler om å «oppheve egoet» eller «overgå det» ved å leve forbi dets rastløse bevegelser bort fra livet her og nå.

Det er ikke dermed sagt at Østens psykologi er antiintellektuell eller motstander av all refleksjon og innsikt. Også innenfor denne tradisjonen blir man ofte oppfordret til introspeksjon (se innover i seg selv). Man henstilles til mer bevissthet, og ikke minst en grunnleggende erkjennelse av tankenes egentlige vesen. Tanker og følelser er noe som renner forbi i bevisstheten, som vannet i en elv. De er forgjengelige, og de forandrer seg. Når man ber Terje, Siri, Andrea, Jesper og Jørgen om å beskrive seg selv, refererer de nettopp de tankene og følelsene som dukker opp i deres «mentale rulletekst» i det aktuelle øyeblikket. Spør man dem på et annet tidspunkt, er det sannsynlig at selvbeskrivelsen har forandret seg. I et slikt perspektiv er det uklokt, og ikke minst upresist, å la tankene og deres språklige merkelapper få lov til å definere oss som mennesker.

Selvdefinisjoner som skaper uro og underskudd i egoets «mentale økonomi», er kanskje blant de mest sentrale kildene til psykologisk ubehag og lav selvfølelse. Negative selvdefinisjoner binder egoet til en evig kamp om å tilkjempe seg noe mer. Det legger et press på vår psykiske sfære, som videre gir seg utslag i hele kroppen. Livet blir ikke en opplevelse av nærvær og harmoni, men snarere en krampaktig flukt eller en frenetisk jakt etter noe annet. Når vi tilskriver våre selvdefinisjoner status som «sannheten om oss selv», begrenses vi av adjektivenes makt. Det er nettopp denne innsikten mye av Østlig filosofi ønsker å formidle. Vår indre verden blir på sett og vis blokkert når vi i alt for stor grad fanges av følelser eller identifiserer oss med bestemte selvdefinisjoner. Men istedenfor å bruke timevis på samtaler om følelser og deres opprinnelse, slik vi har en tendens til i tradisjonell psykoterapi, vil man i den Østlige psykologien guide individet mot en erkjennelse av tankenes og følelsenes relative karakter. Det vil foregå en slags veiledning med fokus på hvordan egoet har fått et slags hegemoni i vår indre verden, og ikke minst hvordan dette kan føre til uro, mistrivsel og lav selvfølelse.

I Vestlige tradisjoner baserer mye av terapien seg på en slags verbal krig. Negative selvdefinisjoner skal nedkjempes med positivt forløsende tanker eller mer realistiske selvbeskrivelser. Det er tanker mot tanker, og her finner vi kanskje den skarpeste kritikken av Vestlig orientert psykologi. Det kan hende at personen som lider under et negativt selvbilde, vil oppleve en midlertidig lettelse dersom han klarer å bytte ut noen av de negative selvbeskrivelsene. I enden av den verbale terapiprosessen sitter man kanskje igjen med en mer fordelaktig beskrivelse av seg selv, men fremdeles er det tankene og følelsene som får lov til å definere oss som menneske. Vi gir fortsatt tankene veldig mye definisjonsmakt, selv om forskjellen nå er at selvbeskrivelsene er av en mer vennligstemt karakter.

Det er mange nyanser i dette bildet som ikke får plass i denne boken, og dermed blir disse beskrivelsene omtrentligheter eller forenklinger av henholdsvis Østens og Vestens innfallsvinkler til personlig vekst. Men på et generelt grunnlag er det sannsynlig at både Terje, Siri, Andrea, Jesper og Jørgen vil oppfordres til å avgrense seg selv fra sine tanker og følelser i en Østlig orientert terapiprosess. Tanker, følelser, minner og erfaringer, som på en eller annen måte forstyrrer livet, forsvinner hvis vi innser at de ikke definerer oss som mennesker. Vi har tidligere sagt at vi kan se skyene på himmelen, og dermed forstå at vi ikke er skyene. Vi kan også observere tanker og følelser, og på den måten forstå at de ikke er vårt egentlige Selv, men noe vi ser. Siden tankene og følelsene ikke utgjør vårt egentlige Selv, er det ingen grunn til å la dem styre livet vårt.

På bakgrunn av en slik erkjennelse eller holdning, oppfordres man til å se sine egne tanker og følelser flyte forbi i bevisstheten. Man skal forholde seg så nøytral som mulig og være observatør til det «psykologiske drama» som utspiller seg i «bevissthetens teater». På den måten skal man klare å beholde en indre ro, selv om tankene hele tiden forsøker å anspore oss til handling, frykt, bekymring og så videre. Man skal se på tanker og følelser uten å reagere, vurdere eller tilskrive tankegodset en bestemt verdi. På himmelen kan skyene være lette og lyse eller tunge og mørke. I bevisstheten har vi både dystre og lettsindige tanker, men vi er verken skyene på himmelen eller tankene i vårt hode. Både skyene og tankene er noe som glir forbi i vår oppmerksomhet, og vi skal hvile som et vitne til det som kommer og går. Kort sagt er dette mye av essensen i meditativ praksis, og samtidig en sentral del av det terapeutiske elementet i Østlige visdomstradisjoner. Dersom vi virkelig klarer å ta innover oss denne finurlige innsikten, vil selvfølelsen vår styrkes betraktelig. Denne innsikten er en direkte motgift mot det vi tidligere har beskrevet som «psykisk automatikk», hvor vi lar gamle (u)vaner og verdivurderinger (følelser) styre oss. Som en observatør til mekanismene i vårt psykiske liv, gjenvinner vi en bevisst kontroll på hvordan våre opplevelser konstrueres, noe som er adelsmerket på god selvfølelse.

Noen ekstreme varianter innenfor Østlig psykologi har en tendens til å betrakte tanken som en sykdom i seg selv, men slett ikke alle. Østlige visdomstradisjoner handler mye om «stillhet i hodet», som motsats til mentalt støy og stress, men det baserer seg også på dialog, tilbakemelding og introspektiv undersøkelse. Til og med Buddha anbefaler at man tilegner seg mye informasjon, slik at man kan ta mest mulig velinformerte avgjørelser. Han mente dessuten at hans egen lære også måtte utsettes for kritisk analyse. Den buddhistiske læren er ikke noe man skal kaste seg inn i med lukkede øyne, men snarere en form for verdi man må oppdage på egenhånd. Det er ikke et lukket eller ferdig metafysisk trossystem, men snarere en lære som skal være åpen og jordnær med en praksis som kan peke i retning av dypere erkjennelser eller opplevelser av vår menneskelige natur. I en forlengelse av Buddhas anmodninger, kan vi si at Terje, Siri, Andrea, Jesper og Jørgen vil oppfordres til å utsette både egne og andres holdninger for en kritisk analyse. Man skal ikke umiddelbart godta hva de indre mentale stemmene forteller oss, eller godta andres perspektiver, men snarere veie deres betydning og verdi uten for mye innflytelse av egne preferanser og følelser.

I denne tradisjonen snakker man om å «oppheve ego». Det foregår blant annet ved hjelp av meditasjon, men også ved hjelp av en undersøkende oppmerksomhet på tankenes funksjon og mekanismene i vårt indre liv. I den Vestlige psykologien har man vært opptatt av innholdet i tankene, men i Østen er man mer opptatt av hvordan tankene fungerer og influerer på livet vårt. Effekten er blant annet en større frihet fra negative selvdefinisjoner og det kontinuerlige stresset som kan ramme oss i egoets tjeneste. Gevinsten er en langt mer stabil og solid selvfølelse.

Men hvis man erklærer sine egne tanker og følelser for ugyldige, hva har man egentlig igjen? Hvem er jeg, hvis jeg ikke er tankene mine? Det er tema i neste kapittel.

## Øvelse 15 – Gi selvdefinisjoner mindre makt

Gå tilbake til øvelse 13 og dine første selvbeskrivelser. Se på de selvbeskrivelsene du har notert. Er de absolutte sannheter om deg selv? Eller er de mentale konstruksjoner basert på en rekke faktorer fra ditt liv? Kan du gi dem litt mindre definisjonsmakt? Ta frem et viskelær og fjern det du har skrevet på «skrivebrett-hodet». Kanskje kan dette gi deg en følelse for mindfulness meditasjon i praksis?

KAPITTEL 11

# Vår psykologiske programvare

Vår selvfølelse er et resultat av merkelapper vi har satt på oss selv. Disse merkelappene kan være mer eller mindre sannferdige, men mange av oss lever som om de forteller sannheten om hvem vi er og hva vi er verdt. Våre mentale merkelapper utgjør vårt «psykologiske operativsystem», og av og til bør vi oppdatere programvaren. Det finnes flere programmeringsspråk, men hjernen kodes med «psykologisk grammatikk».

# Sånn har jeg alltid vært

Den franske filosofen, René Descartes, mente at han eksisterte fordi han tenkte: *«Jeg tenker, derfor er jeg»*. Mange av oss har en lignende fornemmelse. Vi føler vi har en kjerne eller en identitet som defineres i kraft av våre tanker. Mye av Vestens filosofi forutsetter at mennesket har en kjerne, en medfødt metafysisk essens eller et ego. Eksistensielt orienterte filosofer som Kierkegaard, Nietzsche og Sartre hevder imidlertid at dette er en feiltakelse. Jean Paul Sartre har ingen tro på en urokkelig kjerne i mennesket. Når man sier at *«sånn er jeg»* eller *«sånn har jeg alltid vært»*, legger man opp til at det finnes noe fast og uforanderlig. I verste fall forsvarer det at man kan forbli i sine gamle mønstre, og det kan sette en effektiv stopper for vekst og utvikling.

Dersom vi ikke er utstyrt med en like fastlåst kjerne, kan forandring oppstå plutselig, og kanskje vi til og med kan velge å være annerledes. Nietzsche følger Buddha på dette punktet og hevder at ego er en mental konstruksjon som ikke består av annet enn språklige merkelapper. *«Den jeg er den ene timen, er jeg ikke den neste; Det jeg var den ene dagen, har jeg glemt dagen derpå,»* skriver den portugisiske poeten, Fernando Pessoa (1997, p. 27). Vi er ikke statiske størrelser med mer eller mindre god selvfølelse. Vi er i forandring hele tiden, og hvis vi kan påvirke denne forandringen, har vi ubegrenset med muligheter. Den eksistensielle filosofien hevder at vi først og fremst eksisterer, deretter gjør vi valg, og når vi forsøker å forklare eller beskrive disse valgene, forstår vi disse beskrivelsene som oss selv. Men dette selvet er ikke annet enn språklige konstruksjoner. I dataverdenen snakker man om programmeringsspråk, og kanskje kan man se for seg noe lignende i forhold til «programmering» av vårt eget «mentale maskineri».

I dette kapittelet skal vi forsøke «å løfte noen tanker» som kanskje er litt tunge rent filosofisk sett. Det handler om hvordan vi dekorerer virkeligheten og oss selv med ulike merkelapper, og ikke minst hvordan språket utgjør viktige bærebjelker i vårt psykologiske liv. Kort sagt handler det om vår psykologiske programvare, og hvordan den psykiske programmeringen er avgjørende for selvfølelse.

## Språket er tanken

Genetisk sett ligner mennesker på aper. Slektskapsforskning basert på analyser av DNA-sekvenser avdekker at menneskets arvemateriale er opp mot 99 % identisk med apenes. Her er det spesielt sjimpansen og gorillaen som angivelig ligger tettest på oss i evolusjonens stamtre. Vi har altså både fettere og kusiner i dyreriket, som genetisk sett ligner oss på en prikk, men likevel er vi ganske forskjellig fra aper (Schilab, 2000). Spørsmålet er hva som egentlig utgjør denne forskjellen. Hva gjør oss til mennesker, og hva gjør oss til de særegne skapningene vi har blitt i verdensordenen?

*Genetisk sett ligner vi aper, men de fleste vil likevel mene at vi er ganske forskjellig. Spørsmålet er hvorfor denne lille genetiske forskjellen reelt sett er så stor. Her er ikke poenget å tro at vi kan besvare dette spørsmålet i sin helhet, men snarere drøfte det faktum at vi har utviklet et språk, og videre antyde at språket kan spille en ganske viktig rolle. Kan det hende at symbolbruk er med på å gjøre oss enestående?*

«Språket er tanken» skrev den østerrikske filosofen Ludwig Wittgenstein, og muligens er det menneskets forvaltning av en rikholdig tankeverden som stadfester vår særegne posisjon i verden. Språket fungerer som representasjoner for virkeligheten, men i tillegg åpner språket for en sosial virkelighet som er vesensforskjellig fra den «virkelige» virkeligheten. Når man har et språk, har man mulighet for å operere med en fiktiv verden hvor man kan forestille seg hvordan det ser ut i London, uten at man noensinne har vært i England eller sett bilder av Madame Tussaud. Det holder at noen har gitt en beskrivelse av byen, hvorpå den plutselig eksisterer som en by i vår tankeverden.

Språket åpner opp for en verden av fantasi på samme måte som drømmen, og hvordan vi møblerer vår fiktive virkelighet med tanker og konsepter, er noe vi drøfter med hverandre gjennom forskjellige språkspill. På sett og vis «erobrer» mennesket verden gjennom språket. Det finnes angivelig ikke andre organismer som spontant viser tegn på fantasi og kreativitet i samme grad som mennesket (Schilab, 2000). Språket er med på å skape konvensjoner og føringer for menneskeheten, og på en slik bakgrunn er det nærliggende å tro at språket står ansvarlig for store deler av vår særegne menneskelighet.

Moses, Confucius, Mohammed, Jesus, Platon og Nietzsche er alle sammen døde, men de har likevel en ganske levende innflytelse på mennesker den dag i dag. Det er i hovedsak fordi deres signaler er overført til kommende generasjoner via vårt raffinerte symbolsystem. Disse systemene handler ikke bare om språk, men også om kunst, musikk, ritualer og subtile vaner hvor kulturen overføres fra generasjon til generasjon på en stilltiende, men innflytelsesrik måte. Aristoteles, Hitler, Marx, Newton, Shakespeare og Ibsen påvirker fremdeles enkelte deler av det kulturelle og samfunnsmessige klima, og et slikt mektig ekko fra avdøde personligheter og tanketradisjoner hadde ikke vært mulig uten den finurlige egenskapen som hefter ved menneskets evne til å forvalte og manipulere tilværelsen ved hjelp av symboler.

## Mennesker er tidsbindere

Mennesket er rett og slett tidsbindere i den forstand at vi videreformidler våre tanker og erfaringer til kommende generasjoner. På den måten kan man opprette en slags erfaringsbank som forteller våre arvinger om verdens beskaffenhet, slik at de slipper å bruke energi på oppdagelser som allerede er gjort. Dermed kan mennesket konsentrere seg om videreutvikling og nye innsikter, og på den måten utvides menneskets mentale bibliotek med stadig nye konsepter, kategorier og erkjennelser av tilværelsens mysterier.

Språket påvirker menneskenes handlinger, som igjen påvirker verden i forskjellige retninger, og dermed spiller våre ulike overbevisninger en vesentlig rolle. Den franske filosofen Immanuel Kant har sagt at menneskene ser verden gjennom et filter. Han mente at vi hele tiden nedlegger et mønster i verden når vi gjør den til gjenstand for vår oppmerksomhet. Ved hjelp av et språklig begrepsapparat skjærer vi verden i et bestemt snitt. Måten vi skjærer virkeligheten på avhenger av det begrepsapparatet vi bruker som symbol på de store linjene i vårt sosialt betingede tankegods.

I kapittel 1 nevnte jeg hvordan Knausgård skriver om sine opplevelser på babysang. Jeg hadde vært i en lignende situasjon, men siden Knausgård har et rikere språk enn meg, klarte han å gi opplevelsen en større dybde enn det jeg var i stand til. For meg var opplevelsen bare ubehagelig. Ved hjelp av mer språk klarte jeg å løfte opplevelsen opp fra kroppslig ubehag til innsikt. Kanskje kan man si at et rikt språk kan ha en stor kraft, og forandre måten vi tenker, føler og handler på. Her gjemmer det seg et viktig selvhjelpstips: Prøv å utvikle ditt vokabular og språkforståelse. Les ting som ligger litt i utkanten av hva du føler du begriper. Nye ord, metaforer eller velformulerte setninger kan åpne nye dører i vårt indre liv. Dersom man investerer litt ekstra i en tekst som ikke gav noe ved første gjennomlesning, kan det tenkes at innsatsen bærer frukter på sikt.

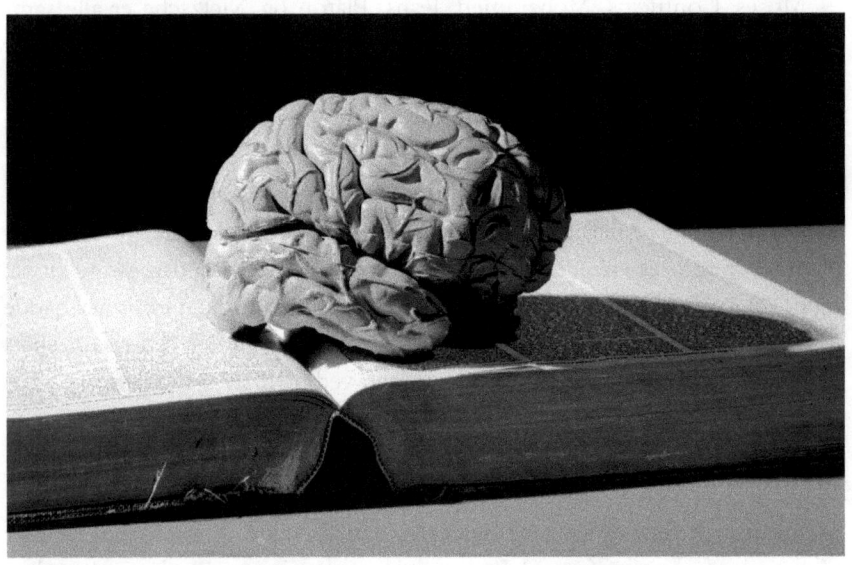

*Å lese bøker kan være en øvelse i å sette seg inn i andre perspektiver, forstå livets fasetter på nye måter, og dermed møte tilværelsen med stadig mer fleksible fortolkningsmuligheter. Denne fleksibiliteten kan dernest styrke vår evne til medfølelse og forståelse, noe som videre er verdifullt for sosial intelligens og evnen til å opprettholde gode relasjoner til andre mennesker.*

Vi kan si at språket er en fantastisk anordning som åpner vår forståelse av oss selv og verden, men samtidig kan språket fange oss i oppfatelser av virkeligheten, som ikke nødvendigvis stemmer. Det betyr at ensporede tenkemåter og verdisystemer kan binde mennesket til skadelige måter å leve på. Undertrykkende og hersketekniske verdenssyn eksisterer over alt og fraøver mennesket muligheten til å nå sitt egentlige potensial. Språket er på mange måter den psykologiske programvaren som forvalter vår versjon av virkeligheten, og i de tilfeller hvor språket er bundet fast til rigide ideologier, lav selvfølelse, frykt og andre forstyrrende faktorer, risikerer vi at vårt eget livsprosjekt stagnerer.

I forlengelse av dette kan man fristes til å si at hjernen er en datamaskin med en bestemt programvare. Psykologer vil mene at hjernen til en viss grad er forhåndsprogrammert, men at brorparten av programvaren er installert gjennom erfaringer med foreldre og vårt oppvekstmiljø. Når vi opplever nye ting (stimuli utenfra), tolkes dette i forhold til vår egen programvare. Dårlig programvare gir dårlig informasjonsprosessering og dårlige reaksjoner. Ved første øyekast virker datamaskinanalogien ganske plausibel, og på mange måter er den et nyttig pedagogisk redskap når vi skal forstå hvordan psyken fungerer i relasjon til hjernen.

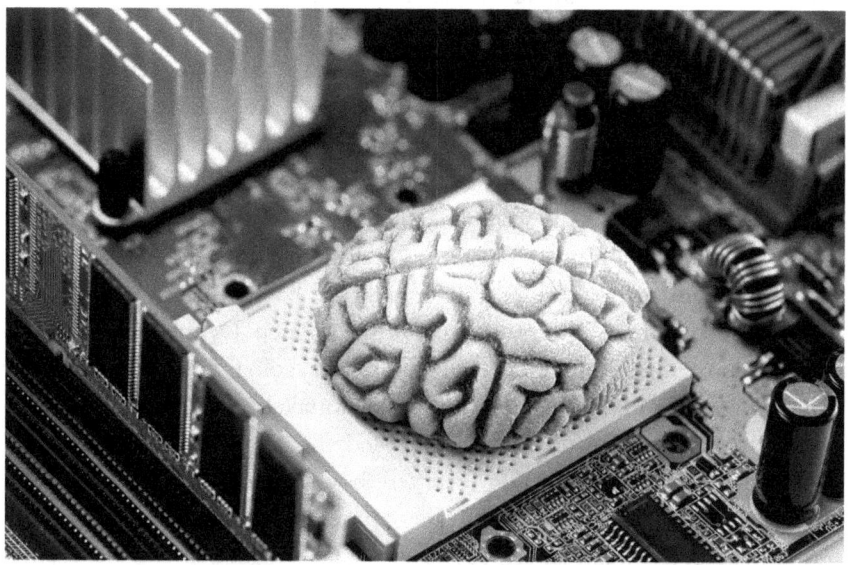

*Når psykens operativsystem er skadet av vonde erfaringer, destruktive ideer og følelser som farger våre perspektiver i triste nyanser, må vi begynne å analysere vår egen programvare. Istedenfor å forholde oss til innholdet i våre tanker og følelser, må vi se på hvordan vi tenker og føler. Det kalles av og til for metakognisjon, og det refererer til kunnskap og innsikt i egne mentale prosesser.*

Når en datamaskin ikke fungerer, handler det av og til om dårlig eller for gammel programvare. Da må man eventuelt installere et nytt operativsystem, og litt på samme måte opererer man i psykoterapi. Ofte kan stress, uro og lidelse være generert av uheldige måter å tenke på. Selvutvikling kan dermed handle om å undersøke de språklige modellene vi opererer med i hverdagslivet. I psykologien er språket vårt redskap, og i den forbindelse kan det være lurt å ha litt kjennskap til «psykologisk grammatikk».

## Psykologisk grammatikk

La oss gå tilbake til Jørgens opprinnelige selvdefinisjoner og analysere de rent grammatikalsk. Da vi ba Jørgen beskrive seg selv, kom følgende setninger ned på papiret:

*«Jeg er mislykket»*
*«Jeg er ikke like flink i min jobb som de andre»*
*«Når andre sier at jeg gjør en god jobb, er det fordi jeg har lurt dem til å tro at jeg er flink»*
*«Jeg er falsk og udugelig, og det er kun spørsmål om tid, før det blir oppdaget»*

Fra et psykologisk ståsted vil man si at disse selvdefinisjonene har fått uforholdsmessig mye makt over Jørgens følelsesliv fordi han tillegger dem en sannhetskvalitet de ikke fortjener. Det har vi allerede tatt for oss i kapittel 10. Et annet element handler om selve grammatikken i setningene. En ledende pioner innenfor språkvitenskap, Alfred Korzybski (1994), har en gang foreslått at man skal forby verbet «å være» når det er bøyd i presens. Når man sier at man «er» noe bestemt, impliserer man også noe urokkelig eller absolutt. Det lille ordet «er» har dermed en tendens til å gjøre mennesket til noe statisk og uforanderlig. Det binder oss fast til kategorier av selvforståelse som av og til er svært misvisende. Alle som har en datamaskin, vet at gode programmer kan få maskinen til å fungere på helt nye måter, eller at en ny app kan utvide smarttelefonens bruksområder. Hjernen er ikke bare en passiv mottaker av signaler, men et organ som bearbeider informasjonen. Denne innsikten hadde allerede de tidlige pionerene i persepsjonspsykologi hvor eksperimenter viste at persepsjon ikke består av en passiv mottakelse av signaler, men også en aktiv fortolkning av disse signalene. Med andre ord er mennesket i høy grad forfatter av sitt eget liv, og forfattere bør kjenne til de grammatikalske fellene i språket. I tillegg må man være oppmerksom på hvordan en språklig fundert tankeverden lett lar seg pervertere av falsk logikk, intolerante ideologier, fanatisme og andres meninger uten at man nødvendigvis merker det.

Siden hjernen ikke bare mottar og bearbeider informasjon, men også redigerer informasjonen, må vi altså forstå den programvaren som hjernen bruker. Språket er hjernens software, og grammatikk er læren om hvordan språket er bygd opp. Fra undervisningen på skolen kjenner de fleste av oss til eksempelet hvor en stakkar risikerer å dø på grunn av kommafeil: *«Drep ham, ikke vent til vi kommer»*, er en ordre om å ta et liv, men *«drep ham ikke, vent til vi kommer»* er en ordre om å avvente. I den siste meldingen har mannen en sjanse til å overleve. Uorden i grammatikken kan altså få katastrofale følger, og en av de grammatikalske fellene som kanskje har en stor psykologisk betydning, er altså verbet «å være» i presens. Det kan tillegge oss noen språklige merkelapper som blant annet forkrøpler vår selvfølelse og knebler selvrealisering. At noe «er», impliserer altså noe uforanderlig eller absolutt, og når vi bruker det om oss selv, kan det låse oss fast til ufleksible selvforståelser og verdensanskuelser. Det kan også binde virkeligheten på måter som frarøver den viktige nyanser. Et par eksempler kan gjøre dette argumentet tydeligere.

Det første eksempelet er hentet fra fysikkens verden. Her er to setninger skrevet med «er».

*1 – «Et foton er en bølge»*
*2 – «Et foton er en partikkel»*

Disse to setningene motsier hverandre. De som vet litt om lys, vet kanskje at dette var gjenstand for mye debatt blant fysikere på begynnelsen av 1900-tallet. Er lys bølger eller partikler? Rundt 1920 ble det åpenbart at eksperimentelle studier ikke kunne avgjøre saken. Hvorvidt lys oppførte seg som bølger eller partikler, var avhengig av hvilke måleinstrumenter man brukte, og hvordan man designet den eksperimentelle undersøkelsen. I en type eksperimenter beveget lys seg som bølger, mens i et annet eksperiment beveget lyset seg som partikler. De to setningene blir derfor feilaktige, men dersom vi skriver de om uten å bruke «er», unngår vi fellen.

*1 — «Et foton oppfører seg som en bølge målt med bestemte instrumenter»*
*2 — «Et foton oppfører seg som en partikkel målt med bestemte instrumenter»*

Som et mer psykologisk relevant eksempel kan vi bruke Jørgen (kapittel 10) som følte seg mislykket på jobb. Her kommer to setninger hvor «er» brukes i forhold til Jørgens situasjon.

*1 – «Jørgen er deprimert»*
*2 – «Jørgen er glad»*

Igjen ser vi to setninger som tilsynelatende motsier hverandre. Hvis Jørgen er deprimert, er han vel ikke glad? Med mindre han trives med depresjon, og da mister depresjonsbegrepet sin betydning. Hvis vi skriver det om uten å bruke «er», og samtidig legger til konteksten, får vi et helt annet bilde.

*1 – «Jørgen virker deprimert når han er på kontoret»*
*2 – «Jørgen ser glad ut når han maler bilder på stranden»*

De to første formuleringene kan gi inntrykk av en manisk depressiv person: Jørgen er glad, og Jørgen er deprimert. De to siste setningene gir derimot et mer nyansert bilde av Jørgen. Han virker ikke lenger så bundet opp til to bestemte sinnstilstander, men fremstår mer som et menneske i stadig bevegelse og med et levende følelsesliv.

Når klienter kommer inn på mitt kontor og sier at de «er» deprimerte, blir jeg av og til litt mismodig, men også ivrig etter å snakke med dem om «psykologisk grammatikk». Det lille ordet «er», gir et inntrykk av et liv uten følelsesmessig sirkulasjon. Depresjonen presenteres som en statisk tilstand, og hvis alt «er» helt svart, har håpløsheten en tendens til å legge seg som et teppe over terapirommet. Depresjon har gjerne en tendens til å formørke alt, og den gjør det ved å viske ut forskjeller og nyanser. Tilværelsen mister sine klangfarger og etablerer seg som en nedstemt stillstand i klientens liv. I slike situasjoner leter vi etter forskjeller. Det må finnes noen gradsforskjeller i klientens opplevelsesverden. Og denne prosessen handler ofte om å dementere det lille verbet «er», som altfor ofte evner å plassere sjelstilstander i resolutte kategorier.

Å lete etter nyanser og forskjeller handler nok en gang om å skape større (selv/livs)bevissthet. Det handler om å oppdage at vi til en viss grad er forfattere av eget liv, og dernest at språket vi bruker, spiller en rolle. En slik erkjennelse kan åpne et «liv i vranglås» eller skape mer bevegelsesfrihet i en krevende hverdag. Erkjennelsen gir nye muligheter til vekst og bevegelse, og mer ansvar for eget liv. Sistnevnte er noe mennesket ikke alltid er like interessert i.

## Holdninger som hindrer positiv vekst

Hvis språket er selve operativsystemet i vårt psykiske liv, kan vi kanskje sammenligne våre holdninger med de spesialiserte programmene som behandler bestemte oppgaver. I forhold til psykoterapi og selvutvikling er det spesielt fire holdninger som hindrer positiv vekst.

1 — Den første holdningen sentreres rundt forestillinger om «magisk behandling». Det dreier seg om et latent ønske om at noen andre skal reparere meg. Eksempelvis ser man for seg en orakelaktig psykoterapeut som kartlegger og forklarer alle feil og mangler, og deretter trykker på en knapp eller sier noe magisk som forandrer livet i positiv retning.

2 — Den andre holdningen dreier seg om et ønske om «quick fix». Man har rett og slett liten tro på at man selv kan skape forandring i eget liv, og man klynger seg til en forestilling om at positiv forandring ikke krever egeninnsats, men er noe som kan komme utenfra. Dessverre finnes det sjelden raske løsninger. Narkotiske stoffer, som for eksempel heroin, kan kanskje fremskaffe en bevissthetstilstand som ligner det en dedikert buddhist finner på veien til Nirvana. Forskjellen på narkomanen og munken, er blant annet graden av egeninnsats. Munken har kanskje meditert i 20 år, mens en sprøyte med heroin kan settes på to minutter. Munken eier sin indre ro, mens rusmisbrukeren har kjøpt den. Her passer det engelske ordspråket: *«Easy come, easy go».*

3 — Den tredje varianten er mirakelholdningen. Denne holdningen er en skadelig idé om at alt ligger utenfor ens egen kontroll. Man opplever ikke seg selv som forfatter eller medforfatter av sitt eget liv, men snarere som en umyndig karakter i en bok skrevet av noen andre, for eksempel en Gud. Her tror man at det eneste som kan skape en positiv bevegelse i eget liv, er en plutselig eller tilfeldig endring i livssituasjonen. Verken en selv eller andre kan påvirke dette, og resultatet er at man fanges i utilfredshet og venter på at noe godt skal falle ned fra himmelen. Her må vi skrive om et kjent ordtak for at det skal passe: «Den som venter på noe godt, venter forgjeves».

4 — Den siste holdningen som blokkerer for videreutvikling, oppsummeres i setningen; «Det _er_ ikke håp for meg». Ideen er at alt man prøver, vil gå galt. I en fastlåst forventning om å feile, unngår man å utforske nye muligheter, og slik blir holdningen om å mislykkes til virkelighet.

Språk, konsepter, holdninger, forventninger og ideer kan altså åpne verden for oss på en kreativ måte og skape muligheter, men det kan også lenke oss fast til trangsynte oppfatninger av oss selv og verden. Selvutvikling handler i visse henseende om å gjøre vår indre verden mindre låst og mer fleksibel.

*Ved å endre strukturen eller mønsteret i måten vi tenker på, vil vi bokstavelig talt endre våre erfaringer, inkludert hvordan vi tenker om tidligere hendelser. Jeg har selv gått i terapi mange ganger, og hver gang forteller jeg litt om sentrale opplevelser fra mitt eget liv. Ettersom jeg fører dagbok, har jeg lagt merke til at «historien om mitt liv» har endret seg fra hver gang jeg forteller den. Det er vanskelig å si hva som rent faktisk er sant og ikke sant om min egen fortid, men måten jeg tenker om den på har i alle fall forandret seg mye gjennom årene. For meg er det et slags «personlig erfart bevis» på at erfaringer strukturerer seg på en bestemt måte, og at jeg i takt med min personlige utvikling endrer oppfatningen av min egen fortid.*

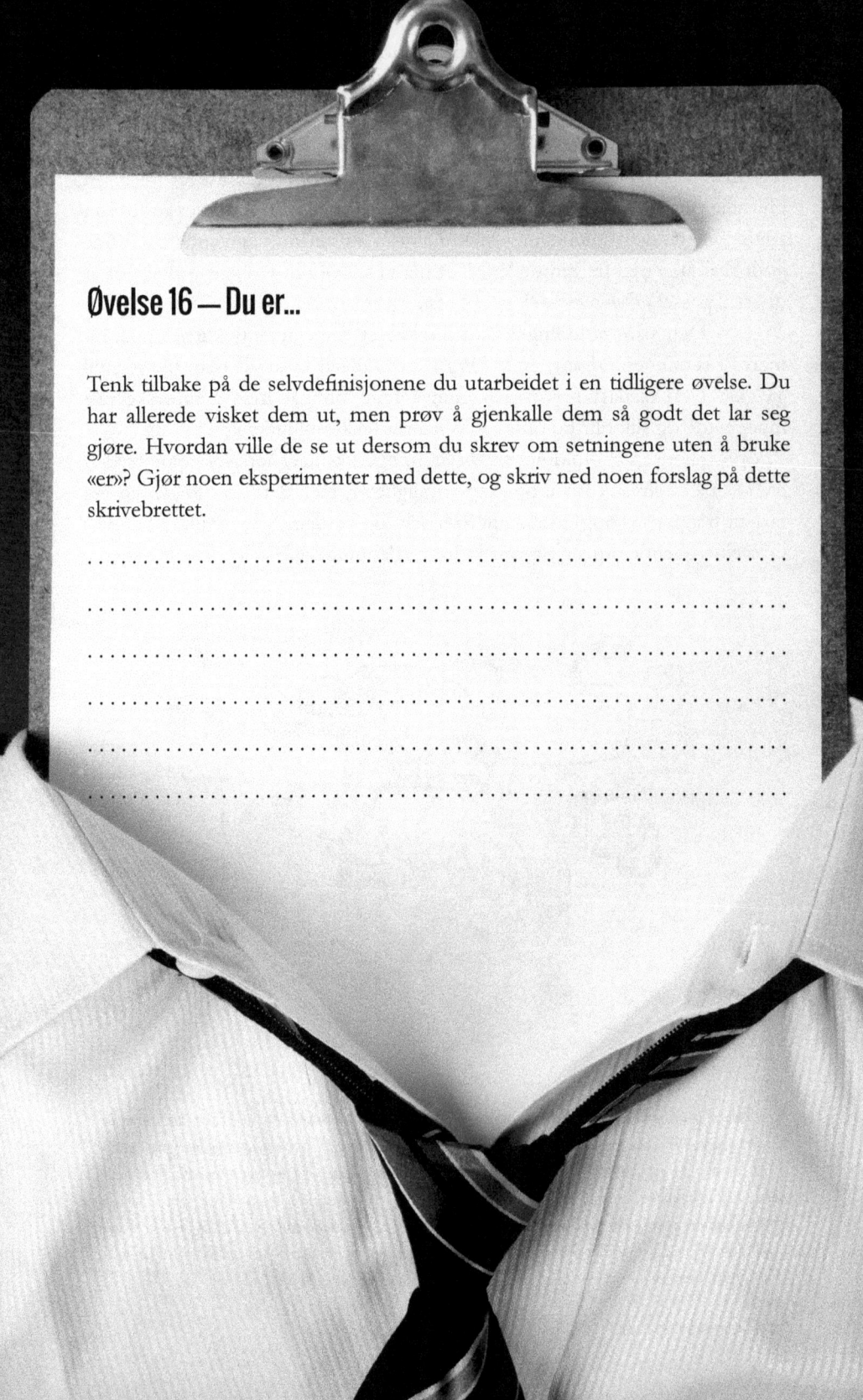

## Øvelse 16 — Du er...

Tenk tilbake på de selvdefinisjonene du utarbeidet i en tidligere øvelse. Du har allerede visket dem ut, men prøv å gjenkalle dem så godt det lar seg gjøre. Hvordan ville de se ut dersom du skrev om setningene uten å bruke «er»? Gjør noen eksperimenter med dette, og skriv ned noen forslag på dette skrivebrettet.

..................................................................................
..................................................................................
..................................................................................
..................................................................................
..................................................................................
..................................................................................

Sannsynligvis er det slik at vi i perioder med god selvfølelse bruker hodet litt annerledes enn i perioder med dårligere selvfølelse. Tittelen på denne boken legger opp til en slik antakelse, og gjennom mange av kapitlene i denne boken har vi sett på hvordan vi bruker hodet på måter som svekker eller styrker vår selvfølelse. I det neste kapittelet skal vi fortsette i samme spor, men vi skal løfte oss litt opp over det rent grammatikalske. Spørsmålet i neste kapittel er hvordan et optimistisk eller et pessimistisk livssyn påvirker vår selvfølelse. Er det slik at et psykologisk operativsystem som fortrinnsvis koder for optimisme vil styrke vår selvfølelse?

*La oss si at psyken vår ligner mest på en kjøleskapdør full av post-it lapper. En slik forståelse er neppe en dekkende beskrivelse av menneskets psykologi, men dersom det finnes et snev av innsikt i denne metaforen, gir det oss en del muligheter. Vi kan lage nye post-it lapper med nye beskjeder, og vi kan fjerne gamle eller utdaterte lapper. Dersom det viser seg at hele vårt psykologiske liv baserer seg på de meldingene som står skrevet på «mentale post-it lapper», blir det plutselig veldig viktig hva vi velger å skrive ned, og det blir like viktig at vi fjerner de lappene som ikke gjør noe annet enn å skade vår selvfølelse.*

# KAPITTEL 12
# Tenk positivt

Optimisme er ikke noe man har eller ikke har, men noe man kan lære seg. Den såkalte positive psykologien hevder at en optimistisk fortolkningsstil kan forbedre både helse, velstand og selvfølelse. Siden tilværelsene aldri er noe vi opplever rent objektivt, men snarere noe vi fortolker, er det åpenbart at vår fortolkningsstil påvirker alle våre opplevelser. Dersom vi anstrenger oss for å innta et mer positivt blikk på oss selv og livet, er vi ikke forskånet for problemer, men det kan hende at vi klarer å sette problemene inn i en kontekst som hindrer at de flyter utover sine grenser. Den positive psykologien påstår at slike egenskaper kan gjøre underverker for selvfølelsen.

## Tanker og følelser

I kapittel 3 skrev vi om frykt, og hvordan denne følelsen fører til skepsis og negative tankemønstre. Frykt er en følelse som skal sørge for å beskytte oss mot farer, men alt for mange reagerer med frykt i situasjoner som ikke er farlige. Malplassert frykt gjør oss usikker og anstifter en følelse av hjelpeløshet, noe som videre skader vår selvfølelse. Selvutvikling kan handle om å dykke ned i sine følelser for å avsløre hvordan vi reagerer uhensiktsmessig, se sammenhengen mellom tidligere erfaringer og nåværende reaksjonsmønstre, og deretter tilstrebe og regulere overdimensjonerte følelser. Vi kan også angripe problemet fra en litt annen vinkel. Det vil si at vi kan gå direkte inn for å undersøke måten vi tenker på. Dersom måten vi tenker på til en viss grad styrer følelsene våre, kan endringer i tankeprosessene gjøre en ganske stor forskjell.

I dette kapittelet skal vi kort forfølge ideene i den såkalte positive psykologien. Denne tradisjonen forteller oss at vi med fordel kan tilstrebe et mer positivt blikk på tilværelsen. Positivitet fungerer ikke som en vaksine mot dårlige nyheter, men vår reaksjon på dårlige nyheter kan bli annerledes. Frontfiguren for positiv psykologi heter Martin Seligman (1998, 2004), og han har overbevist mange om at evnen til å la optimismen overdøve pessimismen er avgjørende i forhold til livskvalitet.

## Fortolkningsstil

Seligman (1998) har gjort mye forskning på dette området, og han har funnet ut at pessimistiske personer har en tendens til å tenke at mangel på suksess er deres egen feil. De lykkes ikke fordi de er dumme, mangler talent eller har et lite fordelaktig utseende. De forklarer med andre ord sin ulykke ut i fra mer eller mindre permanente egenskaper ved seg selv, og slik blir følelsen av håpløshet og fiasko en permanent tilstand som er umulig å endre. De færreste av oss er gjennomførte pessimister, men de fleste av oss vil gi pessimismen fritt utløp i møte med enkelte situasjoner og vanskeligheter. Innenfor psykologien har man regnet en viss andel pessimistiske reaksjoner som normalt, men Seligman mener at det ikke trenger å være slik. Han mener at vi kan lære oss å tolke nederlag på en annerledes måte, og nye fortolkningsmetoder vil beskytte oss slik at en krise ikke fører oss inn i depresjon og håpløshet. Selv de menneskene som er omtrent gjennomsnittlig pessimistiske, vil ligge langt under sitt egentlige potensial for «suksess» både på hjemmebane, jobb og i relasjon til andre mennesker, mener Martin Seligman. Her er det altså mye å hente for de fleste av oss, og det er åpenbart at vårt «psykiske klima» er betinget av fortolkningsstil. Det betyr at fortolkningsstil også er noe som hele tiden influerer på vår selvfølelse. I den kognitive psykologien hevder man at følelser er et resultat av tanker, ideer, holdninger og tro. Når alt kommer til alt, er det hva vi sier til oss selv, og alle tankene som løper gjennom hodet vårt, som representerer vår livsfilosofi. Gjennom hele dagen er vi i en slags kontinuerlig dialog med oss selv. Hvis denne dialogen er preget av negativitet, vil det unektelig gjennomsyre vår karakter.

Teoriene til Seligman er tuftet på forskning, men Seligman har også bevist at teoriene som ligger til grunn for den positive psykologien har praktisk verdi. Han tok blant annet på seg en vanskelig oppgave i et forsikringsbyrå. Det var et firma som solgte livsforsikringer, og de brukte millioner av dollar på å trene opp sine medarbeidere, men de ansatte ble ikke værende. Salg av livsforsikringer er en krevende jobb fordi 9 av 10 personer vil avvise selgeren, og noen avviser på en ganske ufin måte. Selgerne fikk opplæring, ble avvist i noen uker eller måneder, og så sa de opp jobben. De begynte som irriterte og endte opp som deprimerte av alle avvisningene, og en del teorier antyder at avvisninger er det vi mennesker frykter og misliker mest av alt. Firmaet ville altså ha hjelp av Seligman for å finne folk som holdt ut i denne typen jobb over lengre tid, og Seligman tok utfordringen. Han forandret rett og slett opptakskriteriene for nyansettelser. Istedenfor å se på CV, erfaring, utdanning og lignende, skåret han folk i forhold til grad av optimisme og bruk av optimistiske fortolkningsstrategier. De som skåret høyt på optimisme ble ansatt, de ble værende i jobben og i løpet av det første året var resultatene i denne gruppen 20 % høyere enn tidligere gjennomsnitt. Andre året var resultatene 57 % bedre. Det var med andre ord tydelig at optimistene taklet 9 av 10 avvisninger bedre enn de som gav opp jobben etter kort tid. Studiene antyder også at de var bedre selgere.

## Holdningsendringer

*Å frykte det verste er ikke et uvanlig fenomen. Vi innstiller oss på et negativt utfall, og denne holdningen beskytter oss i alle fall mot skuffelser. Problemet er at våre holdninger har en finurlig påvirkningskraft på nesten alle aspekter ved livet. Profeten David sier «som man tenker i sitt hjerte, slik er man». Hinduismen lærer oss at «alle ting manifesteres først i sinnet». Det står skrevet i Talmud at «vi ser ikke ting som de er. Vi ser ting som vi er». Det er ofte en form for frykt som lurer våre perspektiver inn i en «verst tenkelig modus», men psykologien hevder at vi kan endre slike holdninger, og dermed endre livet.*

Tradisjonelt sett har man tenkt at suksess fostrer optimisme, men Seligman sin forskning viser at det ofte forholder seg motsatt; En optimistisk holdning fører til suksess. På det punktet hvor «mannen i gata», med en gjennomsnittlig pessimistisk holdning, gir opp, fortsetter optimisten og bryter gjennom en slags «usynlig barriere». De som gir opp lett, tviler i liten grad på sine indre resonnementer, mens optimisten ikke tar sine begrensende tanker for «god fisk». Optimisten revurderer sine tanker og holdninger når de ansporer han eller hun til å gi opp, og dermed holder de ut lenger. Ett av avsnittene i kapittel 1 handlet om at man ikke bør stole på sine følelser. I selvhjelpslitteraturen finner man stadig sitater som nettopp oppfordrer oss til å «tvile på våre tanker og følelser». Ideen er at det mentale kartet vi har i hodet ikke alltid stemmer overens med terrenget. Vi tolker verden gjennom et filter av gamle vaner og tidligere erfaringer. Optimisten kan ha negative tanker og kanskje føle seg fristet til å gi opp, men han forsøker å justere og revurdere sitt mentale kart og prøver på nytt. Pessimisten stoler blindt på sitt mentale kart, noe som ofte peiler ham inn på en vei som ikke fører til fremgang. Pessimisten griper ikke livet på en måte som fører til nye muligheter og bedre selvfølelse, men på en måte som opprettholder fordommer og aktiverer unnvikende atferd.

Det kan virke som om mennesker er disponert for skepsis og frykt som en overlevelsesmekanisme i møte med farer, men for mange av oss blir det som skal sørge for overlevelse noe som hindrer oss i å nå vårt egentlige potensial. Dermed er evnen til å revurdere sin skepsis og negative fortolkninger en viktig egenskap for å hindre at den frykten, som genererer skepsis og tilbaketrekning, ikke ødelegger våre muligheter.

Martin Seligman er blant de tydeligste stemmene som hevder at holdningsendringer er en mulighet. I en artikkel han skrev sammen med Csikszentmihalyi, siterer han sin datter: *«Pappa, husker du før min femårs-fødselsdag? Fra den tiden jeg var mellom tre og fem år? Da var jeg ofte grinete. Jeg sutret hver dag. Da jeg ble fem år, bestemte jeg meg for å ikke være furten lenger. Det var det vanskeligste jeg noensinne har gjort. Og hvis jeg kan stoppe sutringen, kan vel du slutte å være så gretten»* (Seligman og Csikszentmihalyi, 2000). Datteren til Seligman forteller oss to viktige ting. Hun sier at det er mulig å endre sine mønster, men hun innrømmer at det er vanskelig. Samtidig forteller hun pappaen sin at barneoppdragelse ikke handler så mye om å korrigere det barn gjør galt (det hadde hun gjort selv), men å identifisere og gi næring til barnets sterke sider. I følge Seligman var det datterens skarpsindige innspill som satte ham på sporet av en helt ny retning innenfor psykologi, nemlig den positive psykologien.

Når vi tenker oss at selvfølelse er noe som slår røtter gjennom barnets oppvekst, kan det være viktig å ta med seg innsikten fra den positive psykologien. Beskjeden er simpelthen at det vi fokuserer på vokser seg stort og sterkt. Dersom vi stadig korrigerer barn, advarer dem mot mulige og umulige farer, kjefter og irettesetter for små og store feiltrinn, viser forskningen til Seligman at dette gir dårlig vekstvilkår for en god selvfølelse. Dersom man fokuserer på underskudd, farer, sykdom og andre ting som ikke er slik det burde vært, gir man energi og kraft til knapphet og mangel. Dersom man tenker på seg selv som et offer for omstendighetene, hensatt til å leve et liv i en farlig verden, frarøver man seg selv innflytelse i eget liv. Uten innflytelse i eget liv, blir man sårbar, og det beste man kan gjøre er å håpe at livet ikke kaster ubehageligheter vår vei. Når vi føler oss prisgitt omstendighetene på denne måten, lever vi med særdeles lav selvfølelse. Som et offer for livet har vi gått glipp av det viktigste poenget i den positive psykologien: *Hovedproblemet i livet vårt er ikke det som skjer, men hvordan vi velger å forholde oss til det.* God selvfølelse betinger at vi tar ansvar for eget liv og fungerer som en aktiv deltaker. Det betyr ikke at vi lever et liv uten motstand og tragedier, men at vi forholder oss til tragediene på en måte som ikke overskygger hele livet.

## Depresjon og pessimisme

Siden Sigmund Freud la frem sin psykoanalyse på slutten av 1800-tallet, har man antatt at depresjon ofte handler om aggresjon «vendt innover». Man tenker seg at sinne er en drivkraft som sørger for at vi hevder oss og forserer hinder på vei til målet. Sinne kan sånn sett brukes som en viktig drivkraft dersom den kanaliseres på en god måte. Aggressive krefter er imidlertid noe mange opplever som noe uakseptabelt og sosialt sett uønsket. I mange tilfeller undertrykkes sinne, og da legger man på sett og vis lokk på den drivkraften vi hadde trengt for å skape bevegelse og vitalitet. Andre ganger opplever vi at det er vanskelig å sette grenser eller uttrykke seg direkte ovenfor en annen, og på sikt kan det hende vi bygger opp mye frustrasjon. Istedenfor å plassere frustrasjonen der den hører hjemme, blir vi frustrert på oss selv. Det er aggresjon «vendt innover», og det skaper et psykologisk klima hvor vi stadig klandrer oss selv. Dette er på sett og vis en kortversjon av et par av de mest kjente forståelsene av depresjon. I kapittel 2 møtte vi Petter som var deprimert på grunn av et slikt depressivt mønster hvor han alltid ble nedstemt og lei seg i møte med motstand, istedenfor å etablere sine krefter for å markere seg selv.

Albert Ellis og Aron T. Beck er kjente pionerer innenfor den kognitive psykologi, og de presenterte en ny forståelse av depresjon. De bestemte seg for å «bevise» at negative tanker ikke bare er et symptom på depresjon, men faktisk er det som forårsaker en depresjon. Som psykolog og psykoterapeut har jeg ofte en fornemmelse av at mennesker opplever depresjon som «noe de får», på lik linje med en forkjølelse eller omgangssyke. Man antar også at depresjon varer mye lenger enn andre «sykdommer» man kan rammes av. Det er som om vi stilltiende aksepterer at depresjonen ligger utenfor vår kontroll, og som terapeut kan man lures til å akseptere denne holdningen, noe som i alle fall ikke ser ut til å forsterke effekten av terapi. Når jeg leser Martin Seligman (1998, 2004) og andre mer kognitivt orienterte terapeuter, minner de meg på at tankene våre spiller en avgjørende faktor i utviklingen av depresjon, og boken *Learned optimism* hevder videre at våre fortolkningsstrategier er noe vi kan endre på i regi av egen vilje. På den måten er man ikke lenger fanget av en depresjon eller et offer for melankoli, men en selvstendig aktør som kan gå aktivt inn for å endre sine holdninger. I en slik forståelse er det en tett forbindelse mellom lav selvfølelse og depresjon. Man kan se for seg at en grunnleggende lav selvfølelse har negativ innflytelse på våre fortolkningsstrategier og tankemønster, noe som igjen vil generere symptomer på depresjon.

*Noen vil hevde at positiv psykologi er overfladisk og klisjeaktig. Noen misforstår positiv psykologi og antar at det handler om å ta på seg et «falskt smil» og late som om alt er bra, selv om det ikke er det, men det vil være å undervurdere Martin Seligman. Hvis det bare handler om å tenke positivt for å ignorere det negative, blir man en hykler ovenfor seg selv, og det er nettopp den typen strategier som ødelegger vår selvfølelse. Heldigvis er den positive psykologien langt mer sofistikert og klok, og det handler ikke om unnvikelse eller påtatte smil, men om en økt oppmerksomhet på hvordan tanker påvirker våre følelser og handlinger. Med andre ord er denne retningen på linje med de fleste psykologiske skoler som antar at vi bør være mer bevisst til stede i vårt eget liv for å unngå at negativ automatikk farger våre opplevelser i for stor grad.*

## Depresjon og kjønnsforskjeller

Når det gjelder lav selvfølelse, har jeg ikke funnet så mange studier som tar for seg kjønnsforskjeller. Min erfaring fra klinisk praksis er at kvinner snakker mer om lav selvfølelse enn menn, men det trenger ikke å bety noe annet enn at de er flinkere til å snakke om sitt indre liv.

Seligman har imidlertid forsket mye på kjønnsforskjeller ved depresjon. Han kan fortelle oss at menn og kvinner rammes omtrent like ofte av milde depresjoner, men at kvinner har dobbelt så stor sjanse for å utvikle mer alvorlige depressive tendenser. I følge Seligman ligger noe av forklaringen i måten vi tenker på. Han sier at kvinner har en tendens til å tenke på en måte som forsterker depresjonen. De dveler lengre ved negative tanker og bekymringer og de assosierer problemene til et «uforanderlig» aspekt ved seg selv. Oppskriften på dypere og langvarige depresjoner er altså tolkninger som knytter egenskaper ved oss selv til problemer. Dersom det er en link mellom depresjon og lav selvfølelse, kan det altså hende at kvinner har litt mer selvfølelse å hente ved å legge om fortolkningsstrategi.

## Depresjonsepidemien i moderne tid

I «Learned optimism» diskuterer Seligman (1998) hvorfor det er så mye depresjon hos det moderne mennesket. Han presenterer en hypotese som foreslår at en kultur som setter individualisme i høysete utvikler en bestemt type tankemessige forstyrrelser som anstrenger oss og fører til depresjon. Problemet er at vi stadig inviteres til å tro at vi har endeløse muligheter, noe som gjør at ethvert nederlag oppleves som skjebnesvangert. Vår egen suksess hviler på våre skuldre, og dersom vi ikke lykkes, er vi mislykkede. I tillegg mangler det moderne mennesket mye av den psykologiske støtten man kan få av tradisjoner, nasjonalfølelse, Gud og storfamilier. Det moderne menneske er «dømt til å velge sitt eget liv», noe som egentlig er en voldsom oppgave for de fleste av oss, særlig i tenårene og tidlig voksen alder hvor mange av de største valgene presser seg på. I tidligere tider var mennesker litt mer fritatt for alle valg og livspolitiske beslutninger. Det var familiære og kulturelle føringer som la mye av livsløpet, noe som sannsynligvis også førte til en del ubehag, men problemene var av en annen karakter. Seligman mener at individualisme i kombinasjon med færre psykologiske støttefaktorer resulterer i en depresjonsepidemi. Dette synes jeg er et interessant og relevant tema i forhold til selvfølelse. Spørsmålet er om det moderne livet, som byr oss på et koldtbord av valgmuligheter, er med på å styrke oss, eller om mange valg gjør oss usikre og tvilende. Det er tema i neste kapittel.

## Øvelse 17 – Tankens kraft

Den positive psykologien hører til den «kognitive skolen» som mener at det er menneskets tanker som påvirker våre følelser. For å oppleve en følelse, må vi altså ha en tanke som aktiverer en følelse. Å være nedstemt eller ulykkelig er ikke noe som eksisterer i seg selv. Det er noe som følger i kjølevannet av negative tanker om vårt liv. Dersom vi innser at tankene har stor makt, og vi samtidig blir litt mer oppmerksomme på hvordan vi tenker, har vi store muligheter til å leve bedre. I denne øvelsen skal du reflektere over de tre punktene på skrivebrettet fra et perspektiv hvor tankene tilskrives stor innflytelse på livskvalitet og selvfølelse.

*«Livet vil alltid by oss på utfordringer, ulykker og urettferdighet. Noen får mer enn andre. Mange av livets utspill kan vi ikke kontrollere, men vi kan velge hvordan vi forholder oss til dem. Denne muligheten er kanskje blant våre mest verdifulle egenskaper. Tankens kraft gir oss ikke superkrefter til å forandre verden, men det gir oss krefter til å håndtere de vanskelige situasjonene på best mulig måte. Når vi kjenner tankenes finurlige påvirkningskraft, og tar til oss denne innsikten, oppnår vi en form for mental styrke. Vi anerkjenner at verden kan være urettferdig og uforutsigbar, men samtidig vet vi at vi bruker hodet på best mulig måte, og det fungerer som en vitamininnsprøytning på selvfølelsen.*

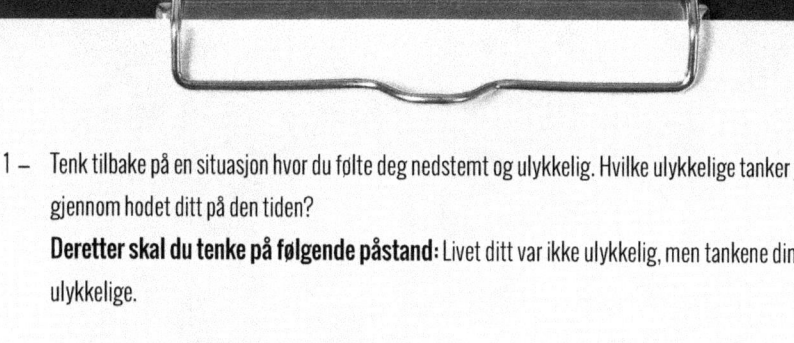

1 – Tenk tilbake på en situasjon hvor du følte deg nedstemt og ulykkelig. Hvilke ulykkelige tanker gikk gjennom hodet ditt på den tiden?
**Deretter skal du tenke på følgende påstand:** Livet ditt var ikke ulykkelig, men tankene dine var ulykkelige.

2 – Tenk tilbake på en situasjon hvor du var veldig sint. Hvilke sinte tanker gikk gjennom hodet ditt?
**Deretter skal du tenke på følgende påstand:** Livet ditt var ikke innhyllet i aggresjon, men tankene dine var sinte.

3 – Tenk tilbake på en situasjon hvor du følte deg stresset og overgitt. Hva var det som gjorde deg så overgitt?
**Deretter skal du tenke på følgende påstand:** Livet ditt var ikke nødvendigvis gjennomsyret av stress og kaos, men tankene dine var stressende.

Noter gjerne ned noen refleksjoner rundt disse punktene:

..............................................................................
..............................................................................
..............................................................................
..............................................................................
..............................................................................
..............................................................................
..............................................................................
..............................................................................
..............................................................................
..............................................................................
..............................................................................

## KAPITTEL 13
# Valgets kvaler

Valg gir frihet og muligheter, men eksplosjon i antall valg vi er nødt til å ta, og antall muligheter som ligger foran oss, kan også være det moderne menneskets viktigste kilde til angst, stress og misnøye. Lav selvfølelse innebærer at vi grunnleggende sett ikke våger å stole helt på oss selv, og da blir det vanskelig å velge. Mange valg kan sannsynligvis også fremprovosere en slags usikkerhet i de fleste av oss, og dermed kan dette være et område hvor selvfølelsen blir satt på harde prøver.

## Postmoderne tvil

Det er sannsynlig at det kulturelle klima også er en faktor som spiller inn på menneskets selvfølelse. Vi lever i en verden hvor utviklingen går stadig raskere. Vi får mer og mer informasjon, og det blir vanskeligere og vanskeligere å finne faste holdepunkter. Det er forandring og bevegelse som er det eksistensielle utgangpunktet for menneskets livsprosjekter, noe som krever enormt mye av individet. I tidligere epoker hadde man en mer stabil verden å forholde seg til.

*Problemet for det (post)moderne mennesket er å finne seg selv i en verden som ikke har andre krav enn at man staker ut sin egen kurs og «blir den man er». Det blir som å lete etter seg selv i en kolossal samling av valgmuligheter og flertydighet, noe som ofte borger for usikkerhet, forvirring og identitetsproblemer.*

Var din far snakker, ble du selv snekker. Mange mennesker ble født inn i et livsløp som var delvis forutbestemt. Man hadde ikke fullt så mange valgmuligheter. I en slik verden slet folk med problemer knyttet til å føle seg ufri. For mange mennesker i den Vestlige verden er betingelsene endret. Vår frihet er større på grunn av flere valgmuligheter, og kanskje er det nettopp for stor frihet til å velge vårt eget liv som seiler opp blant våre største psykologiske utfordringer.

Vi er dømt til frihet sier de eksistensielle filosofene, og denne dommen kan veie tungt på ryggen til et individ som befinner seg midt i en verden full av valg. Dette individet savner på sett og vis en kultur hvor familiær tilhørighet bestemmer hvilken vei du skal gå i livet. Den overveldende friheten til å velge sitt liv, og dermed ansvaret for alle livspolitiske beslutninger, kan bli for mye for mennesker. Det kan anstifte en slags eksistensiell uro og en følelse av å bygge et liv på sand. Usikkerheten kan bli stor, og den tilhørende forvirringen enda større. Hvem er jeg? Hva skal jeg bli? Hvordan skal jeg skape min identitet og mitt liv? Dette er de store spørsmålene enkeltindividet strever med i en (post)moderne tidsalder. Å ta valg krever at vi stoler på oss selv og føler oss beslutningsdyktige. Barn og unge har ikke alltid utviklet den tryggheten som skal til for å ta viktige veivalg, og dermed er det ennå mer utfordrende å leve i en verden hvor antall valg bare øker. Det kan virke som om valg er noe man gjør med letthet når man har en solid selvfølelse, men før man føler seg ordentlig forankret i seg selv, kan mange valg bli en påkjenning. I verste fall blir det en byrde som stadig aktiverer tvil og usikkerhet, noe som kanskje representerer et psykologisk klima hvor god selvfølelse har problemer med å finne fotfeste.

## Valg og hverdagsliv

La oss se på valg i et mer hverdagslig perspektiv. Mange mennesker sliter med ambivalens og usikkerhet i forhold til små og store valg. Valg betyr fravalg, og vi kan fort bli redde for å ta feil valg og miste goder eller muligheter. Det er nok en slags «tankefelle» å tro at det er én «riktig» og én «gal» måte å gjøre noe på. Verden er full av endeløse muligheter for å nå våre mål. Hvis man tror at hvert valg er altavgjørende i forhold til en tenkt fremtid, blir man en slags fryktsom fange i ambivalensens klør. Kierkegaard sier at angst er det som oppstår i sekundene før man tar et valg. Når man er redd for å velge feil, kvier man seg for å velge i det hele tatt, og resultatet er at man setter seg selv i en posisjon preget av kronisk angst.

I denne sammenhengen har psykologen, Barry Schwartz (2004), skrevet en interessant bok som heter «*The paradox of choice: Why more is less*». Hver dag utsettes vi for uhyre mange valg. Enten vi skal kjøpe en ny bukse, bestille en kopp kaffe, ta en utdannelse, skifte fastlege eller sette oss på en buss med mange ledige seter, må vi ta noen valg. Noen valg er store og noen valg er små, og moderne tider tilbyr oss stadig flere valgmuligheter. Flere valg betyr kanskje større frihet, flere muligheter og mer tilfredshet med det vi velger, men Schwartz argumenterer godt for at det ofte forholder seg motsatt. Mange valg kan få deg til å tvile, det kan føre til urealistisk høye forventninger og det øker sannsynligheten for at du klandrer deg selv for de feilene som begås. I lengden kan mange valg føre til paralysering, angst og stress i følge Schwartz.

I motsetning til følelser som sinne, tristhet, skuffelse eller sorg, er anger en emosjonell tilstand som plager oss med det faktum at vi kunne valgt annerledes for et bedre utfall. I millioner av år har vi basert vår overlevelse på simple avgjørelser, og muligens er vi rett og slett dårlig biologisk utrusta for å håndtere den mengden valg vi utsettes for i vår tid.

Moderne mennesker kan velge sin identitet. De kan konstruere og rekonstruere sitt «offentlige selv» i sosiale medier. Før var vi i langt større grad bestemt av en del fastlåste faktorer. Familiebakgrunn, etnisitet og tilhørighet i en bestemt «samfunnsklasse» fortalte mye om et menneske, men i dag kan man ikke anta noe som helst basert på slike forhold.

Poenget til Schwartz er at faktorer som tidligere var relativt stabile parametere som vi ikke kunne gjøre så mye med, har blitt omgjort til valg. Fordelene er mer frihet og mindre «sosial determinisme» som skaper urettferdig fordeling av goder. Folk er ikke lenger låst fast til sin bakgrunn, men står fritt til å velge sin egen kurs. Dessverre har medaljen også en bakside.

Det er rett og slett ikke sikkert at mennesker er så gode til å ta valg, og det er én av ulempene ved flere valgmuligheter. I møte med mange valg kan vi lett ta feil. Konsekvensen av feil valg er ikke alltid så store, men noen valg kommer til å forme resten av livet vårt. Flere muligheter gir større sannsynlighet for å trå feil, og mange kommer til å tenke som følger: *«Hvordan kunne det gå så galt når jeg hadde så mange muligheter?»* Her er det spesielt tre psykologiske forhold som spiller inn:

- Hvert valg krever mer innsats. Vi bruker mer tid og opplever at det er mer på spill, noe som gjør valgprosessen mer anstrengende

- Det er større sjanse for å gjøre feil

- De psykologiske konsekvensene av feil er større fordi vi lett klandrer oss selv

*I dagens samfunn må man velge sin egen vei, og det er stadig færre føringer, noe som betyr at enkeltindividet har det hele og fulle ansvar for å skape seg selv og sitt liv. Når dette individet speiler seg i et kaos av informasjon, kontinuerlig forandring og forskjellighet, er det vanskelig å finne en sammenhengende plattform man kan stå på. Dette er muligens de eksistensielle vilkårene som et moderne menneske møter i sin dannelsesprosess, og for noen kan de ende med forvirring, usikkerhet, tvil og identitetsproblemer. Modernisme og individualisme har mange fordeler og friheten er stor, men de psykologiske omkostningene kan være mennesker som lider av en selvfølelse som er like splintret som den verden de opplever rundt seg. Symptomene kan være alt fra apati, relasjonsfattigdom, depersonalisering, ensomhet, demoralisering, tomhet og eksistensiell angst.*

## Når bare det beste er godt nok

Rent matematisk øker sjansen for å gjøre feil i møte med flere alternativer. Når dette er situasjonen, og vi i tillegg må velge stadig mer i løpet av en dag, er det en bedre strategi å søke etter «godt nok» enn «det beste». I denne sammenhengen deler Schwartz inn mennesker i to kategorier: Det er såkalte «maksimerere» (*maximizers*) og de mer «tilfredse» (*satisficers*).

Maksimerere er altså de menneskene som ikke slår seg til ro med «nest best». De må ha det beste i enhver situasjon. Det krever at de vurderer et hvert valg svært nøye, kalkulerer alle faktorer, grubler over mulige og umulige utfall, før de velger. Det kan bety at de prøver 15 gensere i en butikk før de kjøper noe, eller er sammen med 15 partnere før de etablerer seg. Etter at de har tatt et valg, plages de også av tvil: Skulle jeg gjort det annerledes? Denne «postvalg-tvilen» sørger for at de ikke er så flinke til å sette pris på det de har. Denne konstante dvelingen ved valg og fravalg er også noe som påvirker vår selvfølelse på en negativ måte.

De som Schwartz karakteriserer som mer tilfredse, har evnen til å slå seg til ro med «godt nok» uten å dvele ved valget de har tatt. De tenker mindre på hvorvidt de skulle gjort det annerledes, og dermed er de generelt sett mer fornøyde med det de har. Denne typen mennesker forholder seg gjerne til bestemte kriterier eller standarder. Når noe tilfredsstiller den standarden de har satt, tar de et valg og blir fornøyde, selv om et annet alternativ kunne slått enda bedre ut. Med andre ord bruker de ikke unødvendig mye kapasitet på å lete etter bedre muligheter. Siden tvil er et fenomen som kveler vår selvfølelse, er denne «godt nok» strategien noe som kan gjøre underverker for selvfølelsen.

Schwartz' neste spørsmål er interessant: Er det slik at maksimerere tar bedre valg? Dette studerte Schwartz en god stund, og kom til at svaret var både «ja» og «nei». De tar bedre valg rent objektivt sett, men subjektivt sett er svaret «nei». Det vil si at energien de bruker på å velge fører til gode valg, men selv om de har gjort det objektivt sett beste valget, er de mindre lykkelige enn de som nøyer seg med «godt nok». Kanskje får de en litt bedre jobb med litt mer lønn, men de er sjelden fornøyde med sin situasjon. Maksimerere plages av heftig selvkritikk når de velger feil, og de har problemer med å slå seg til ro og nyte det de har.

Motsatt er det slik at de mer «fornøyde» lettere tilgir seg selv for feil. De aksepterer at de handlet etter beste evne ut i fra de valgene de hadde tilgjengelig. Denne gruppen mennesker har heller ikke så høye krav til livet, og de tror sjelden at de kan skape en «perfekt tilværelse» for seg selv, noe som gjør at de lettere aksepterer nederlag og motgang. Flere studier viser at maksimerere generelt sett er mindre lykkelige, mindre optimistiske og mer utsatt for depresjon enn sine mer «tilfredse søskenbarn». Dette er altså det paradoksale ved valg: Selv om du anstrenger deg for å ta de beste valgene, blir du ikke nødvendigvis lykkeligere, snarere tvert imot (!)

## Øvelse 18 – Mer er ikke bedre

Så lenge man tror at bare det beste er godt nok, eller at mer er bedre, blir man aldri fornøyd. Litteraturen på dette området vil lære oss å være fornøyde med det vi har. Det betyr ikke at vi aldri skal ønske oss noe mer, men det betyr at vår følelse av egenverdi og tilfredshet ikke skal være avhengig av noe mer og bedre. I forhold til valg er det viktig å slå seg til ro med det man velger. Alternativet er å gå gjennom livet i en form for kronisk anger, fordi vi alltid kan tvile på om vi faktisk tok de beste avgjørelsene. Dette er en ganske vanlig «mental felle», og dessverre forårsaker den store slitasjer på selvfølelsen. Mennesker som i utgangspunktet har et ganske solid fundament, kan havne i et slags «maksimeringsmønster» som gradvis fyller hodet med så mye tvil og grubling at det ikke lenger blir plass til god selvfølelse. Schwartz har laget en liste på 6 punkter som går på anger i forhold til valg. Se over listen, og reflekter over ditt eget liv.

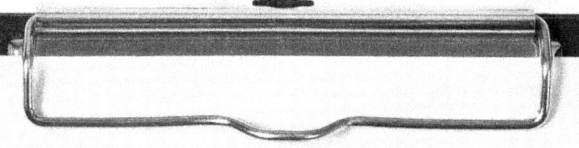

1 – Jeg står ved mine valg og ser meg sjelden tilbake.

2 – Når jeg har tatt et valg, så bruker jeg mye tid på å tenke over hva som ville skjedd dersom jeg valgte annerledes.

3 – Når jeg har tatt et valg som har vært bra for meg, blir jeg likevel frustrert dersom jeg oppdager at andre muligheter kunne fungert ennå bedre.

4 – Når jeg skal ta et valg, bruker jeg mye tid på å undersøke alle mulige alternativer. Ved kjøp av en TV har jeg eksempelvis gått gjennom sortimentet til de fleste leverandørene, sjekket pris, kvalitet, tester og lignende før jeg handler. I ettertid fortsetter jeg gjerne undersøkelsene for å få bekreftet at mitt valg var det beste.

5 – Når jeg tenker på hvordan jeg har klart meg i livet, har jeg lett for å fokusere på muligheter jeg lot passere. Jeg tenker mye på hvordan andre valg tidligere i livet hadde spilt inn på mitt liv i dag.

(Schwartz, 2004, p. 87)

Livet er fullt av valg, og noen er større enn andre. Når vi kjøper et hus, gifter oss eller får barn, har vi tatt ganske store avgjørelser. Dersom man bruker mye tid på å se etter alternativer som kunne vært bedre, enten det dreier seg om et finere hus til en billigere penge eller en partner som virker mer attraktiv enn den vi valgte, så risikerer vi et liv overskygget av tvil. Når vi stadig tenker på andre muligheter enn de vi valgte, kommer vi til å leve i villrede, og det er en praksis som ødelegger selvfølelsen. Det er et kjent ordtak (nærmest en klisjé) som sier at gresset er grønnere på andre siden, men i følge filosofien til Barry Schwartz, er gresset grønnest der man vanner det.

## Valg og lav selvfølelse

Når vi sliter med lav selvfølelse, er vi ofte opptatt av hva andre mener og synes, istedenfor å lytte til oss selv. Når man i liten grad kjenner etter på egne følelser og behov, er det også vanskelig å velge. På sett og vis må man ha en god fornemmelse for seg selv for å føle seg trygg i valgsituasjoner. Ambivalens, usikkerhet og problemer med valg er derfor et vanlig symptom hos mennesker som har selvutslettende tendenser i kombinasjon med lav selvfølelse. De er vant til å la seg styre av andres forventninger, og det de opplever at andre har behov for. De handler ikke ut i fra hensyn til seg selv, og når de da blir stilt ovenfor valg som gjelder dem selv, opplever de forvirring og usikkerhet. Istedenfor å kjenne etter på egne behov, begynner de å lete etter signaler på hva andre mener de bør velge. Hvis de ikke får noen føringer utenfra, har de en tendens til å unnvike eller utsette valget, noe som gjør at livet lett kan stoppe opp.

Lav selvfølelse gjør det altså vanskelig å hvile i egne avgjørelser. Man kan lett føle seg utrygg når det kreves at man tar hverdagslige beslutninger uten andres råd og vink. Som regel er det vår egen oppgave å avgjøre hva som er den beste løsningen, men dersom vi stadig tviler på vår egen dømmekraft, blir dette en vanskelig affære som kan virke overveldende og skjebnesvanger. Mange bruker mye tid på å bekymre seg for at de ikke strekker til, noe som overskygger muligheten for at de er mer kompetente enn de selv tror. Noen har en ryggmargsrefleks som sier, *«jeg vet ikke»*, i møte med valgsituasjoner. Istedenfor å lytte til egne preferanser og se på mulighetene ved et valg, bruker man all sin mentale kapasitet på å undersøke hvordan man kan få hjelp til å velge. Å trene på å ta valg, uten å dvele for mye eller drøfte det med andre, kan være en god øvelse for å stole mer på seg selv.

## Når vi sammenligner oss med andre

Et annet element ved flere valgmuligheter er at sammenligningsgrunnlaget også blir større. TV og internett har blant annet åpnet en ny verden for sosial sammenligning. Tidligere bodde man kanskje i et lite nabolag og var rimelig fornøyd med det man hadde. Husene i gata var omtrent like, og det var ikke så store forskjeller på folk i samme strøk. I dag utsettes vi for ekstreme mengder informasjon om andres liv og deres grad av suksess og velstand. Det gir oss enorme muligheter for å sammenligne oss med andre, og i følge Schwartz fører dette til sjalusi, fiendtlighet, stress og lav selvfølelse. Han kaller fenomenet for *«upward comparisons»*.

Motsatt kan vi sammenligne oss med mennesker som har mindre enn oss selv og er dårligere stilt: *«downward comparisons»*. Det kan gjøre oss takknemlige, oppmerksomme på alt det gode i eget liv og kanskje anspore oss til medfølelse med de som lever i vanskeligere kår. Slike sammenligninger kan styrke vår selvfølelse og dempe angst. Mange selvutviklingsbøker anbefaler oss at vi skal tenke over gode ting i eget liv hver morgen, og at vi skal sette våre problemer i et større perspektiv. Setter man hverdagsproblemer inn i en større kontekst, eller sammenligner dem med folk som har langt verre utfordringer i livet, kan det skape en følelse av glede og takkskyldighet. Sjalusi, irritasjon, stress og misnøye er følelser som øker blodtrykket, svekker selvfølelsen og skaper anstrengte forhold i hele kroppen. Over lengre tid kan et slikt «psykologisk klima» føre til en rekke symptomer, både fysiske og psykiske. Forskning viser at takknemlige mennesker er friskere, lykkeligere og mer optimistiske. Ettersom flere valg fører til flere muligheter for sammenligning, er oppskriften på et bedre liv ganske enkelt og todelt i følge Schwartz:

- Gjør valgene du tar irreversible (stå fast ved det du velger)
- Sett pris på det gode du har hver dag

I denne sammenhengen er psykologien og selvhjelpslitteraturen full av teknikker myntet på å modifisere våre holdninger og tenkemåter. Såkalte takknemlighetstidsskrifter er et eksempel på dette. I et takknemlighetstidsskrift skal man liste opp positive hendelser hver dag, noe som kanskje kan virke litt naivt og banalt, men slike teknikker har en lang tradisjon og gode skussmål i forhold til å endre negative tanker til optimisme. Samtidig er det en strategi hvor man blir nødt til å sette ting i perspektiv. Når man er «midt oppi» sine tanker og følelser, ser man verden gjennom disse, mens selvutvikling ofte handler om å «løfte blikket», fordi det er i rollen som observatør vi får den nødvendige distansen og oversikten til å se oss selv.

Nyhetene på NRK TV hadde for noen år siden en ambisjon om å presentere en gladnyhet hver dag, men ofte forsvinner denne nyheten i tragedie, og jeg er ikke sikker på om de fremdeles tilstreber gladnyheter. Etter alt å dømme er det tragedier og katastrofer som fanger vår oppmerksomhet, og det er selvfølgelig viktig at vi engasjerer oss i livets vanskeligheter, men det er også symptomatisk at vi er disponert for negative oppslag. Mange av oss leter etter negative bekreftelser, noe som eventuelt forsterker en holdning farget av skepsis og bekymring. Dette er sannsynligvis ikke den beste oppskriften på god selvfølelse. Den neste øvelsen handler om å unngå at vår oppmerksomhet druknes i bekymringer. Ved å tvinge oss selv til å fokusere litt annerledes, kan vi gjøre ganske store forandringer i livet. Dette er blant de øvelsene jeg selv har hatt størst utbytte av i min egen prosess.

## Øvelse 19 – Takknemlighet

Skriv ned 5 ting du er takknemlig for på de neste skrivebrettene hver dag i 6 uker. Gjør det på kvelden før du legger deg. Det trenger ikke å være noe stort, men små hendelser du satte pris på i løpet av dagen.

*Gjennom denne boken har vi snakket mye om evnen til å tåle, forstå og uttrykke sine følelser. Det er imidlertid viktig å påpeke at det dreier seg om å gi følelsene et konstruktivt uttrykk. Man kan gi sine aggressive følelser et uttrykk ved å skjelle ut andre, men denne formen for uttrykk er sjelden sunt. Den amerikanske psykologen, Martin Seligman (2004), har forsket mye på hva som borger for et godt liv og hva som gjør mennesker lykkelige. Han sier at vi bør tilstrebe og holde våre aggressive følelser i «sjakk». Her viser han til forskning som tyder på at det er en klar sammenheng mellom uttrykt sinne og hjerteinfarkt. Sinne er en følelse som lett gir grobunn for tanker om hevn og urettferdighet. En mentalitet som opererer på en underliggende fiendtlighet er oppskriften på fysisk og psykisk dårlig helse. Seligman kan fortelle oss at blodtrykket går ned når vi anstrenger oss for å regulere ned irritasjon, og dersom vi i tillegg klarer møte situasjonen med vennlighet, istedenfor fiendtlighet, kommer vi ut av det med enda større helsegevinster. Ved å fokusere litt annerledes, kan vi undergrave våre destruktive følelser og forsterke følelser av motsatt karakter. Seligman hevder at et godt liv handler om å kultivere takknemlighet. Desto mer takknemlig du kan være, jo bedre vil du føle deg. Seligman arrangerte en «takknemlighetskveld» med studentene sine. De ble bedt om å invitere noen som hadde gjort dem godt, og målet var å takke denne person i plenum. I etterkant av slike tilstelninger rapporterte elevene en gjennomgripende følelse av godhet i flere uker fremover. Å være takknemlig, istedenfor å være misfornøyd, handler i høy grad om fokus. Dersom vi klarer å etablere et fokus preget av takknemlighet, kan det gjøre underverker i følge Seligman. Hvordan vi fokuserer, er avhengig av våre «mentale vaner», og for at vi skal klare å endre fokus, krever det bevisst innsats. Jeg håper at dette er en av de øvelsene du velger å forplikte deg til over litt tid. Det kan gi deg noen vaner som gir livet en helt ny gnist.*

## Uke 1

| Takknemlig for | 1 | 2 | 3 | 4 | 5 |
|---|---|---|---|---|---|
| Mandag | | | | | |
| Tirsdag | | | | | |
| Onsdag | | | | | |
| Torsdag | | | | | |
| Fredag | | | | | |
| Lørdag | | | | | |
| Søndag | | | | | |

## Uke 2

| Takknemlig for | 1 | 2 | 3 | 4 | 5 |
|---|---|---|---|---|---|
| Mandag | | | | | |
| Tirsdag | | | | | |
| Onsdag | | | | | |
| Torsdag | | | | | |
| Fredag | | | | | |
| Lørdag | | | | | |
| Søndag | | | | | |

## Uke 3

| Takknemlig for | 1 | 2 | 3 | 4 | 5 |
|---|---|---|---|---|---|
| Mandag | | | | | |
| Tirsdag | | | | | |
| Onsdag | | | | | |
| Torsdag | | | | | |
| Fredag | | | | | |
| Lørdag | | | | | |
| Søndag | | | | | |

## Uke 4

| Takknemlig for | 1 | 2 | 3 | 4 | 5 |
|---|---|---|---|---|---|
| Mandag | | | | | |
| Tirsdag | | | | | |
| Onsdag | | | | | |
| Torsdag | | | | | |
| Fredag | | | | | |
| Lørdag | | | | | |
| Søndag | | | | | |

## Uke 5

| Takknemlig for | 1 | 2 | 3 | 4 | 5 |
|---|---|---|---|---|---|
| Mandag | | | | | |
| Tirsdag | | | | | |
| Onsdag | | | | | |
| Torsdag | | | | | |
| Fredag | | | | | |
| Lørdag | | | | | |
| Søndag | | | | | |

## Uke 6

| Takknemlig for | 1 | 2 | 3 | 4 | 5 |
|---|---|---|---|---|---|
| Mandag | | | | | |
| Tirsdag | | | | | |
| Onsdag | | | | | |
| Torsdag | | | | | |
| Fredag | | | | | |
| Lørdag | | | | | |
| Søndag | | | | | |

## KAPITTEL 14
# Å leve med god selvfølelse

Lav selvfølelse er ikke noe man utvikler på en dag, en uke eller en måned, men snarere det samlede resultatet av en lang rekke unndragelser, irrasjonelle tilbøyeligheter og livsførsel på autopilot, på bekostning av et mer bevisst forhold til vårt indre liv. God selvfølelse er heller ikke noe man utvikler over natten, men noe som krever iherdig innsats over tid. Gevinstene ved god selvfølelse er imidlertid enorme, både for oss selv, og for de vi omgås.

## Selvutvikling kan være vanskelig

Som mennesker liker vi en tilsynelatende kontroll og forutsigbarhet, og i den forbindelse er forandringer ofte noe som forstyrrer vårt grep om tilværelsen, selv om forandringen er til det positive. Derfor er forandring ofte forbundet med krise. Ordet «krise» betyr egentlig «avgjørende forandring», og innenfor medisin betegner krise avgjørende omslag til det verre eller bedre i et sykdomsforløp. En psykisk krisetilstand er noe som oppstår når man har kommet i en livssituasjon hvor ens tidligere erfaringer og innlærte reaksjonsmønstre ikke er tilstrekkelige til at man kan beherske den aktuelle situasjonen. Ofte utsettes vi for ytre begivenheter som skaker vår tilværelse og dermed plasserer oss i en krisesituasjon, men kriser kan også oppstå ved forandringer på «innsiden».

Selvutvikling handler i visse henseende om å leve, tenke og føle på nye måter, som borger for positiv vekst. Det krever ofte omstillinger både i forhold til holdninger, selvbilde, reaksjonsmønster og væremåte, og selv om en slik prosess har som mål å skape positiv forandring, krever det at vi forlater våre vante mønstre, noe som lett gir en opplevelse av mer angst, uro og krise. Noen vil kalle dette for en utviklingskrise, og når vi møter denne typen kriser i endringsprosesser, har vi lett for å gå tilbake til gamle vaner. *«Det fungerte ikke å endre seg»*, *«Det ble bare verre å snakke om følelser»*, *«Jeg prøvde å være mer åpen mot min partner, men jeg følte det som mer ubehagelig»*. I mitt arbeid som klinisk psykolog ved et DPS, er dette setninger jeg hører ganske ofte. Jeg jobber med mennesker som innerst inne ønsker vekst og utvikling, men når de endrer sine mønstre, øker også angsten, og mange av dem kommer i behandling for å få mindre angst, og blir da skuffet når faser i behandlingen viser seg å øke angsten. Da er det lett å gi opp, og her ligger kanskje den største utfordringen i forhold til selvutvikling.

Her ligger også den største utfordringen i forhold til denne boken. Du kan lese den, hoppe over øvelsene og glemme den om en ukes tid. Du kan også lese den, gjøre øvelsene og tilstrebe å leve mer bevisst over lengre tid. Selv om du klarer å beholde et skarpt fokus i møte med mandagens utfordringer, vil ikke det nødvendigvis hjelpe deg på tirsdag. Akkurat som den pustingen du gjorde i går, ikke vil holde deg i live i dag. Å bruke sine mentale evner på best mulig måte er noe man må tilstrebe hver eneste dag, helt til det blir en vane. På samme måte som man må fortsette å trene for å holde seg i god form.

Å leve bevisst er en stor utfordring, og derfor foretrekker mange av oss livet på «autopilot». Fordelene med å leve mer oppmerksomt, er imidlertid så store at all verdens visdomstradisjoner har anbefalt oss dette i tusenvis av år. Når vi tar rådet fra orakelet i Delfi og blir kjent med oss selv, kan det hende vi kan skape oss selv på helt nye måter. Personlig har jeg hatt stor glede av bøkene til Joseph Campbell, og han anbefaler oss følgende: *«Follow your bliss».* Det han kaller *«bliss»* er en aktivitet, arbeid eller lidenskap med uendelig kraft til å fascinere oss. Den er unik for oss, men kommer ofte overraskende, og vi kan ha kjempet imot i årevis. I moderne psykologi vil man anta at Campbell snakker om «flyt». «Flyt» er et begrep som assosieres med psykologiprofessor, Mihaly Csikszentmihalyi (1991), og det er en tilstand som oppstår når vi gjør det vi gjør best. I «flyt» er vi selvforglemmende til stede i det vi holder på med, tiden står stille og vi føler oss kreative uten å anstrenge oss. De fleste skoler innenfor psykologi og filosofi hevder at dette er tilgjengelig for alle, men det krever en iherdig innsats. Ego, sterke følelser, tankefeller, mentale merkelapper, automatisk (men utdaterte) mestringsstrategier og alle livets vanskeligheter og tilbakeslag hindrer oss på veien.

*I selvutvikling forsøker man å opparbeide seg en form for «mental styrke». Mental styrke handler ikke om å være hard og tøff, men om å våge og føle mer. Selvutvikling handler om å skape mer rom i seg selv, slik at man kan håndtere sitt indre liv, mellommenneskelige situasjoner og tilværelsens utfordringer på en mer fleksibel måte. Uten en målrettet innsats for å være mer bevisst, kommer vi til å gå på autopilot og gjenta vaner for tenkning, følelser og relasjoner og gjør det vi tidligere har gjort i livene våre. Utfordringen er at vi intuitivt vil unngå å konfrontere situasjoner og følelser som gjør oss vondt, selv om en slik konfrontasjon kan føre til vekst. Endring kan kreve at vi forholder oss til minner som fremkaller tristhet, sinne, angst, skyldfølelse, skam eller forlegenhet. Vi må forplikte oss til å konfrontere smerte for å være i stand til å endre oss.*

Slik vil det alltid være, men det må ikke få lov til å definere oss. Uansett hvor forferdelig situasjonen er, har vi mulighet til å bestemme hva det skal bety for oss. Ved å ta et bevisst valg om hva vi skal tenke, kan vi unngå at gener, oppvekst eller miljø bestemmer vår vei. En slik mental frihet fører til god selvfølelse, og jeg står fast ved at det er noe av det viktigste et menneske kan ha.

## Psykologisk moden

Gjennom denne boken har vi stadig vært innom menneskets psykiske forsvarsverk. Vi har snakket om forskjellige mekanismer som beskytter oss mot følelsesmessig ubehag, men som samtidig forhindrer et mer oppriktig forhold til vårt psykologiske liv. Innenfor den samme teorien snakker man også om såkalte modne forsvarsmekanismer. Det vil si at vi klarer å håndtere følelsesmessige vanskeligheter og andre konflikter på en ganske kompetent og fleksibel måte. De modne forsvarsmekanismene øker som regel vår evne til å leve tilfredsstillende og ha en realistisk og bevisst opplevelse av egne følelser, tanker og deres konsekvenser. Det betyr for eksempel at vi klarer å ta innover oss dårlige nyheter på en gradvis måte som ikke krever forvrengning eller fortrengning av realiteten. Det kan hende at man midlertidig ignorerer eller «fornekter» en følelsesmessig beklemt situasjon eller en overveldende nyhet, men kun fordi man trenger rom for å restituere seg fra sorg eller følelsesmessig ubalanse. Noen ganger kan det være maktpåliggende at man ikke tar innover seg alt på en gang, men møter konflikter eller emosjonelle vanskeligheter på en gradvis måte, slik at hendelsene kan bearbeides og erkjennes uten at man blir overveldet. Det modne forsvaret representerer nettopp slike strategier som ikke fortrenger, undergraver eller avskriver vesentlige deler av virkeligheten, men møter motbør med åpne øyne i et tempo som gir nødvendig rom for bearbeidelse slik at man unngår en overlast. De som makter å møte livet på denne måten, ser ut til å være de samme som lever «lykkeligst». Samtidig rapporterer de god selvfølelse. Det betyr at de såkalt «lykkeligste», ikke nødvendigvis er de med minst smerte, motgang og færrest livskriser, men de som makter å møte livets motbør med erkjennelse og aksept.

Personer som hovedsakelig håndterer livets utfordringer på en moden måte, vil også ha evnen til å kanalisere energien som er bundet opp i ubevisste forestillinger på en konstruktiv måte. Det vil si at impulser som kanskje er sosialt uakseptable, eller erkjennelser som er følelsesmessig smertefulle, finner et uttrykk som ikke ødelegger for personens mentale balanse, mellommenneskelige eller private liv. Kraftig sinne blir ikke fortrengt for deretter å dukke opp i en voldsom eksplosjon på grunn av et mindre irritasjonsmoment i en kø utenfor et utested eller i kassa på Rema. Denne typen sinne blir derimot håndtert på en måte som virker styrkende og positivt på personens liv. I denne sammenheng snakker man for eksempel om sublimering som en forsvarsmekanisme hvor indre eller ytre stressfaktorer og overveldende følelser kanaliseres ut i ett eller annet givende prosjekt. Sinne er en følelse som kan brukes for å skape forandring. I politikk eller i andre kampsaker kan sinne være en viktig drivkraft, og i en slik kontekst kommer aggresjonen til uttrykk i form av engasjement.

Et annet eksempel er kunstneren som maler et kraftfullt bilde og høster ros for sin intensitet og emosjonelle kraft. Kanskje er det slik at kunstneren har mobilisert energien i sin aggresjon gjennom kunst, og på den måten har de kraftige følelsene funnet et uttrykk som ikke skader hans relasjoner til andre, fører til mental ubalanse, angst, depresjon, kronisk irritasjon eller andre symptomer forbundet med uavklart aggresjon. Aggresjonen har rett og slett funnet sitt sosialt akseptable utløp i en aktivitet som er skapende og til dels egobyggende. Evnen til å håndtere sterke følelser uten å ryke uklare med andre, eller forvrenge eller fortrenge virkeligheten, er altså et vesentlig kjennetegn på et modent psykisk forsvar, og et modent psykisk forsvar kjennetegner de som har best selvfølelse, mest suksess på jobb og lever mest tilfredsstillende privatliv.

Det var den amerikanske psykiateren og professoren, George Eman Vaillant, som i 1986 påviste at det modne forsvaret var forbudet med mer suksess og et rikere personlig liv i et follow-up studie over 40 år. I den andre enden av spekteret har Perry og Cooper (1989) påvist at de mindre modne forsvarsmekanismene, hvor følelseslivet på en eller annen måte undergraves, er forbundet med psykiske symptomer, personlig lidelse og dårlig sosial fungering. Mange psykiatere og psykologer snakker om at mennesket må oppøve evnen til å se lidelsen i hvitøyet, akseptere smerte, møte sorgen, erkjenne konflikter og dilemmaer på en ærlig måte, noe som var hovedtema i kapittel 8. En grunnleggende antakelse i psykologien er altså at man kommer best ut av det hvis man orker å møte emosjonell smerte på en så direkte måte som mulig. Unnvikelser, fortrengning, skyldfordeling eller angrep på andre gir kanskje en umiddelbar lettelse der og da, men til syvende og sist vil aksept og erkjennelse av tanker, følelser og opplevelser gi den største og mest varige sjelefred.

## God selvfølelse

Det er selvfølgelig vanskelig å si hvordan mennesker med god selvfølelse «bruker hodet» i ulike situasjoner, men det er mulig å identifisere noen overordnede tendenser. Nathaniel Branden (1987, 1988) poengterer at mennesker med god selvfølelse er aktivt orientert mot livet istedenfor passivt. De tar fullt og helt ansvar for egen utfoldelse, og de venter ikke på at andre skal oppfylle deres drømmer. De lar ikke sin egen livskraft eller «lykke» være avhengig av noe eller noen andre. Når de møter problemer, stiller de seg følgende spørsmål: *«Hva kan jeg gjøre? Hvilke handlingsmuligheter har jeg i denne situasjonen?»* De setter seg ikke ned og beklager seg over vanskelighetene, eller uttrykker at *«Noen må gjøre noe med dette!»* Når mennesker med god selvfølelse gjør en feil, stiller de seg selv følgende spørsmål: *«Hva var det jeg overså? Hva beregnet jeg feil?»* Med andre ord unngår de å involvere seg i orgier av skyldfordeling når noe går galt.

Mennesker med god selvfølelse tar kort og godt ansvar for egen eksistens. De lar seg ikke styre av tilfeldige følelser, men lever i pakt med bevisst valgte prinsipper. De er ikke «psykologiske roboter» diktert av sin egen fortid, men aktive utøvere av egen vilje og livskraft. Når man lever i tråd med velvalgte prinsipper og rasjonell dømmekraft, vil man føle kontroll og frihet over eget liv og tilværelsen for øvrig. Man kommer til å handle på måter som styrker selvfølelsen. Når man handler i tråd med gamle mønster og tilfeldige innskytelser, mister man kontroll og resignerer til psykisk automatikk, som i neste omgang skader selvfølelsen.

I det et menneske skifter fra en passiv til en aktiv holdning til eget liv, begynner det å utvikle en sunn selvfølelse. Som følge av en mer aktiv livsorientering er det tydelig at mennesker begynner å like seg selv mer, stoler på seg selv, føler seg mer kompetente og føler seg verdige til å oppleve lykke og glede. I psykoterapi er det ofte tydelig at den virkelige forandringen skjer i det momentet klienten innser at *«ingen kommer for å redde meg. Jeg er nødt til å redde meg selv».* Det finnes ingen reddende engel, ingen mirakelkur, ingen perfekt medisin, ingen kloke terapeuter som får alt til å «ramle på plass». Terapi handler om å støtte og forstå menneskers lidelse, men det handler også om å utfordre dem. Som terapeut kan jeg kanskje bli oppfattet som flinkere til å utfordre enn å støtte, og jeg vet at en del klienter kan komme til å føle seg misforstått av meg i starten. Men i det de innser at jeg ikke har noen magisk kur, bortsett fra at jeg peker dem «innover i seg selv», krever at de tar mer ansvar for egne opplevelser og «provoserer» måten de tenker på, er det ofte de sier omtrent følgende mot slutten av en terapiprosess: *«Det var når jeg endelig tok fullstendig ansvar for eget liv, at jeg begynte å vokse».* Denne prosessen innebærer at man endrer perspektiv, og i følge Branden (1987, p. 110) tenker mennesker med god selvfølelse på følgende vis:

- Jeg er ansvarlig for mine valg og mine handlinger.

- Jeg er ansvarlig for hvordan jeg prioriterer min egen tid.

- Jeg er ansvarlig for den oppmerksomheten jeg vier min jobb og mine interesser.

- Jeg er ansvarlig for den omsorgen og den mangel på omsorg jeg utøver ovenfor min egen kropp og helse.
- Jeg er ansvarlig for de relasjonene jeg velger å gå inn i. Det er jeg som bestemmer om jeg skal bli værende eller gå.
- Det er jeg som er ansvarlig for hvordan jeg behandler andre mennesker, enten det er ektefelle, barn, kollegaer, venner, bekjente, sjefen eller underordnede.
- Jeg er ansvarlig for å skape mening i mitt liv.
- Jeg er ansvarlig for min egen «lykke».
- Jeg er ansvarlig for mitt liv – både materielt, emosjonelt, intellektuelt og spirituelt.

*Vi er nødt til å være bevisst hvordan vårt eget sinn konstruerer våre opplevelser for å beholde posisjonen «som skipper på egen skute». Våre opplevelser er tross alt selve fundamentet for hele vår livsførsel, og det vil være uklokt å la ubevisste mekanismer og tilfeldig psykodynamikk få lov til å legge sentrale føringer for hvordan livet leves. Dermed er nøkkelen til et tilfredsstillende liv, med kontroll og god selvfølelse, avhengig av bevisst oppmerksomhet på hvordan vårt indre liv fungerer.*

Når det her er snakk om å være ansvarlige, handler det om å fungere som regissør i eget liv. Det betyr ikke at vi står ansvarlige for absolutt alt. Mange av våre plager skyldes ulykker, uheldige omstendigheter og andres ugjerninger. Det er mange elementer ved livet vi ikke kan kontrollere. Dersom vi gir oss selv ansvaret for ting som ligger utenfor vår kontroll, vil det skade selvfølelsen vår på sikt, rett og slett fordi vi umulig kan leve opp til denne typen omnipotente forventninger. Dersom man nekter ansvar for de tingene som faktisk er innenfor vår egen kontroll, vil man også ofre egen selvfølelse, rett og slett fordi man resignerer i passivitet. Psykisk sunnhet og god selvfølelse handler i så henseende om å vite hva som er og ikke er opp til oss selv. Man må også vite at man dypest sett har ansvar for sin holdning til de tingene man ikke kan kontrollere, som for eksempel andres væremåte og gjerninger.

Hva som menes med å ta ansvar, er et viktig poeng som ofte blir misforstått. Gjennom hele livet får vi beskjed om å ta ansvar: Vi kobler dette til ganske konkrete ting som å gå på skole, ta utdannelse, få seg en jobb, ta opp et lån, betjene dette lånet, bygge et hus og gifte oss. Psykologen, Susan Jeffers, har en litt annen forståelse av ansvar, og hun kobler det opp mot hvordan vi velger å tolke oss selv og de omstendighetene vi møter på vår vei. Hvis du hater jobben din, må du gjøre et bevisst valg og bli værende (et empatisk «ja» til jobben) eller si opp. Vi må ikke bli sittende som et offer for omstendighetene. Livet kaster av og til tragedier i trynet på oss (slik er livet), og det møter vi best med aksept etterfulgt av nye løsninger og nye veier, fremfor bitterhet og resignasjon. Vi kan ikke unngå alle tragedier, men vi kan velge hvordan vi forholder oss til dem, og det er her ordet «ansvar» får sin viktigste betydning i følge Jeffers (1987).

Gang på gang ser det ut som om god selvfølelse kommer som et resultat av å ta ansvar for egen eksistens i kraft av veloverveide vurderinger av vår egen verdi. I det man unngår ansvar for eget liv, blir man et offer for omstendighetene, og selvfølelsen vil lide. Kanskje kan man lese dette og innse at man har en del holdninger, tanker og reaksjonsmønster som ikke reflekterer en god selvfølelse. Ideen i denne boken er at mange mentale prosesser ikke gagner vår selvfølelse i det hele tatt. Dessverre foregår mange av disse prosessene ubevisst, og det vi ikke kan se, kan vi ikke endre på. Det kan være greit å vite om holdninger som styrker selvfølelsen, men kanskje like viktig å kjenne til hvordan vi bruker hodet på en måte som skader vår selvfølelse. Derfor har store deler av denne boken handlet om «mentale uvaner». Ideen er at mer bevissthet rundt «mentale uvaner» kan være med på å endre dem. Mer innsikt i psykens «uransakelige» fungering kan gi oss mer kontroll på hvordan vi lever og opplever livet.

*«Hvordan skal jeg bruke hodet for å styrke min selvfølelse?»*
*«Du skal være mer bevisst!»*

## Å leve bevisst i hverdagen

En person som velger unnvikelse fremfor aksept, vil gradvis miste kontrollen og befinne seg i en anstrengt posisjon preget av lav selvfølelse. En person som våger å møte livet med aksept og bevissthet, vil oppleve kontroll, oversikt og mestring, noe som borger for god selvfølelse. Forskjellen på god og dårlig selvfølelse tilsvarer forskjellen på suksess og fiasko, og forskjellen på et aktivt og et passivt liv, forskjellen på å være agent i eget liv og et offer for omstendighetene. I følgende skal vi se hvordan teorien utspiller seg i praksis. Vi skal se på et helt konkret eksempel som illustrerer de to «holdningene» til livet.

Når Jonas blir ansatt i et nytt firma, gjør han alt han kan for å lære seg det som trengs for å gjøre en god jobb. Han leter også etter måter å jobbe på som vil gjøre ham mer effektiv. Ut over det er han interessert i å forstå hvordan jobben han gjør spiller inn i en større kontekst. Når han forstår hvordan jobben han gjør inngår i en større sammenheng, er han bedre rustet til en høyere stilling på sikt. Hans primære motivasjon var å lære, og dermed vokse i jobben, øke sin kompetanse, effektivitet og selvtillit.

Når Jakob ble ansatt i det samme firma som Jonas, bestemte han seg for å lære seg de rutinene han måtte kunne for å gjøre jobben sin. Han håpet å gjøre den jobben han var satt til, verken mer eller mindre, og dermed unngå noen form for negativ oppmerksomhet. Han ville ikke skille seg ut, og tenkte at denne strategien var den tryggeste veien å gå. Jakob var ikke ute etter utfordringer, ettersom det involverte en viss risiko og krevde mer tankevirksomhet. Han opererte rett og slett på et minimum av bevisst oppmerksomhet, tilsvarende det han trengte for å repetere de oppgavene han var satt til å gjøre. Han bidro ikke med noe nytt. Han løftet sjelden blikket fra arbeidspulten sin, bortsett fra i lunsjen og når han dagdrømte. Han viste ingen interesse for de større linjene i firmaet hvor han jobbet, og han var ikke engasjert i firmaets profil eller nysgjerrig på utviklingsmuligheter. Hvorfor skulle han bry seg om slike ting? Jobben var sånn som den var uansett. På skrivebordet hadde han en klokke som gikk presist. Den sto foran ham hele dagen for å vise ham når klokken ble halv fire og det var tid for å gå hjem. Når han ble konfrontert av sine ledere med feil han hadde gjort, forsvarte han seg og anga et eller annet alibi som bortforklarte hans ansvar. Og når Jonas ble forfremmet istedenfor ham, følte han seg skuffet og bitter.

Historiene om Jakob og Jonas representerer to forskjellige handlingsmønster og holdninger. Jonas lever mer bevisst, mens Jakob forsøker å leve på rutine for å unngå alt som krever noe ekstra. Vi kan si at Jonas er en aktiv agent i eget liv, han møter jobben med mot, interesse og ambisjoner. Han våger å være selvstendig og se etter nye muligheter. Jakob har valgt den motsatte strategien fordi han hele tiden søker trygghet fremfor risiko. Han vil stå mest mulig stille fordi bevegelser truer rutinene som representerer trygghet. Det er en passiv og trygghetssøkende strategi som gjør mennesket til et offer for omstendighetene. Istedenfor å «ta skjeen i egen hånd» og gjøre noe aktivt for å skape gnist og utvikling i eget liv (slik Jonas gjør), prøver han hele tiden å unngå store forandringer fordi det vil kreve at han går ut av «autopilot» og må tenke selv. Når andre går forbi ham, blir han skuffet og ergerlig.

*De menneskene som hele tiden søker trygghet fremfor utfordringer og risiko, lever paradoksalt nok med mer frykt. Det er som om unnvikelsen bekrefter frykten, og når vi ikke møter den med mot og åpenhet, blir den «smurt ut over hele livet». Konsekvensene av å ikke møte vårt psykologiske liv og den ytre virkeligheten med aksept og ubetinget bevissthet, vil dermed være en underliggende følelse av tvil, hjelpeløshet og angst, noe som ledsager opplevelsen av å leve i et uvisst univers. Mennesker som har lagt inn på den «ubevisste stien», vil ofte være plaget av mentalt støy, uro, angst, stress og depresjon, og for å gjøre ting ennå verre, vil de forsøke å takle det psykiske ubehaget ved ennå mer unnvikelse. De utvikler en passiv holdning til livet fordi det virker som den tryggeste strategien. De vil ha minst mulig bevegelse for å holde ting i «sjakk», og da er man rett og slett totalt ufri. Jakob var ikke død, men han var heller ikke spesielt levende i sin jobb.*

## Øvelse 20 — Lev mer bevisst

Det er ikke sikkert at forholdet mellom å leve bevisst og «ubevisst» (på autopilot) har blitt så mye klarere for deg i løpet av denne boken, men ikke gi opp. Forsøk å forstå hva det innebærer å leve bevisst, og i denne prosessen anbefaler jeg nok en gang at du lodder dybden i ditt eget liv:

1 – Lag en liste over områder i ditt liv hvor du lever mest mulig bevisst.

..............................................................................................
..............................................................................................
..............................................................................................
..............................................................................................
..............................................................................................
..............................................................................................
..............................................................................................
..............................................................................................

2 - Lag en liste over områder i ditt liv hvor du med fordel kunne vært mer nærværende og bevisst.

..............................................................................................
..............................................................................................
..............................................................................................
..............................................................................................
..............................................................................................
..............................................................................................
..............................................................................................
..............................................................................................

Dette er en god øvelse for å identifisere hvordan ditt eget liv er preget av en aktiv og bevisst holdning kontra en mer ubevisst og rutinepreget fungering. Bruk teorien eller historiene om Jonas og Jakob som springbrett for å gjenkjenne aktive og passive områder i ditt eget liv. Neste spørsmål er hvordan du kan implementere en mer bevisst livsførsel. Dersom du eksempelvis bestemmer deg for å være mer bevisst på jobb, hva kan du gjøre annerledes? Dersom du vil være mer bevisst i relasjon til én eller flere av dine nærmeste, hvordan vil du oppføre deg da?

## God selvfølelse gjør et godt menneske

Selv om vi bruker hodet på den måten som er anbefalt gjennom denne boken, og inspirert av visdomstradisjonene fra Øst til Vest, er vi likevel ikke immun mot feil. Men jeg tror vi kan være forsikret om at prinsippene for hvordan vi bruker hodet er ganske gode, og da vil vi være kompetent til å rette opp i eventuelle feil så snart de oppdages.

En vanlig kritikk mot selvutviklingsbøker generelt, og kanskje bøker om «bedre selvfølelse» spesielt, er at denne typen litteratur forherliger egoisme og den såkalte MEG-generasjonen. Jeg håper at denne kritikken bleknet litt i kapitlet 5 under overskriften *«medfølelse er medisin for sjelen»*. Det bør være tydelig at bedre selvfølelse ikke står i egoismens tegn, snarere tvert imot.

Mennesker med god selvfølelse agerer ikke hovmodig eller overlegent. En person med god selvfølelse har ikke behov for å hevde seg på bekostning av andre, men siden de hviler i seg selv, har de mer overskudd og ønske om å gjøre andre bedre. Mennesker med god selvfølelse trenger ikke å kjempe for egen verdi, og derfor virker de gjerne mer avslappet og romslige. Det sies at skjønnheten kommer innenfra, og det er kanskje en klisjé, men fra terapirommet har jeg erfart at det stemmer. Når folk utvikler seg, våger å ta mer ansvar, stoler på sine mentale prosesser, aksepterer seg selv og møter virkeligheten med åpne øyne, har de mindre frykt, og det synes på utsiden. Jeg tror at frykt gjør noe med utseendet vårt på en måte som er vanskelig å sette fingeren på, og mennesker med mindre frykt vil utstråle en ekte skjønnhet som kommer innenfra.

Når mennesker utvikler bedre selvfølelse, er det som om de begynner å bevege seg på måter som reflekterer en slags trygghet og glede ved livet. De snakker mer åpent om det de er stolte av, og mer ærlig om sin utilstrekkelighet. De er flinkere til å ta imot komplimenter, og de er flinkere til å gi komplimenter. Samtidig har de ingen problemer med å ta imot kritikk, og de anerkjenner sine feil fordi deres selvfølelse ikke er betinget av å være feilfri. Personer med god selvfølelse er ikke i krig med seg selv, og dermed virker de ofte spontane og livsglade. Siden de er motivert av interesse og nysgjerrighet, fremfor usikkerhet og unnvikelse, lever de aktivt og setter pris på nye ideer, nye opplevelser og nye muligheter. Når det oppstår følelser av angst og usikkerhet, kan de heve seg over følelsenes destruktive kraft og blir sjelden overveldet. Med god selvfølelse er det lettere å omgås påståelige mennesker, og det er lettere å hevde sine egne meninger (Branden, 1988, pp. 158-161).

Jeg opplever at mennesker med god selvfølelse har en utstråling av godhet og en positiv kraft som gjennomsyrer personen, både i sitt privatliv og i sitt offentlige liv. Det står i motsetning til mennesker med falsk selvfølelse som ofte lever et makeløst offentlig liv, men bærer denne fortreffeligheten som en maske for å skjule et sørgelig personlig liv. Jeg vil si at en styrket selvfølelse gjør mennesker mer «gjennomsiktige» i den forstand at de er seg selv både privat og i offentligheten.

*Selvutvikling handler ikke først og fremst om å få det bedre eller bli glad. Selvutvikling handler om å skape mer rom i oss selv, tåle flere følelser, utvide vår selvforståelse og dernest bli mer emosjonelt og sosialt fleksible. Dersom vi gjennom ulike selvutviklingsstrategier klarer å «utvide vår identitet», vil resultatet ofte være at vi i mindre grad har behovet for å forsvare grensene for hvem vi er og ikke er. Det betyr igjen at vi kan møte andre med større åpenhet og bifalle tilværelsen med en uhindret glød.*

Mennesker med god selvfølelse oppleves gjerne inspirerende og tillitsvekkende i kraft av sin manglende interesse for status, berømmelse eller ego-oppbyggende påskjønnelser. De arrangerer ikke sine livsprosjekter med en underliggende agenda som handler om ære og berømmelse, og et slikt fravær av egoisme er ganske bemerkelsesverdig og sjeldent, rent psykologisk sett.

Personer med god selvfølelse er også nærværende. Du har sikkert opplevd å omgås mennesker som på en eller annen subtil måte tapper deg for energi, egger til konflikt eller anstifter en undertone av konkurranse, som gjør samværet belastende. Mennesker med en solid selvfølelse har ingen av disse karaktertrekkene som tømmer relasjonen for energi eller ansporer den i antagonistiske retninger, snarere tvert imot. Disse personene har en kvalitet som gjør at andre mennesker nyter deres nærvær, uten at de klarer å sette fingeren på hva det er ved dette samværet som føles vitaliserende.

Vi har sett at evnen til å forvalte vår egen oppmerksomhet er en treningssak som kan øke vår selvfølelse på sikt. God selvfølelse gir ofte en ekstraordinær evne i forhold til oppmerksomhet og konsentrasjon. Personer med god selvfølelse lar ikke tankene vandre i alle mulige retninger når de engasjerer seg i en samtale eller et møte, men makter å beholde en vedvarende oppmerksomhet på sakens anliggende, noe som gjør dem i stand til å konsumere mye informasjon. Samtidig oppleves de gjerne som gode lyttere, og det er selvfølgelig tillitsvekkende med personer som vier så mye oppmerksomhet til den pågjeldende sak (Goleman, 2003, pp. 48-49).

Personer med god selvfølelse er ikke mindre produktive fordi de fremstår mer avslappet, men istedenfor å kompensere for noe de opplever «mangler» psykologisk sett, er de motivert av psykisk overskudd. Det gir dem et annet utgangspunkt i møte med eksempelvis arbeidsoppgaver, men det reduserer ikke drivkraften og engasjementet. Dette høres kanskje litt overdrevent ut, men jeg er overbevist om at en solid selvfølelse ligger i kjernen av et godt liv. Jeg er også overbevist om at selvfølelse er noe man kan utvikle ved å bruke hodet litt annerledes.

Jeg vet at det er uhyre vanskelig å utvikle seg, og det er mange skjær i sjøen. Øvelsene og de grunnleggende ideene i denne boken, har imidlertid vært viktige for mange mennesker i en slik utvikling. Jeg håper at du er motivert og inspirert til å jobbe videre med deg selv, eller allerede har fått de innspillene du trengte for å finne mer ro, balanse og tiltro til egne evner. Selv om du utvikler din selvfølelse, vil du fortsatt oppleve vanskelige valg, konflikter og kriser. De vil alltid være en del av livet, men din evne til å håndtere slike utfordringer vil kunne endre seg. Dine verdier og holdninger kan også komme til å endre seg, og dersom du plutselig fremstår som mindre defensiv, mer åpen og avslappet i møte med andre, kan det virke forvirrende på dine omgivelser i en overgangsfase. Dette er også noe av det som gjør det vanskelig å endre seg.

*Bedre selvfølelse gjør en forskjell, og når du opplever denne forskjellen, blir det åpenbart at innsatsen, som anbefales i denne boken, er verdt det.*

## Siste øvelse — Tilbakeblikk

Vi er fremme ved den siste øvelsen. Her vil jeg be deg om å bla gjennom boken på nytt. Under mange av illustrasjonene finner du en kort oppsummering av de viktigste poengene i teksten. Les bildetekstene på nytt for en kort repetisjon. Deretter skal du forsøke å svare på følgende spørsmål: Dersom du har lært noe om deg selv gjennom denne boken, hva er det viktigste? Hvordan kan du bruke hodet annerledes for å styrke din selvfølelse? I øvelse 9 ble du bedt om å stirre på deg selv i speilet. Gjør denne øvelsen én gang til. Har du forstått hva som menes med selvaksept? Bruk dette siste skrivebrettet på dine refleksjoner rundt disse spørsmålene.

# Litteraturliste

Allen, J. (1998) *As You Think*, ed. with introduction by M. Allen, Novato, CA: New World Library.

Aristoteles (2013) *Den nikomakiske etikk*. Oslo: Vidarforlaget.

Bargh, J. A. & Cartrand, T. L. (1999) The unbearable automaticity of being. *American Psychologist*, 54, pp. 462-479.

Beck, M. (2001) *Finding your own north star*, London: Piatkus.

Bly, R. (1990) *Iron John – A book about men*, New York: Addison-Wesley Publishing Company Inc.

Branden, N. (1987) *The psychology of self-esteem*, USA: Bantam Books.

Branden, N. (1988) *How to raise your self-esteem*, USA: Bantam Books.

Buenaver, L.F., Edwards, R.R., Smith, M.T., Gramling, S.E., Haythornwaite, J.A. (2008) Catastrophizing and pain-coping in young adults: associations with depressive symptoms and headache pain. *The Clinical Journal of Pain*.

Campbell, J. with Moyers, B. (1991) *The power of myth*. New York: Avon Books.

Cannella, D.T., Lobel, M., Glass, P., Lokshina, I., Graham, J.E. (2007) Factors associated with depressed mood in chronic pain patients: the role of intrapersonal coping resources. *The Clinical Journal of Pain*.

Carlson, R. (1997) *Don't sweat the small stuff, and its's all small stuff*, New York: Hyperion.

Crick, F. (1994) *The Astonishing Hypothesis*, New York: Scribners.

Crick, F. & Koch, C. (1997) Why nevroscience may be able to explain consciousness. I: Shear, J (ed) *Explaining consciousness – the «hard» problem*, USA: A Bradford Book.

Csikszentmihalyi, M. (1991) *Flow: The Psychology of Optimal Experience*, New York: Harper Perennial.

Dalai Lama og Cutler, H. C. (2014) *Kunsten å være lykkelig – En håndbok i å leve*, Oslo: Arneberg Forlag.

Dresser, M. (ed.) (1996) *Buddhist women on the Edge — Contemporary Perspectives from the Western Frontier*, USA: North Atlantic Books.

Egeland, R. Th. (2010) *Mindfulness i hverdagen — Å leve livet nå*, Oslo: Pantagruel Forlag.

Fugelli, P. (2010) *Døden, skal vi danse?* Oslo: Universitetsforlaget.

Goleman, D. (2002) *Emosjonell intelligens*, Oslo: Gyldendal.

Goleman, D. (2003) *Destruktive følelser – hvordan kan vi håndtere dem? En vitenskapelig dialog med Dalai Lama*, Danmark: Borgens Forlag.

Jeffers S. (1987) *Feel the fear and do it anyway*, New York: Fawcett Columbine.

Jones, M. D. (2006) *Expectations of Pain: I Think, Therefore I Am*. National Institutes of Health Press Release.

Kabat-Zinn, J. (1991) *Full catastrophe living: using the wisdom of your body and mind to face stress, pain, and illness*, New York: Delta Trade Paperbacks.

Kohut, H. (1959) Introspection, Empathy and Psychoanalysis. An Examination of the Relationship Between Mode of Observation and Theory. I: *Journal of the American Psychoanalytic Asociation*, 14, pp. 459-483.

Korzybski, A. (1994) *Science and Sanity – An Introduction to Non-Aristotelian Systems and General Semantics*, New Jersey: Institute of General Semantics.

Koyama, T., McHaffie, J. G., Laurienti, P. J., Coghill, R. (2005) The subjective experience of pain: Where expectations become reality. Proceedings of the National Academy of Sciences.

Kroese, A. J. (2003) *Stress, Meditasjon, yoga, avspenningsteknikker*, Oslo: Aschehoug.

Kroese, A. J. (2005) *Oppnå mer med mindre stress – en håndbok i oppmerksomhetstrening*, Oslo: Hagnar Media.

Maslow, A. (1976) *The Farther Reaches of Human Nature*, London: Penguin.

Moore, T. (1992) *Care of the soul – A guide for cultivating depth and sacredness in everyday life*, New York: HarperCollins.

Nilsonne, Å. (2010) *Mindfulness treningsredskap for hjernen*, Oslo: Gyldendal Akademiske.

Peck, M. S. (1990) *The road less travelled: A new psychology of love, traditional values and spiritual growth*, London: Arrow Books.

Perry, J.C. og Cooper S.H. An empirical study of defense mechanisms — Clinical Interview and life vignette ratings, *Archives of general psychiatry*, 46:444-452, 1989.

Pessoa, F. (1997) *Uroens bok*. Oslo: Solums Forlag.

Plummer, D. og Harper, A. (2007) *Helping Children to Build Self-Esteem*, London: Jessica Kingsley Publishers.

Robin, C. (2004) *Fear: The History of a Political Idea*, New York: Oxford University Press.

Rubin, J. B. (1996) *Psychotherapy and Buddhism — Toward an Integration*, US: Springer.

Schilab, T. (2000) *Den bio-logiske bevidsthed – en historie om bevidsthedens natur*, København: Forlaget Fremad A/S.

Seaward, B. L. (2006) *Managing stress*, Jones & Bartlett.

Schwartz, B. (2004) *The paradox of choice: Why more is less*, New York: HarperCollins.

Seligman, M. E. P. (1998) *Learned Optimism*, New York: Simon & Schuster.

Seligman, M. E. P. (2004) *Authentic Happiness: Using the New Positive Psychology to Realize Your Potential for Lasting Fulfillment*, New York: Atria Books.

Seligman, Martin E. P., Csikszentmihalyi, M. (2000) Positive Psychology: An Introduction, *American Psychologist*, Vol 55(1).

Sullivan, M. J.L., Thorn, B., Haythornwaite, J. A., Keefe, F., Martin, M., Bradley, L. A., Lefebvre, J. C. (2001): Theoretical Perspectives on the Relation Between Catastrophizing and Pain. *The Clinical Journal of Pain.*

Tangney, J. P., Wagner, P., og Gramzow, R. (1992) Proneness to shame, proneness to guilt, and psychopathology. *Journal of Abnormal Psychology*, 101, 469–478.

Tolle, E. (2006) *En ny jord om å ta det indre bevissthetsspranget mot åndelig oppvåkning*, Oslo: Damm.

Vaillant G.E., Bond M., & Vaillant C.O. An empirically validated hierarchy of defense mechanisms, *Archives of general psychiatry*, 43(8):786-794, 1986.

Wilber, K. (2001) *No Boundary – Eastern and western approaches to personal growth*. Boston: Shambhala.

Yalom, I. D. (2015) *Å stirre på solen: om å overvinne frykten for døden*. Oslo: Arneberg Forlag.

Young J. E. & Klosko J. S. (1993) *How to break free from negative life patterns and feel good again*, USA: Penguin Books, Inc.

Young J. E., Klosko J. S. & Weishaar, M. E. (2003) *Schema therapy – a practitioner's guide*. New York: The Guilford Press.

# Appendiks — Følelsenes funksjon

I øvelse 1 og 2 ble du bedt om å liste opp ditt eget følelsesregister. Min erfaring er at noen få synes det er enkelt å klassifisere sitt følelsesliv på denne måten, men de fleste synes at det er utfordrende og ganske vanskelig. Noen opplever at de er følelsesløse eller tomme når de blir bedt om å beskrive sine følelser. Dersom man over lang tid har all sin oppmerksomhet forankret i jobb, familieliv, bekymringer, rushtrafikk eller hverdagsstress, er fokus som regel utenfor oss selv. Vi glemmer å kjenne etter på innsiden, og slik kan man fort oppleve å «miste seg selv». Noen er altfor opptatt av hvordan de blir oppfattet av andre, og lever derfor ikke i pakt med egne behov, men snarere ut i fra andres forventninger. Det er mange fallgruver, og emosjonell intelligens er ikke alltid noe som kommer av seg selv.

I de gruppene jeg selv driver, med fokus på affektbevissthet, er det mange som er usikre på hva man egentlig ser etter når man «kikker innover i seg selv» for å liste opp følelser. Når man ikke er vant til å legge merke til egne følelser, har man ofte et litt «rustent språklig repertoar» når det kommer til ens eget indre liv. Dersom vi mangler språk på våre følelser, kan det være et tegn på forsømmelse av «psykisk vedlikehold», og samtidig en årsak til at vi mangler oversikt og kontroll på vårt mentale maskineri.

En forutsetning for å bli bedre kjent med egne følelser, er altså at vi vet om de vanligste følelsene og deres funksjon. Her følger en liste over våre grunnfølelser og deres funksjon. Listen skriver seg fra arbeidet til psykologspesialist og professor Jon Monsen ved Universitetet i Oslo.

## 1 — Irritasjon og sinne

Frustrert, ergret, irritert, opphisset, oppbrakt og hissig. Sint, aggressiv, forbannet og rasende.

*Funksjon:* Irritasjon og sinne forbindes blant annet med statusorientering. Hvilken plass har jeg i flokken eller det sosiale landskapet? Følelsen melder seg ved behov for å sette grenser eller hevde seg selv. Følelsen dukker også opp når vi hindres eller begrenses i å nå våre mål.

## 2 — Tristhet og fortvilelse

Trist, bedrøvet og lei seg. Vemodig, melankolsk og mismodig. Sorgfull, sønderknust, fortvilet, trøsteløs eller utrøstelig.

*Funksjon:* Disse følelsene ansporer til gråt. Følelsesuttrykket forteller andre at en ikke har det bra, og det signaliserer behov for støtte. Gjennom et adekvat uttrykk kan disse følelsene lette smerte og hjelpe oss å akseptere tap.

### 3 – Nærhet og hengivenhet

Øm, nær og hengiven. Kjærlig, kjælen, hjertevarm og glad i. God, medfølende, åpen og omsorgsfull.

*Funksjon:* Følelsene oppmuntrer til å omfavne, berøre og gi omsorg til andre. Samtidig handler det om å være mottakelig, åpen og sårbar, noe som også er en måte å vise andre tillit på. Følelsene styrker med andre ord de mellommenneskelige båndene.

### 4 – Positive følelser mot selvet

Omsorg for seg selv, selvtillit, selvsikkerhet og stolthet.

*Funksjon:* Disse følelsene har til hensikt å skape, samt opprettholde en god selvtillit. Det handler om å ta vare på seg selv og beskytte seg selv. Det styrker opplevelsen av kontroll, gir en fornemmelse av trygghet, og tro på egen evne til å påvirke livet i tråd med egne behov og ønsker. Dette er med andre ord svært parallelt til selvfølelse.

### 5 – Interesse og iver

Engasjert, deltagende, nysgjerrig, oppmerksom, energisk og ivrig. I fyr og flamme, glødende, opprømt og gira. Entusiastisk, helhjertet, lidenskapelig og fascinert.

*Funksjon:* Disse følelsene hjelper oss å fokusere oppmerksomheten. De pirrer vår nysgjerrighet og motiverer oss for nærmere utforskning. Mange filosofer snakker om at vi er dømt til å skape mening i eget liv, og i den forbindelse er disse følelsene helt sentrale. Følelsene gjør oss involvert, engasjert og mottakelig for ny informasjon.

### 6 – Velbehag og glede

Avslappet, tilfreds, fornøyd og deilig avbalansert. Lettet, ubekymret, sorgløs og sorgfri. Glad, blid, munter og strålende. Begeistret, oppstemt, frydefull, lystig og lykkelig.

*Funksjon:* Følelsene bidrar til ro i kropp og sjel. Samtidig motiverer de oss til å gjenta behagelige handlinger. Følelsene assosieres med evnen til å «gi slipp» og kan derfor virke både muskelavslappende og frigjørende. Disse følelsene fostrer dessuten en aksepterende holdning ovenfor seg selv og andre, noe som videre fremmer tillit, mot og positive holdninger.

## 7 – Aktiverende redsel og frykt

Urolig, rastløs, anspent og vàr. Bekymret, engstelig, foruroliget, nervøs, utrygg, redd og forskrekket.

*Funksjon:* Frykt er en selvbeskyttende mekanisme i farlige situasjoner. Følelsene iverksetter overlevelsestiltak, slik at man eksempelvis trekker seg unna. Følelsene setter gjerne kroppen i en alarmberedskap og mobiliserer energi. Følelsene gir indikasjoner på hvordan man bør forholde seg i en vanskelig situasjon. I situasjoner hvor frykten er ubegrunnet eller malplassert, risikerer man at den hemmer livskvalitet.

## 8 – Misunnelse og sjalusi

Misunnelig, uvillig, smålig, gjerrig, skinnsyk og sjalu.

*Funksjon:* Følelsene kan dukke opp i situasjoner hvor man vil unngå å bli oversett. Hvis man føler seg urettferdig behandlet eller ikke tatt hensyn til, er disse følelsene nærliggende. Av og til handler det om å få gjenopprettet respekt og verdighet. Det er også et element av fiendtlighet i disse følelsene når man ønsker andre mindre vel for at man selv skal føle seg bedre.

## 9 – Seksuell lyst

Begjær, lyst, kåt, seksuell tenning og amorøse følelser.

*Funksjon:* Følelsene setter i gang seksuell atferd.

De neste følelsene har en hemmende karakter, i den forstand at de får oss til å stoppe opp eller trekke oss tilbake.

## 10 – Hemmende redsel

Urolig, rastløs, anspent og vàr. Bekymret, engstelig, foruroliget, nervøs, skjelven, forknytt, redd, angst, skremt, forskrekket, livredd, skrekkslagen, lammet av skrekk, hysterisk eller panikkslagen.

*Funksjon:* Disse følelsene skal gjerne stoppe oss fra å gjøre ting som kan være farlig. Hvis følelsene er ute av proporsjoner eller feilplassert, kan følelsene hindre vekst og utvikling både på et personlig og sosialt plan.

## 11 – Sjenanse, flauhet og skam

Flau, sjenert, blyg, forlegen, pinlig berørt, brydd og ydmyket. Føler seg dum eller teit. Beklemt og tilbakeholden. Såret, skuffet og en følelse av mindreverd.

*Funksjon:* Disse følelsene kan motivere oss for økt sensitivitet i forhold til andres meninger, behov og følelser. Dermed kan de fremme sosial ansvarlighet og forhindre at vi blir overdrevent selvopptatte. Følelsene stopper oss dessuten fra å gjøre ting som strider mot vår selvoppfattelse.

## 12 – Dårlig samvittighet og skyldfølelse

Angerfull, botferdig og beskjemmet. Skyldbevisst og nagende samvittighet.

*Funksjon:* Følelsene hindrer oss i å gjøre ting som strider mot samfunnets lover, regler og sosiale normer. Ved konflikter motiverer følelsene for forsoning. Hvis man har gjort skade på noe eller noen, vil disse følelsene anspore oss til å gjøre opp.

## 13 – Forakt

Foraktfull, nedlatende, bitende, kald, spotsk, spydig og giftig.

*Funksjon:* Følelsene skaper først og fremst avstand til andre. De sørger for at man unngår nærhet.

## 14 – Vemmelse og avsky

Vemmelse, avsky og aversjon. Motbydelighet og ekkelhet.

*Funksjon:* Dette er aversive følelser. De drifter ønske om å fjerne eller forandre det som oppleves avskyelig, slik at det ikke lenger blir det.

## 15 – Emosjonell smerte

Såret, fornærmet, krenket, opprørt, forpint, lidende og elendig.

*Funksjon:* Her er det ikke snakk om en enkel følelse, men om en kombinasjon av følelser som skyld, skam, sinne og frykt. En slik følelsesmessig tilstand skal stoppe atferd ved å forårsake ubehag eller lidelse.

## 16 – Overraskelse

Forundret, forbauset, overrumplet, overveldet og forbløffet.

*Funksjon:* Følelsen kan dukke opp i mange ulike sammenhenger, og dens funksjon er først og fremst å kjøpe tid. Følelsen skaper et avbrekk som gir tid til å tenke før man reagerer på noe ukjent eller uventet.

# Takk til

Alle temaer i denne boken har jeg belyst, drøftet og bearbeidet sammen med mine klienter i det jeg kaller biblioterapi. Her har jeg fått verdifulle innspill og nye tanker som har vært med på å utforme denne teksten. Jeg er veldig takknemlig ovenfor alle som har deltatt i biblioterapiprosjektet på DPS Solvang. De vet selv hvem de er. Jeg vil også takke kollegaer som har kommet med innspill underveis i prosessen, og særlig de som har vært med på å utvikle biblioterapi: Sigríður Eikås, Jorunn Elisabet Liene Vabo og Ragnhild Abelseth Østermann.

Min kone, Janne Risholm Liverød, er den som har bistått meg aller mest i arbeidet med denne boken. Det vil si at hun har lagt til rette for skriveprosessen, kommer med faglige innspill til hvert eneste kapittel, lest gjennom manus mangfoldige ganger og fungert som en konsulent fra begynnelse til slutt. Tusen takk for all din tålmodighet, standhaftighet og faglige styrke.

Til sist vil jeg takke mine foreldre, Terje og Vivi Liverød. De har begge lest manus og kommet med innspill både på innhold, språk, grammatikk og leservennlighet. Jeg er veldig takknemlig for deres interesse og engasjement.

# Sondre Risholm Liverød

*Foto: Niclas Halvorsen*

Sondre Risholm Liverød er psykolog og spesialist i klinisk voksenpsykologi. Han har jobbet som teamleder og psykoterapeut ved en poliklinikk for gruppeterapi ved distriktspsykiatrisk senter Solvang, Sørlandet Sykehus, siden 2005. Ut over sin stilling i psykisk helsevern, holder han selvutviklingskurs for privatpersoner og bedrifter. I 2009 startet han opp WebPsykologen.no som er et nettmagasin med fokus på psykologi og selvutvikling for «folk flest». Senere har Liverød utviklet flere nettider hvor hensikten er å formidle psykologisk teori på en måte som gjør den anvendelig og tilgjengelig for alle. Blant de mest besøkte sidene er Psykolog.com, WebFilosofen.no, Gruppeterapi.info og WebPsychologist.net. Liverød har skrevet over 800 artikler på nett og publisert mer enn 100 videoforedrag på WebPsykologens Youtube-kanal. Hver uke publiseres nye artikler, og du kan følge aktiviteten på WebPsykologens facebooksider. Liverød underviser også i utviklingspsykologi ved Universitetet i Agder. Dette er den første boken i en triologi om selvfølelse, og den utgis i regi av WebPsykologen.no og Psykolog.com

# På nett

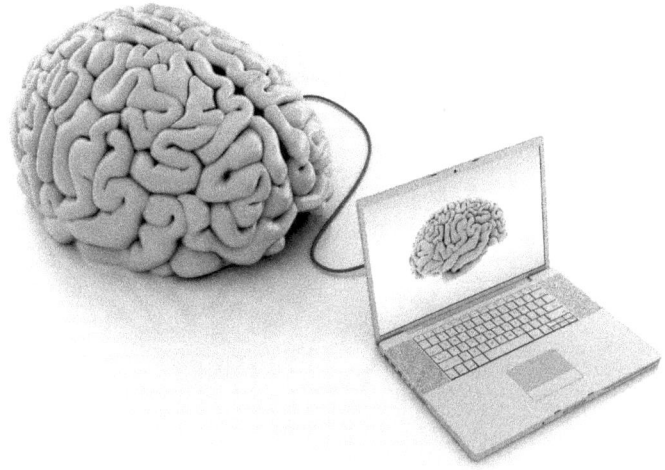

Du kan følge aktiviteten til psykologspesialist Sondre Risholm Liverød på facebook. Hver uke kommer nye artikler om temaer innenfor hverdagspsykologi, selvfølelse, selvutvikling og mye mer på: facebook.com/webpsykologen/

Webpsykologen er også på
YouTube — youtube.com/WebpsykologenNO
Vimeo — vimeo.com/webpsykologen
Twitter — twitter.com/webpsykologen

Siden 2009 har Liverød utviklet flere nettsider som sikter på å formidle psykologisk teori til «folk flest». Nettsiden har litt forskjellige innfallsvinkler til psykisk helse, men alle sammen har til hensikt å utforske livets små og store utfordringer fra et psykologisk perspektiv. De mest besøkte sidene er:

WebPsykologen.no
WebPsychologist.net
Psykolog.com
WebFilosofen.no
Gruppeterapi.info
MadOrBad.com

www.ingramcontent.com/pod-product-compliance
Lightning Source LLC
Chambersburg PA
CBHW070724160426
43192CB00009B/1312